上医彭泽民

王夫玉　编著

东南大学出版社
SOUTHEAST UNIVERSITY PRESS
·南京·

内容提要

彭泽民是中国近现代民主革命时期的国民党左派元老、农工党主要领导人和著名革命家,是华侨运动的爱国领袖、孙中山的忠实信徒和中国共产党的挚友。他一生历经反帝反清革命、旧民主主义革命、新民主主义革命和社会主义革命等时期,亲身见证半个世纪中若干重大历史事件,并积极投身其中,作出了历史性贡献。本书以中国近现代广阔而复杂的社会历史为背景,通过大量文献资料和珍贵史料,全面、客观、翔实、生动地记述了彭泽民执著探索救国真理的艰难历程,把他百折不挠的革命精神写得有声有色,可读性强。本书还从一个侧面,忠实地例证了中国共产党与各民主党派之间"肝胆相照,荣辱与共"血肉联系的形成过程。这是一部集作者长期众多研究成果于一体的传记,是一部认识和了解彭泽民一生的力作。

图书在版编目(CIP)数据

上医彭泽民/王夫玉编著. —南京:东南大学出版社,2021.10
 ISBN 978-7-5641-9641-7

Ⅰ. ①上… Ⅱ. ①王… Ⅲ. ①彭泽民(1877—1956)—传记 Ⅳ. ①K826.2

中国版本图书馆 CIP 数据核字(2021)第 173259 号

出版发行:东南大学出版社
社　　址:南京市四牌楼 2 号　邮编:210096
出 版 人:江建中
网　　址:http://www.seupress.com
电子邮箱:press@seupress.com
经　　销:全国各地新华书店
印　　刷:南通印刷总厂有限公司
开　　本:700 mm×1000 mm　1/16
印　　张:17
字　　数:260 千字
版　　次:2021 年 10 月第 1 版
印　　次:2021 年 10 月第 1 次印刷
书　　号:ISBN 978-7-5641-9641-7
定　　价:68.00 元

本社图书若有印装质量问题,请直接与读者服务部联系。电话(传真):025-83791830

彭泽民
(1877.11—1956.10)

天下為公

孫中山先生嘗書此以示黨人謹錄之以附華僑導報紀念刊

彭澤民

彭泽民手迹

序

古人有云：上医医国。

彭泽民先生是中国民主革命的先驱和典范，是南洋地区最早追随孙中山先生的华侨革命党人和华侨爱国人士，是著名的爱国主义战士和政治活动家，是国民党左派元老和农工党主要领导人。他坚持民主爱国立场，为中国的民族独立、人民解放和国家富强奋斗终生，为推翻帝制及至新中国的成立作出了历史性的贡献。以中医济世的彭泽民，穷其一生，践行和诠释了上医医国之真谛。

从组织同盟会参加辛亥革命、改组国民党，到重建中华革命党、再创中国国民党，彭泽民都紧紧跟随孙中山，领导着南洋华侨革命活动，逐步成为孙中山的忠实信徒。1925年9月回国后，积极参加新民主主义革命斗争，忠实执行孙中山确立的"联俄、联共、扶助农工"三大政策，矢志不渝地进行革命。在第一次国共合作政治大环境下，彭泽民积极开展中国革命早期的侨务工作，在动员和组织华侨参加轰轰烈烈的大革命斗争中，发挥了历史性作用。大革命失败后，彭泽民又投身于农工党的事业，坚持反蒋抗日，为中华民族的解放事业不辞辛劳、忘我奋斗。

彭泽民同中国共产党人长期真诚合作，患难与共，是中国共产党的挚友。如果说在参加国民党二大期间，彭泽民认识了中国共产党人，那么，在大革命失败后，他参加中共领导的"八一"起义，则说明了他坚定了跟共产党走的决心。1946年5月底，彭泽民收到了周恩来的"梅园新村来信"，并努力践行"至望先生等大声疾呼，号召社会人士共同反对内战,力挽狂澜,无任企盼",表明中华民族解放行动委员会(解委会)已经开始自觉地接受了中国共产党的领导;1948年5月初,彭泽民代表中国农工民主党响应中共中央发布的"五一号召",投身到协商建国的伟大实践之中;1949年9月下旬,彭泽民作为农工党首席代表出席了中国人民政治协商会议第一届全体会议,并作了报告,被选举为56位中央人民政府委员之一;10月1日,他以中央人民政府委员身份,与毛泽东、朱德、刘少奇、周恩来等中共领袖一起,登上天安门城楼,向全世界庄严宣告中华人民共和国成立。

中华人民共和国成立后,彭泽民历任中央人民政府委员、全国政协常委、政务院政法委员会副主任、中国民主同盟中央常务委员、农工党中央监察委员会主席、农工党中央副主席、中国红十字会副会长、北京归国华侨联谊会主席、中华全国归国华侨联合会副主席、中医研究院名誉院长和农工党北京市委会首任主委等职务,在新中国的多党合作事业、医药卫生事业和华侨事务等方面都作出了巨大贡献。

彭泽民毕生追求真理、不怕挫折、矢志革命的精神,特别是自从他走上革命道路和接触中国共产党人以来,同共产党人肝胆相照、荣辱与共的真诚合作,毕其一生、身体力行,为中华民族解放事业奋斗终生,深受人们的敬慕和爱戴。1956年10月18日,80岁高龄的彭泽民与世长辞了,党和政府为他举行高规格的葬礼:彭泽民的灵堂设在中山公园的中山堂内,开放三天让北京各界人士前往吊唁,毛泽东、朱德等党和国家领导人均送了花圈,刘少奇代表中共中央参加入殓仪式向遗体告别,周恩来率领20多位党和国家领导人出席公祭仪式。彭泽民灵柩起灵时,周恩来亲率党和国家领导人以及各民主党派负责人为他执绋。

1987年11月7日,在彭泽民诞辰110周年纪念座谈会上,时任中共中央政治局委员、书记处书记的习仲勋,代表中共中央对彭泽民的一生给予了高度评价,称他是一位著名的爱国主义战士和政治活动家,是中国共产党的挚友。习仲勋同时指出:彭泽民先生的一生,是光荣的革命的一生,是坚持民族独立、反帝爱国、追求真理、艰苦奋斗的一生。他所走过的道路,反映了一个坚定的爱国主义者的战斗历程。他具有崇高的爱国精神,同中国共产党合作的坚定立场、向黑暗势力坚决斗争的鲜明态度和为人民的事业鞠躬尽瘁的高尚品德,是中国知识分子和爱国华侨的楷模。我们要永远学习他,纪念他。

为纪念彭泽民诞辰110周年,时任第六届全国人大常务委员会副委员长、人大华侨委员会主任委员和全国侨联第三届委员会名誉主席叶飞,也专门送来了他的题词。八个字的题词正涵盖彭泽民革命的光辉一生:

革命元勋,华侨楷模。

王夫玉

2020年9月9日

目　　录

第 1 章	知世艰	1
1.1	感知人间冷暖	1
1.2	学中医觅安身	3
1.3	闯南洋讨生活	5

第 2 章	闹革命	7
2.1	结识孙中山	7
2.2	发展运作组织	9
2.3	参加反清革命	12
2.4	支持讨袁运动	15

第 3 章	再革命	19
3.1	第一次公务回国	19
3.2	壮大青年益赛会	21
3.3	谒见聆教孙中山	24
3.4	孙中山改组国民党	30
3.5	孙中山先生逝世	32
3.6	参加国民党"二大"	34
3.7	任中央海外部部长	41
3.8	创立华侨协会	48
3.9	华侨运动讲习所	52

3.10　全力支持北伐 ·· 55
3.11　随辕北上武汉 ·· 58

第4章　三革命 ·· 64
4.1　奋起政治抗争 ·· 64
4.2　反对汪氏"分共" ··· 71
4.3　参加南昌起义 ·· 77
4.4　随军南下广东 ·· 80
4.5　夫人邓冠梅 ·· 84
4.6　苦学中医为谋生 ·· 89
4.7　加入临委会 ·· 93
4.8　联络革命人士 ··· 100

第5章　反蒋日 ··· 103
5.1　筹备成立解委会 ··· 103
5.2　推动形成抗日战线 ······································· 106
5.3　第三次干部会议 ··· 113
5.4　支持新四军抗日 ··· 115
5.5　建立抗日队伍 ··· 117
5.6　沦陷区苦难生活 ··· 118
5.7　艰苦磨难越挫越勇 ······································· 122

第6章　拥中共 ··· 125
6.1　奋笔疾书反内战 ··· 125
6.2　第四次干部会议 ··· 130
6.3　支援解放战争 ··· 133
6.4　为恢复民盟而战斗 ······································· 136
6.5　人生七十古来稀 ··· 140
6.6　响应"五一号召" ·· 143
6.7　北上解放区 ··· 151

第 7 章　躬尽瘁 159
- 7.1　参加新政协建国 159
- 7.2　政协"双周座谈会" 169
- 7.3　第五次干部会议 170
- 7.4　为党为民显真情 175
- 7.5　助力抗美援朝 181
- 7.6　第六次干部会议 184
- 7.7　发展中医事业 186
- 7.8　力行治病救人 192
- 7.9　孙中山忠实信徒 194
- 7.10　为民族鞠躬尽瘁 198

第 8 章　身后事 203
- 8.1　各界公祭彭泽民 203
- 8.2　李维汉致悼词 205
- 8.3　诔词与生平事略 207
- 8.4　新华社连发逝讯 209
- 8.5　彭泽民先生墓碑文 212

彭泽民年谱 214

参考文献 253

后记 256

第 1 章 知 世 艰

　　公元前 214 年,秦始皇略取岭南,置桂林郡、象郡、南海郡。南海郡境内,山峦纵横,河流众多,于西江、北江、绥江和龙江的四水会流之地,置四会县。县域北部和西部多为山地,中部多为丘陵与河谷盆地,南部和东部多为冲积平原。四会境内,气候温暖,雨量充沛,日照充足,景色宜人。

　　清朝道光年间,在广东贸易的英国人违反禁令,贩卖鸦片,毒害官民,朝廷命人彻查办理,并申明颁布官民购买、吸食鸦片的罪责。然而,鸦片贸易却屡禁不止,随着事态的发展,先后爆发了两次鸦片战争。1840 年 6 月,第一次鸦片战争爆发,两年后清政府战败,与英国签订了丧权辱国的《江宁条约》,即《南京条约》,实施割地、赔款、五口通商等。第二次鸦片战争发生在清朝咸丰年间,是英、法在俄、美支持下联合发动的侵华战争,英法联军最终攻入北京,掠夺并焚毁圆明园,列强迫使清政府先后签订了《天津条约》《北京条约》和《瑷珲条约》等不平等和约,中国丧失了大片领土,外国侵略势力扩大到沿海各省和长江中下游地区。由之,中国社会的半殖民地化程度进一步加深。

1.1 感知人间冷暖

　　四会市的政府驻地在清塘镇,现在改为东城街道,它地处绥江和龙江的汇合点,是四会的经济、文化和商业活动中心。广东文物保护单位、中国农工民主党中央党史教育基地——彭泽民故居,就坐落在城中街道白沙村。

☆ 彭泽民故居坐落在广东省四会市白沙村

彭泽民故居,始建于清道光十年,即公元1830年,为坐西向东三间二进小院,面阔三丈余,纵深四丈多,占地约二分三厘。彭泽民故居,是几间很平常的土砖旧屋,青砖瓦檐,屋脊之上,有大片仙人掌向阳而生,彰显出勃勃生机。走进屋中,甚为明亮,原来是天井里透进来大片光线,屋内地面铺以瓷砖。第一进,有房三间,中为过道,左右为耳房;然后,是天井,天井左右有廊庑;第二进,正面是大厅,大厅左右为房间。

清朝光绪三年十月初三,即1877年11月7日,彭泽民诞生于大厅右房之中。祖父彭戬吉,支撑着一户佃农家庭,艰难度日。父亲彭鸣翰,出生于清朝咸丰年间,是生长在农村里的一个穷人,后经过20多年备尝艰苦的创业历程,始建立一门小手工业,专门从事糊纸盒营生。彭泽民,原名彭泽文,字锦泉,号镛希,为彭家长子,另有姐姐、弟弟、妹妹6人,在家排名第二。彭泽民就是在这样一个小手工业家庭成长起来的,年少时光都在这里度过,其家庭仅靠着小本生意,日夜勤劳方能糊口。

彭泽民8岁时,入村私塾接受识字启蒙教育,因家贫且勤奋好学,深得私塾先生同情,学费全免。教书先生是彭姓的一位旁系叔祖,为60多岁的老童生。老先生有点驼背,略显秃顶,头发不多,却已全白,一个兔子尾巴似的辫子,蜷缩在脑后。每天,老先生来得很早,一条戒尺、一块震堂木放在讲桌上。通常,他先分类给学生讲授课文,再带读三遍,之后由学生单独去朗读背诵。讲课时间的长短、放学时间的早晚,全凭先生当天心情的好坏。老先生大多时间是在闭目养神,似听非听地耳闻学生们诵读。

彭泽民入村私塾的头两年,算是启蒙教育,老先生主要教授识字,伴有习字课,从扶手润字习起,再描红,后写映本,进而临帖。大约认识千把字后,老先生开始教授读书,主要读《三字经》《百家姓》《千字文》和一些浅显的诗词。每天早上,老先生会一字一句地带着学生读,然后督促学生朗诵、熟读至背诵。其后,老先生不时解文说字,帮助学生理解字句意义,再教以作对,为作诗做铺垫。入私塾的第7个年头,老先生开讲《尚书》,其中有一篇《洪范》,给束发之年的彭泽民留下了不可磨灭的印象。文中"敬用五事",即"貌曰恭,言曰从,视曰明,听曰聪,思曰睿",像烙印一样深刻在彭泽民的脑海里,成为他一生做人做事的标准。

就这样,彭泽民断断续续念了7年私塾。其后,随着家庭人口的增多,并遭遇时境困苦和谋生艰难,彭泽民不得不把更多的时间用于家庭劳动,白天忙于田间劳动,播麦种稻,盼望好收成,晚上和家人一道糊纸盒,努力挣取毫厘,维持一家生计。这样的成长经历,使得小小年纪的彭泽民,早早就体会到了世间的艰辛、感知到人间的冷暖。

1.2 学中医觅安身

彭泽民除了念私塾外,地方上尚无新式学堂可读,自然得不到高深教育。在他蒙蒙昧昧长大到15岁时,父亲已显年衰多病,特别是在劳作时,时常会出现心慌、胸闷、气短、乏力、出汗或头晕,严重时也会出现咳嗽、憋喘、胸痛等症状,逐渐丧失了劳动能力。因之,彭泽民便辍学在家,开始耕作务农,农闲时再糊纸盒以补贴家用,佐理家庭事务。

父亲彭鸣翰,兄弟三人,他排行老二。老大彭鸣皋,懂得中医,行医乡里,受到乡亲们普遍欢迎,遗憾的是他只生一女。老三彭鸣玉,生有两男一女。彭泽民既是下一代男丁中的老大,也读了七年私塾,略通文

墨,故深得伯父彭鸣皋喜欢,便有意将其中医知识技艺传授给他。由于父亲常年身体不好,彭泽民要常去取药煎药,伺候父亲服用,一来二去,他慢慢地喜欢上了中医,有空便去伯父诊所帮忙,在伯父的指导下,悉心选读背诵了一些伯父保存的中医书籍或手抄本。自此,彭泽民决心成为一位能为乡亲们解除病患之苦的乡村郎中。

在伯父彭鸣皋不多的藏书中,他最痴迷的是《伤寒论》《金匮要略》等中医古籍。在伯父的引导下,他一边背诵记载在这些书籍中的配方,一边帮助伯父整理为病人开的药方,稔熟许多中医的汤方。诸如:桂枝汤、桂枝加龙骨牡蛎汤、小建中汤、温经汤、麻黄汤、麻黄附子细辛汤、麻杏石甘汤、葛根汤、黄芪桂枝五物汤、大柴胡汤、小柴胡汤、柴胡加龙骨牡蛎汤、半夏厚朴汤、温胆汤、半夏泻心汤、猪苓汤、黄连阿胶汤、黄连解毒汤、泻心汤、理中汤、炙甘草汤,等等。

彭泽民在这些汤方中最用心的,还是有益父亲治病的几副药方。比如桂枝汤,由桂枝三钱、白芍三钱、炙甘草二钱、生姜三钱和红枣四钱配成,这是一副古代的强壮方和疲劳恢复方,经典的调和营卫方,具有解热、抗炎、镇静和镇痛作用,适用于以心动悸、腹痛、自汗出、消瘦、脉弱等为特征的疾病和虚弱体质的调理。再如温胆汤,由姜制半夏三钱、茯苓三钱、陈皮三钱、生甘草一钱、枳壳三钱、竹茹二钱、干姜一钱和红枣三钱配成,它是一副古代的壮胆方,传统的清热化痰和胃方,有镇静、抗焦虑抑郁的作用,适用于以恶心呕吐、眩晕、心悸、失眠、易惊等为特征的疾病。

鸦片战争后,特别是19世纪末叶,清廷政治日坏,一味对外妥协、投降,帝国主义乘机侵入,中国海禁不止,门户洞开,舶来品充斥市面,洋货泛滥市场,手工业日渐衰落。受其影响,彭家原在佛山制作纸盒的小手工作坊,日渐式微,全家生活渐窘。在父亲病故后,又接连遭受发妻、继妻相继染疫病故的打击,彭泽民经营的作坊也濒临破产。虽跟随伯父学了一些中医技艺,但仍不足以另立门户,设诊看病。在艰难地熬过了9年之后,迫不得已,他只有另谋生计。由此,彭泽民对封建主义、帝国主义的不满,与日俱增。

1.3　闯南洋讨生活

南洋是我国明、清时期对东南亚一带的称呼,包括马来群岛、菲律宾群岛、印度尼西亚群岛,还有中南半岛沿海、马来半岛等地。19世纪,由于社会发展和工业革命等因素,欧洲的许多国家,对锡、橡胶等物资有极大的需求,当时雪兰莪的土地蕴藏了丰富的锡矿,气候条件也非常适合橡胶树的生长。于是,吸引了大量的中国和印度的移民,前往开垦、建设种植园或探挖锡矿藏。

吉隆坡位于鹅麦河与巴生河的交汇处。1857年,雪兰莪州皇族将巴生河谷开放给采锡矿者,吸引了大量来自中国的矿工开采锡矿,从而使吉隆坡渐渐地发展起来,于1880年成为雪兰莪州的首府。吉隆坡东临蒂迪旺沙山脉,西临印尼苏门答腊岛,属于热带雨林气候,长年温暖,日照充足,且降雨丰沛,这里气候条件很适宜发展橡胶树种植,橡胶业也逐步发展成为一个重要产业。

1902年,为生计所迫,25岁的彭泽民以契约华工的身份,只身被交易到南洋谋生,漂泊海外,后居马来亚。在吉隆坡谋过华侨子女私塾老师、杂货店店员、小学教员和锡矿场文书等职业。在锡矿场做工时,他白天随队探矿挖掘,晚上开辟荒地种植橡胶树,加之后来购置新地扩展种植,很快发展成为自有的垦殖园,并先后将国内亲属迁来南洋。这段时间,彭泽民领略了劳动的神圣真谛,认识了劳动群众的高贵品质和对革命的要求。他扎根于群众之中,与群众心心相印,形成了血肉联系。在锡矿场工作创业之余,彭泽民还主动用他学到的中医技能,为矿工们治伤疗病,也用中医中草药为周边的群众治病,并取得成效,受到当地侨胞和马来亚各族裔百姓的欢迎和爱戴。

19世纪与20世纪之交,中国的内外反动势力勾结起来,共同绞杀反清革命,革命党人在国内难以立足,被迫在海外建立革命阵地,南洋各地的同盟会快速地建立起来,其中不少为孙中山亲自建立的阵地。1905年8月20日,孙中山领导的中国同盟会,在日本东京成立,其宗旨是"驱除鞑虏,恢复中华,创立民国,平均地权"。同盟会成立后,在国内

外大力发展革命组织,其中海外各侨居地的革命组织发展得很快,可谓一日千里。当时同盟会总部虽设在日本,但在世界其他地区另设了9个支部,分别是国内的东、西、南、北、中5个支部,以及南洋的新加坡支部即星洲支部、欧洲的比利时支部、美洲的美洲支部和檀香山支部4个支部。

1906年2月16日,孙中山再次来到新加坡进行革命活动,住在新加坡华侨富商张永福的晚晴园,与陈楚楠、张永福等商讨组建同盟会新加坡分会事宜。陈楚楠与兄长合营树胶种植业,属当地颇有名气的工商界人物。停留期间,孙中山召集星洲(新加坡的别称)的进步华侨开会演讲,宣传鼓动华侨革命,并于4月6日在别墅晚晴园,成立同盟会新加坡分会。当时会务的组织及开销,均由陈楚楠和张永福协商分别承担,所以选举张永福为会长、陈楚楠为副会长,会址就设在晚晴园。在其后的数年时间里,新加坡同盟会一度成为东南亚反清革命组织的总机关和活动中心。

东南亚华人社会有革命党的正式组织,即从此时开始。南洋华侨反清革命运动随即兴起,起初孙中山领导下的革命团体兴中会,在吉隆坡举办"中和讲堂",传播民主革命思想,只要有时间,彭泽民就会到"中和讲堂"听讲,思想日益倾向革命。彭泽民受革命党的影响,开始追随孙中山,去实践"驱除鞑虏,恢复中华,创立民国,平均地权"的目标。此后,彭泽民逐步成为孙中山的忠实信徒。为了更好地追随孙中山革命,彭泽民在雪兰莪积极响应孙中山的号召,参与筹备和成立同盟会吉隆坡分会。

第 2 章　闹 革 命

进入 20 世纪,八国联军侵华后,中国完全沦为半殖民地半封建社会。慈禧太后返京回宫后,为了维持其统治,改变自身守旧无能的形象,虽然宣布实行"新政",进行经济、军事、教育、官制等方面的改革,但实则继续清朝的封建统治。为推翻清朝统治,邹容发表了被誉为近代中国的"人权宣言"——《革命军》,孙中山在东京青山设立革命军事学校,资产阶级革命团体华兴会也在长沙正式成立。中国同盟会在日本成立后,其机关报《民报》随即在东京创刊,孙中山与黄兴、章炳麟(太炎)等共同制定了同盟会《革命方略》。面对日益高涨的革命形势,清政府一方面强化专制,加强武力镇压;另一方面,导演"预备立宪"的丑剧,以图欺骗人民,抵制革命运动。

2.1　结识孙中山

1906 年 7 月,孙中山为了推翻清王朝,不远千里,偕陈楚楠、林义顺等人,再次亲赴南洋各埠,开展革命宣传,为革命筹款。7 月 17 日,孙中山抵达马来亚芙蓉,与当地华侨座谈,揭露清政府假立宪和保皇党假维新真保皇的骗局,宣传革命。彭泽民出席了座谈会,听了这次演讲,第一次见到了孙中山本人。

其后,孙中山前往吉隆坡,受到了当地华侨的热烈欢迎。在孙中山的指导下,中国同盟会吉隆坡分会于 8 月 7 日正式成立,孙中山亲自主持宣誓,当地华侨杜南、杜冠雄、杜著新、阮卿云、阮德三和陆秋泰等人现场加盟。再后来,又有一批华侨入会,其中包括著名侨商锡矿主陈占梅、种植园主彭泽民等。中国同盟会吉隆坡分会的会员,有锡矿主、种植园主、矿工、制砖工、成衣工、中医、牙医、人力车夫、木匠等。

雪兰莪中国同盟会吉隆坡分会成立后,由于当地政府监视甚严,不能公开活动。那时,英帝国主义正在用基督教会作为开拓殖民地的先锋,在吉隆坡设有一处叫"美以美"的宗教场所,进行传教活动,教会内设立一种联络群众的组织,名叫"益赛会"。同盟会吉隆坡分会成立之初,只有十几位会员,他们假借基督教会的宣道堂做机关,组织活动,宣传同盟会的宗旨,结果教会内的信徒加入同盟会者过大半数。负责"美以美"教会的英国牧师叫荷李(音),对革命党每有赞助,于是同盟会吉隆坡分会机关对外便托名为"中国青年益赛会",附属于教会的宣道堂,以避免殖民地政府的注意。当初,在十几位同盟会会员中,除教友外,皆属店员及工友,没有多大经济力量,当提出建立"中国青年益赛会"的会所时,木匠陈良首先报效自造木椅十二张以为倡,其余家具皆由各人捐送,才初步建立起会所的雏形,每每借夜晚宣讲耶稣教义时,宣讲革命意义,以此作为宣传革命的方式方法。

1907年3月,在清政府的压力下,日本政府驱逐孙中山出境,限定他三年内不得返日。出于在中国培养亲日势力的考虑,日本政府主动提出给孙中山7 000日元的离境费作为补偿,同时,日本巨商铃木久五郎,也赠予孙中山10 000日元。孙中山在收受日本政府和商人资助后,离开日本,与汪精卫、胡汉民等人来到南洋,后将同盟会总部迁到新加坡。一段时间内,新加坡成为孙中山反清的策源地,晚晴园事实上成为孙中山革命的枢密院。

总部迁到新加坡后,孙中山一行的工作中心,由东洋转到了南洋,对同盟会的快速发展起到了很大作用。由于南洋华侨多,反清革命的基础好,这段时间成了同盟会快速发展时期,晚晴园也成了宣传革命活动的大本营,东南亚各地同盟分会,如雨后春笋般地涌现出来,一时间,成立了20多个同盟会分会。同盟会的组织据点,从新加坡发展到马来亚、暹罗(泰国)、印尼、越南、缅甸等国家,南洋成为海外同盟会会员最多的地方。同时,同盟会的会员成分也发生了很大变化,会员由富商延伸到中下阶层,尤其是东南亚的锡矿工人、橡胶工人特别多,他们的加入,使得同盟会开始由资产阶级为主的政党,渐渐向多阶级成分转变,不但扩大了同盟会会员的来源,而且为今后孙中山制定的"联俄、联共、扶助农工"的三大政策打下了群众基础。

当时在南洋的海外政治组织,有两个集团:一个是康有为首创立的保皇党宪政会;一个是孙中山首创立的革命党同盟会。两会组织都成立了不少分支,散布各埠,为了不同的宗旨,常常起争执,形成对立现象。当时新加坡有两家对垒的报刊,一方是同盟会的《中兴日报》,另一方是保皇党的《南洋总汇报》,两党各自以其报纸为阵地,开展论战,发表了许多文章。孙中山等人还多次组织演说,宣传革命道理,唤醒民众。保皇党的成员多数来自富裕人家,保守法规,指摘革命党为犯上作乱危险分子。革命党成员多是劳动工人,憎恨强权,指骂保皇党为工谗、善媚、腐化分子。革命党性情急躁,易受反对者所构陷。彭泽民经过这一段时期的习染,也形成了急躁的性情。

2.2 发展运作组织

同盟会吉隆坡分会成立后的两年,在当地政府压制之下,不但资产阶级不敢参加,即使稍有资产的华侨,也害怕有妨碍而不敢加入。因此,未能大量发展。为改变这种状况,会员们倡导首先自戒,大家力争做到:不吸鸦片,不嫖娼妓,不得赌博,不得犯有多妻恶习,协助慈善公益,革除旧日陋俗,等等。为了详细实行戒约,每当业余时间,会员常常集合夜谈,其中一位会员自言有戒掉吸鸦片的良方,用之屡屡见效。

此药名叫中兴草,将其熬成浓汁,有烟瘾之人加烟泡于药汁中,另置无烟泡的药汁一瓶,如烟瘾发作时,可饮有烟泡的药汁一杯,以代替抽吸烟泡。然后,再加入一杯无烟泡的药水于有烟泡的药水瓶内,使有烟泡的药水烟味渐减,以至于无,由此烟瘾自脱。众人聆其所说,合于理想,促其试制,果有效验。于是,同盟会吉隆坡分会开始集资制造戒烟药水,登报广告,劝戒洋烟,由益赛会赠送药水,不收药费。此事愈传愈广,使得中国青年益赛会赠送中兴药水、劝人戒烟的声誉遍传里巷。

同盟会吉隆坡分会更进一步的活动,是乘势在中国青年益赛会会所内,设立赠医所,以当地政府官方医生祁艺良主持西医,彭泽民主持中医,免费诊疗,两人都是同盟会会员。由此,彭泽民凭借掌握的中医中药医术,成为他初期参加同盟会革命活动的一种武器。那时的益赛会,被人们称为慈善机构,要求入会者渐众,会员们互相研求改善社会旧习、提倡侨人学知识等事业,时常邀请革命首领到会演讲,华侨渐渐明白革命真理,会务日臻繁盛。同盟会行动光明正大后,殷商富户对其也不复以前的轻视了,还以益赛会会所行善举规模狭小,劝其设法扩大场地规模。因此,当地随后便有了中华习武社、华侨学校和阅书报社等机构成立,革命路线得以次第推广。

中国青年益赛会的会务兴旺起来,同盟会的革命事业随之日渐发展,会员每晚齐集谈论驱除鞑虏方法,大家都认为必先推倒清朝政权,中国才有改造希望。因此,问题中心多是如何暴动或暗杀清朝大员,以及如何开展大举、突袭等行动。无论当否,各言其志,结果就有温生才枪杀孚琦将军发生,接连有广州仓前街炸死凤山将军、云南镇南关之役、广州攻占督署之役,这些都是南洋华侨义烈的"演出"。

更有可记的事,是在会员集合夜谈时,曾做过学习口供演示,以备革命行动或被捕时应当如何陈述。先推一人假作审判,各个扮演受审革命党人,都要直认不讳,更要说出因何参加革命,坦白说明革命真理及志向,达到各个习熟。因此,广州之役后,被捕之烈士在被提审时,使清朝大员张鸣岐有"放既不能,杀又不可"的感慨言语。张鸣岐时任两广总督兼署广州将军,是镇压黄花岗起义的元凶。后来,黄花岗烈士的供词,博得国人传诵,既是牺牲生命,亦可以说是现身说法。经过此役后,国民革命的声气更加张扬,海外华侨更加奋发,中国青年益赛会更成为雪兰莪邦革命的中心。英殖民地政府对此特别注意,保皇党也不甘没落,所有反对革命的书报以及种种宣传工具,亦应有尽有地对之关注。

保皇党在吉隆坡地区,设立一间宣传孔孟之道的教堂,每天宣讲保皇立宪等废话,特聘吴金宗为主讲。此时华侨革命的高潮已遍及各埠,吴金宗却日日大讲其"虚君立宪"之理,专指革命党为暴徒、为乱党。同盟会会员不能隐忍,在其演讲中便进行质问,斥责吴金宗所讲的不是孔教,是故意挑拨,大背华侨尊孔的旨意,座上听众皆指责吴金宗谬妄,吴金宗面红耳热,羞忿而退。岂知他却奔去告诉保皇党领袖,诬陷青年益赛会会员唆使群众捣毁讲堂,并密告于英殖当局,要其出面干涉,而同盟会亦反诉吴金宗蓄意构陷。当局苦不得同盟会破坏证据,只得约法三章,告诫同盟会不得滋事。

此事过后,为了悼念广州黄花岗起义为国牺牲的会员,中国青年益赛会特地举行追悼活动。为了不违反当局禁约,故不敢大事铺张,只就本会会员稍为表示哀悼便了。追悼会后,会员将烈士遗像悬挂会所之内,雪兰莪的华民政务司官员自行来堂查看。华民政务司,是英国政府统治殖民地马来亚时,设立用于管制中国人的机构,由英人管理。他指烈士像问:此为何人?会所负责人告知他,此是为国牺牲的革命党烈士遗像。华民政务司说:"这不是革命党,是暗杀党首领,你们在此间组织暗杀机关,我要你们立刻自行结束,限今日停,否则就要封闭,我特给你们一个人情,信不信由你们自己抉择。"说毕登车而去。

同盟会吉隆坡分会,竟因此屈折,会员皆极痛恨,但革命的意志并不因此而消沉。好在会员多来自工商业界,业余仍可做秘密工作,他们的矿场僻远,更非警察视力能及,尤其华侨在外并非如国内做武力行动,只做宣传教育工作,故虽偶被禁阻,事实上仍未就此停歇,国内一切消息,还可以传达到各处。清廷专政以黄龙旗作为国旗,中国青年益赛会就改悬蓝布白星八角旗为党帜,即青天白日旗。华民政务司则指其为非法,不许悬挂,虽已悬起,亦要扯下。

在同盟会吉隆坡分会创建和运作过程中,由于英国殖民当局视之为"乱党",采取严厉监控政策,禁止其公开活动,彭泽民和其他革命党人,借用当地基督教宣道堂作为革命机关,成立同盟会的外围组织"中国青年益赛会"为掩护,以之为革命阵地,宣传同盟会的宗旨,发展同盟会的会员,拥护策划各种革命行动,其影响日益扩大。到后来,中国同盟会吉隆坡分会的会员发展到1 000多人。

2.3 参加反清革命

在 1907 年到 1911 年中,孙中山领导革命党人连续不断地组织了八次武装起义。这些武装起义,由于计划不周、准备不充分和没有发动群众支持,都失败了。但是,这些起义沉重地动摇了清王朝的统治基础,并且革命党人不畏牺牲、英勇奋斗的革命精神,则极大地鼓舞了人民的革命热情,对全国范围内不断高涨的革命形势起到了很大的推动作用。

1908 年 1 月,孙中山一行由日本到达新加坡,住在晚晴园等地,直至 1909 年 5 月离开南洋。此次在新加坡驻留的时间最长,前后将近一年半,主要是策划发动河口起义等,并且成立同盟会南洋支部,三度北上马、泰等地,为起义活动进行筹款。1908 年 10 月,为了加强南洋各地同盟会组织的领导,宣传革命道理,并筹办军饷,孙中山听从彭泽民等人建议,化名"李竹痴",与胡汉民等自新加坡出发到雪兰莪,登岸时果然未遇阻拦,避免了不必要的麻烦,接着先后赴芙蓉、吉隆坡等地开展革命活动。

彭泽民想方设法避开英殖民政府的注意,组织盛大的会议欢迎孙中山,到会的同盟会员有一百几十人。为了保护孙中山的安全,彭泽民发动同盟会会员担任警卫工作,自己则亲自把守欢迎大会的大门,防备反对派——保皇党的捣乱破坏,保证了孙中山的安全。孙中山在欢迎大会上发表了讲话,号召大家推翻帝制,建立民国。大会宣传了孙中山的革命主张,扩大了同盟会的影响,举办得很成功,这同彭泽民事前布置周密不无关系。在彭泽民的带领下,同盟会吉隆坡分会会员不断增加,成了马来半岛的革命总枢纽,获得多数华侨的同情和支持,活动也逐渐半公开化地开展。

1908 年秋天,根据孙中山"同盟会要改良扩充,以求其进步,并要唤起同胞,使之速醒,造成革命的形势"的指示,吉隆坡同盟会分会进行了组织整顿和扩充,彭泽民被推选为吉隆坡同盟会副会长、中国青年益赛会总理,积极协助孙中山筹募革命活动经费,前后达十几万元,还秘密购置及转运武器弹药,供在国内准备武装起义使用。

1910年秋冬之交,孙中山再赴马来亚筹集起义经费。当时南洋华侨大多数经济拮据,彭泽民也是收入不多,全家依靠开垦荒地、植树、割橡胶、捆扎椰衣扫帚和种菜等活计维生。然而,在孙中山的激励下,南洋华侨和同盟会会员义无反顾,慷慨解囊,大力支持,踊跃捐款。11月13日,孙中山召集同盟会重要骨干举行秘密会议,因保皇党告密,当局以"妨碍地方治安罪"勒令孙中山出境,此后孙中山离开南洋,远涉重洋前往美洲。对此,彭泽民满腔怒火却又十分无奈,从此之后,他遵从孙中山的指示,更加奋力地开展吉隆坡同盟会的工作。彭泽民不仅积极动员组织华侨捐款支持革命,还动员组织了一批青年同盟会会员回国参加起义。最早与他一道从事秘密活动的李晚、罗进等人,就是从这里出发回国革命的,直至英勇就义,成为黄花岗七十二烈士之一。黄花岗起义,于1911年4月27日发生在广州,终因敌我力量悬殊而失败,黄花岗起义失败波及南洋,在吉隆坡的同盟会组织和中国青年益赛会随之被取缔,同盟会的活动被迫转入地下,分散在矿场、橡胶园进行。

1911年10月10日,国内辛亥革命爆发,武昌是首义之地。彭泽民虽然没有亲身回国参加在战场上同清军的作战,但是他在海外华侨中发动力量,同保皇党人斗争,为革命网罗、培养人才,并且和南洋华侨巨富,同盟会负责人张永福、林义顺、陈楚楠等一道,募集大批资金,支援国内的武装起义和武装斗争。他以这些方式为辛亥革命作出的贡献,同样是不可磨灭的。

武昌大举,全国响应,不出一月,造成南北开始议和局势。11月9日,广东正式宣布独立,推张鸣岐为都督,龙济光为副都督,以咨议局为议事机关。广东宣布独立那天,电报传来,全吉隆坡的华侨准备休业庆祝,大家赶紧乘夜制造青天白日旗帜,各车衣店无不忙个不停。时彭泽民偶患小恙在家,寒热交作。

一日清早,一名叫张志升的同盟会会员驱车到来,高呼彭泽民其名,大声说:"你今日犹自泰然高卧,外间事情竟无听见吗?"彭泽民以病告之。张志升对他说:"不管病不病,快随我来。"彭泽民即披衣同出,望见全市的店户高悬崭新旗帜,家家鼓乐喧天,精神为之一振。张志升乘车同彭泽民到从前是保皇党的商店,见面皆拱手道贺,斟满白兰地酒碰杯,高呼:革命成功万岁!干杯!最使他难以忘怀的是当地华民政务司也亲到华侨商行道贺,说:"好了,你们中国成为新中国了,我来恭贺你们万岁。"这位华民政务司,就是之前要结束中国青年益赛会和曾经指摘同盟会青天白日旗为不合法的老先生,现在彭泽民想起他往日的情态,真是无法形容。

1912年元旦,孙中山在南京两江总督署就任临时大总统,宣告中华民国成立。吉隆坡华侨多有想到中国青年益赛会累年倡行革命厥功至伟,渴望本会得以恢复以为纪念,即使往日反对者亦反省以前的错误,大家互相谈及,都希望彭泽民再度复兴中国青年益赛会。

据一侨领转述华民政务司所言,他同意同盟会重组中国青年益赛会。该侨领更是设盛筵为筹备中国青年益赛会作撮合,基督教"美以美"会也应许以每年壹元的租值,借地给同盟会恢复建设中国青年益赛会之用,即设筹备处,华民政务司也将以前没收的招牌家具等物送回。于是,中国青年益赛会开始量地绘图,筹建会所。随即开始募捐,头一日仅得数千元捐款。次日,益赛会到华侨富绅朱嘉炳家里劝捐,朱嘉炳看过益赛会会所的图则,莞焉笑谓:"如此巨款,几时募集得来,你们如果喜欢,除你们所捐外,让我个人包尾如何?"各人皆大鼓其掌,赞扬朱嘉炳热心,乐意他个人捐款凑足。

朱嘉炳时任四州府的议政局委员,是早期吉隆坡华社领袖之一,协助华侨最力。自此以后,中国青年益赛会受朱嘉炳协助甚多。彭泽民在马来亚时,曾就当地政府对华侨有增加不利行为的恶例,尝与朱嘉炳商谈,比如,新加坡政府拟禁止中国罐装食物进口、雪兰莪联邦严格取缔街边小贩等,多次得到朱嘉炳大力支持。再后来,追悼孙中山先生大会,遭到华民政务司的粗暴制止时,亦是朱嘉炳出面力争,方得举行。

中国青年益赛会新会所建成后,同盟会变秘密工作为公开活动,会员大增至数千人,但往日革命分子以为民国建成,大功已立,革命斗志不如从前,虽然未与反动派同流合污,但至少有了功成身退的意态。此时中国同盟会已改为国民党(注:前面没有"中国"两字),吉隆坡国民党支部已经正式成立,所有各分部党员皆加入该支部,中国青年益赛会亦把革命的基地变为慈善机构,其时意志坚忍不拔的党员已是寥寥可数。

彭泽民在做好党务工作的同时,继续在会内为群众治病,卓有成效,产生了广泛的社会影响。在这些社会活动中,彭泽民不断践行经孙中山指引和启导的民主革命理论,他的革命表现也得到孙中山的肯定。

辛亥革命推翻了两千多年的帝制,既是一场把人民从封建专制枷锁中解放出来的大革命,也是一场民族精神和人民思想的大解放。但是,辛亥革命的胜利成果很快落入窃国大盗袁世凯手中,至袁世凯图谋帝制时,昔日追随孙中山的革命党人剧烈分化,推翻清王朝后迅速膨胀的国民党却失去了革命性,有些地方组织竟然自动解散。此时,中国参众两院国民党籍的议员过大半数,22省督军中国民党籍的占三分之二,当孙中山倡言讨贼,文的武的国民党籍议员皆木然不动,孙中山大怒,宣告自己脱离国民党,另组中华革命党,继续领导讨伐袁世凯运动。

2.4 支持讨袁运动

1913年7月12日,爆发了"湖口起义",到9月11日重庆之战失守,二次革命结束。袁世凯自镇压二次革命后,即迫使国会选举他为正式大总统,旋即又解散国会。1914年5月1日,《中华民国约法》公布,它是由袁世凯一手操纵的"约法会议"所制定,具有宪法性质,又称"新约法",以示区别于《中华民国临时约法》。《中华民国约法》改责任内阁制为总统制,总统大权独揽。为了继续领导讨袁运动,7月8日,孙中山在日本东京宣告中华革命党成立,并被选为总理,于9月发表中华革命党宣言,提出所有国内外未解散的国民党一律改组为中华革命党。

1915年3月底,孙中山特派许崇智、宋亚藩二人来到马来亚,改组国民党党部。许崇智、宋亚藩到了吉隆坡,国民党支部开欢迎大会,听了他们的改组报告,要求凡属国民党党员要重新加入中华革命党,众人反对,导致无果而散,他们在吉隆坡的改组工作一度受阻。4月中旬,中国青年益赛会设宴招待许崇智、宋亚藩,只有旧日同志10余人参加,席间他们商谈组织中华革命党,彭泽民表示服从和响应孙中山的指示,倾力支持讨袁运动,并当即与许崇智、宋亚藩商量研究,清除蜕化分子,吸纳新生才俊,成立中华革命党雪兰莪(州)总支部。陈占梅与彭泽民

（文）分别担任正、副支部长，其余10多人为评议员，分别负责党务、宣传、财务等工作，原先不同意改组的党员亦陆续参加，逐步恢复同盟会往日旧观。

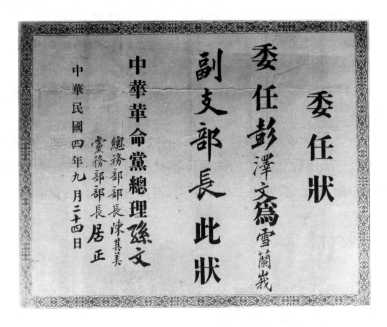

☆ 1915年孙中山给彭泽民的委任状

9月24日，孙中山又特派朱执信、胡汉民、邓铿赴南洋筹措讨袁军饷。朱执信不仅给彭泽民带来了中华革命党总理孙文（中山）颁发的三枚"中华革命有功章"，还带来了中华民国内政部颁发的由孙中山亲笔签名的医师执照。朱执信又亲自为彭泽民亲题"前进"两字，彭泽民倍感鞭策，全力投入革命工作。

12月12日，袁世凯宣布接受帝位，推翻共和，复辟帝制，改中华民国为"中华帝国"，并下令废除民国纪元，改民国五年为"洪宪元年"，史称"洪宪帝制"。袁世凯帝制自为的行径，激起了全国人民的强烈反对。孙中山随即发表了《讨袁宣言》，号召人们继续战斗，《宣言》说："今袁背弃前盟，暴行帝制，解散自治会，而闾阎无安民矣；解散国会，而国家无正论矣；滥用公款，谋杀人才，而陷国家于危险之地位矣；假民党狱，而良懦多为无辜矣。"认为"犁庭扫穴，共戮国贼，期可指日待焉"，发誓"正义所至，何坚不破？愿与爱国之豪俊共图之"。12月25日，唐继尧、蔡锷、李烈钧在云南宣布独立,护国战争爆发。护国军出兵讨袁,袁世凯的军队受挫,南方其他各省之后亦纷纷宣布独立。当袁世凯窃国称帝时,孙中山也举兵讨伐袁逆,海外华侨同伸义愤,雪兰莪总支部积极联系华侨,组织"讨逆军"归国讨袁,入粤省东江起义,直指袁世凯在广东的走狗龙济光。

袁世凯镇压"二次革命"后,加紧复辟帝制活动,龙济光竭力表示赞成,袁世凯申令接受帝位后,即特封龙济光为一等公。蔡锷、唐继尧在云南通电讨袁,发动护国战争,龙济光即致电北京政府,表示愿出师荡平滇"乱",请袁世凯"诞登大位以慰人心"。旋即调兵遣将,于1916年1月至3月,先后镇压朱执信、陈炯明等在惠州、广州等地的反袁武装起义。护国战争胜利后,袁世凯于3月22日宣布撤销帝制,但声言继续做大总统。龙济光在滇桂护国军和广东民军的军事压力下,于4月6日宣布广东独立。

4月底,孙中山由日本回上海,5月9日又发表了《第二次讨袁宣言》,号召"除恶务尽",指出"保持民国,不徒以去袁为毕事",认为"袁氏未去,当与国民共任讨袁贼之事;袁氏既去,当与国民共荷监督之责,决不肯使谋危民国者复生于国内"。6月6日,袁世凯在全国讨伐声中因尿毒症不治毙命,段祺瑞升任国务总理,龙济光即致电表示恭贺,段祺瑞给他安排广东督军兼署巡按使的职位,龙、段勾结,又遭到广东人民的强烈反对,孙中山立即发出讨伐龙济光号召。7月,滇桂护国军和广东民军发动进攻,龙济光部败退。

自1915年12月25日唐继尧等宣布云南独立、反对帝制、武力讨袁起,至翌年7月14日广东肇庆军务院撤销,护国运动结束。护国运动是近代由中国资产阶级单独领导的仅次于辛亥革命的又一次革命运动,它虽未最终推翻北洋军阀统治,却使袁世凯不仅在军事上遭受打击,而且在外交上连受挫折,被迫宣布撤销帝制,继而忧愤而死,"洪宪帝制"被推翻,由继任大总统黎元洪宣布恢复《临时约法》和国会,保卫了共和制,巩固了辛亥革命的成果。但是护国运动的胜利果实,终于归于北洋军阀段祺瑞,国家政权并没有发生革命性转移,中国半殖民地半封建的社会仍然没有改变。

在声势浩大的讨袁运动中,彭泽民被中华革命党马来亚雪兰莪总支部推为筹饷负责人,负责为"讨逆军"筹措军饷,未能回国参军作战,至袁逆倒台、龙贼溃败,讨逆任务已毕,参与革命的华侨同返海外,彭泽民也复回本业。在支持后援讨袁运动的过程中,彭泽民受到了很大教育,现实表明:砸烂一个旧世界不易,建设一个新世界更难,不仅会遇到各种艰难险阻,还会遇到巨大的历史逆流。为此,他依孙中山建议,决心改名明志,将原名"泽文",改为"泽民",寓意"厚泽于民"。彭泽民要紧紧跟着以孙中山为首的革命党人,为中国独立富强、百姓解放幸福,组织发动南洋华侨,继续支持国内革命事业。

第 3 章　再　革　命

　　1916年6月7日,即袁世凯死后的第二天,黎元洪在东厂胡同宅邸就职中华民国大总统,宣称遵循孙中山制定的《临时约法》,恢复国会。为了维护北洋军阀的合法地位和便于独揽大权,段祺瑞一再坚持袁氏新约法,不肯恢复旧约法和旧国会。在对德参战等问题上,双方斗争和矛盾急剧升级,引发了激烈的府院之争,其结果是黎元洪下令免去段祺瑞的职务,段祺瑞愤然离京去津,策划武装倒黎。1917年6月7日,张勋率5 000辫子军北上,7月1日,张勋进京,拥戴清废帝溥仪即位,黎元洪逃到日本公使馆躲避。7月3日,段祺瑞以讨逆军总司令名义誓师讨伐,剑指张勋一人,余者不咎,未出十日,张勋复辟势力即遭段祺瑞镇压。张勋复辟使段祺瑞以"再造共和"的功臣身份回到北京,拥戴副总统冯国璋代行大总统职,黎元洪也因段祺瑞讨逆成功而获解禁。

3.1　第一次公务回国

　　1917年4月,北京的黎元洪政府决定增补第二届参议院华侨参议员,请华侨代表团回国参加选举。6月,陈占梅、彭泽民同被选为南洋华侨代表回到了北京。彭泽民在海外侨居十余年后,第一次当选华侨代表,首次公务回国,兴奋异常。以南洋华侨吉隆坡书报社代表身份,在中华全国商会联合会负责人杨木森等人带领下,彭泽民等晋谒了大总统黎元洪。会见后,奉黎元洪面谕,中华全国商会联合会的杨、赖两位副会长,出面设筵招待了彭泽民等七位华侨代表,以示欢迎。为深感黎

元洪大总统优待之至意，受招待的代表依席次分别演说，表示倾向之至诚，敷陈怀抱以贡献。

彭泽民说："今日蒙大总统隆礼相待，又蒙诸君款洽殷勤，实在万分感激，兄弟（我）这次回国，却有两个原因，一为承吉隆坡中国青年益赛会书报社派为参议员华侨选举代表，一欲察看国内矿业情形，并拟酌购矿界用品。兄弟侨居海外，向来皆从事于锡矿、南洋物产，以锡及橡胶树二者为大宗。据兄弟看，种植橡胶树限于天时地质之区分，我国可暂勿研究。现在最注意的还是锡矿这一门类，盖锡矿非只营新业者独受其利，且能兴起全国工艺，因开采锡矿所用之品类甚多。"接着，他以造"洋钉"用锡之例说明一钉可以兴百业，国内虽然锡矿质量不错，但因联络不畅甚至缺失，没有开发利用起来。他认为"商会联合会实为民生最要之机构"，要加强海外商会与国内商会的"声息相通"，各尽商人责任，才不会受外国人愚弄、欺骗，减少损失。凡此种种，"皆仰望于商会联合会之至意"。

来自海外的华侨代表们，以为在政府内有了议政资格，殊不知由美、日帝国主义分别豢养的军阀黎元洪、段祺瑞，在主子们的支持下，为了争权夺利大打出手，美国支持黎元洪，罢去了段祺瑞总理一职，日本支持段祺瑞包围了国会，强压参众两院解散，华侨代表参选议政亦随之被废黜。面对这场恢复"国会"的闹剧，彭泽民愤然返回南洋，残酷的现实让他醒悟，帝国主义操纵的大小军阀绝不会实行共和，更不会实行《临时约法》，华侨代表也不会有正当的选举和被选举的权利。华侨选举一事因此被阻止，彭泽民带着未实现的满腔抱负复回南洋。此行，他只是将中华革命党在南洋的筹饷报告交给了上海总部，以清理完备有关手续。

首次公务回国的所见所闻，深深教育了彭泽民，他认识到要实现祖国民族独立、人民生活富足，其道路还很漫长，要作长期的斗争方能获得。北洋政府为了争取南洋华侨骨干分子，尽管后来民国大总统徐世昌还以《大总统令》的形式，授予彭泽民陆军步兵中校衔，但彭泽民终不为其所动，立志革命到底。于是，他下定决心，要做一个像孙中山一样的职业革命家，为中华民族的解放事业贡献终生。为了腾出精力全身心地投入民族解放的革命洪流之中,1918年春天,彭泽民又娶了一位18岁的割橡胶女工为妻,以便与夫人邓冠梅一起照顾这个大家庭,同时经营好初具规模的垦殖园。这位割橡胶女工叫翁会巧,她出生于广东顺德县一个贫苦家庭,5岁时丧父,9岁就到当地的缫丝厂做了一名童工,17岁时,被招往马来亚,做了一名割橡胶工人。在翁会巧同彭泽民结婚后,彭泽民便成为一位职业革命者,全身心投入发展组织、宣传办报、募捐筹款等工作之中。而妻子翁会巧则协助夫人邓冠梅,与家人一道经营垦殖园,支撑着全家的生计,并全力支持与协助彭泽民的革命工作,使他无后顾之忧。

3.2　壮大青年益赛会

1919年10月,孙中山将中华革命党改组为中国国民党,忠诚于孙中山的彭泽民等人认为,原来的国民党雪兰莪支部在改组中华革命党时,已不肯接受孙中山领导,它的招牌虽然是国民党名号,其内容已是不同。故以中华革命党雪兰莪总支部为基础,扩大成立了中国国民党芙蓉总支部,被孙中山认可,列为与新加坡总支部、庇能总支部并行的组织,成为马来亚联邦中国国民党组织的最高领导机关,总支部下设总务、党务、财政三个部,在吉隆坡经营锡矿的南洋矿业巨子陈占梅被选为总理,彭泽民为副总理。彭泽民负责领导总支部创办的青年图书社、学校,吸引进步青年,培养人才,工作十分活跃。

中国国民党芙蓉总支部,为领导全马来亚联邦唯一党部,各分部党员关系皆集中于此,党的消息都由该部传达,且有新加坡总支部庇护支持,党务非常发达,设有芙蓉阅书报社、男女学校等,附属各埠分部均有学校和阅书报社等设施,极一时之盛。其时,雪兰莪吉隆坡党部已归并芙蓉总支部,但仍沿用中国青年益赛会阅书报社的名目运作党务。中国青年益赛会仍然发挥着越来越重要的作用。比如,广州黄花岗筹建七十二烈士纪念碑,由芙蓉总支部下的分部阅书报社各献石碑一块,砌成丰碑。吉隆坡已无党部,仍沿用益赛会阅书报社名义,献石碑一方。七十二烈士多是海外党员,因此以海外革命机关立石纪念,先烈有知,

亦当含笑于九泉了。

在吉隆坡,中国国民党(注:其后简称为国民党)主要依托中国青年益赛会组织活动,益赛会设正会长一人,由教会指定担任,副会长二人,教会与非教会各派一人担任。彭泽民虽然不是教会的人,但已经当了三年副会长,第四年被选为正会长,打破此成例,所以很多人认为他是教会中人。可能受这段时间经历的影响,多年之后,彭泽民也倾向于信奉基督教。此时益赛会会员众多,为及时传递信息,彭泽民倡设《会务记闻》,每月出版一次,会员认为材料信息太少,拟改为周刊,只需筹数千元资本,未料募集股金时,竟达4万元之巨。因此,改编发《会务记闻》为出版吉隆坡《益群日报》。1919年,《益群日报》正式出版发行,这是当地唯一一份华文华侨报纸,也是唯一的革命喉舌。虽然它不是完全党办,但事权纯由党内同志掌握,可以说该报就是党的言论机关。

1921年初,由于对编辑人选选择不慎,使《益群日报》致招讼累,损失甚巨,几至不能继续营业,因此需要全部改组。此时陈炯明在粤声名显赫,任陆军部长兼粤军总司令,该报董事因此具函陈炯明代聘编辑,陈炯明即介绍刘党天来主持笔政。刘党天初到任,即大登报端,声称奉陈总司令委命南来主持该报编辑,董事部不喜其作风,议决邀彭泽民出任总经理。

彭泽民说:"《益群日报》因讼事损失重大,是因编辑不慎记载所致,如果日常言论及新闻全由编辑一人负责,倘若再蹈前辙,实在是一个最大危险,我也不敢负此重任。"由此,彭泽民献议由董事会推出一人为社长,监视各部工作,使之有所遵循,或可减少此类错失。大家都认为彭泽民说得对,即开董事会议,推选党员叶大池任社长,彭泽民为董事经理,对社长负责,有权核发出版,并将董事部所定约章,悬于社内。尽管如此,刘党天仍常混淆是非,腐败无能,使得《益群日报》日渐衰微。

1922年6月16日,陈炯明叛变革命后,炮攻孙中山大元帅府。刘党天即大发他的反动言论,特借该报为乱军张目,彭泽民一面当即禁止刊发,一面报告叶大池社长,请其纠正。叶大池到编辑部与刘党天谈商,刘党天竟出言不逊,叶大池愤怒,立即于当晚召集董事会议,邀刘党天列席。会议首先决定,本报言论以拥护孙中山革命大纲为主旨,众皆赞同,即问刘党天是否愿意接受此项决议?刘党天不愿接受,董事会当场将他辞去,并决定由彭泽民兼任编辑,主持笔政。

彭泽民主持笔政后,立即对该报进行改造,确立了办报宗旨——以孙中山革命大纲为主旨,一反刘党天之作风,读者大加拥护,业务始复原状。此时优秀编辑人才很不易获得,经过数月寻找,始由新加坡《国民日报》介绍鲍慧僧、董方成等二人前来应聘,当时已经聘任许超循担任《益群日报》总编辑,鲍慧僧只能担任副总编辑。在聘用了许甦魂、董方成、鲍慧僧等一批思想进步、精明强干的青年到编辑部任编辑之后,报社的骨干团体形成。彭泽民因经常同他们几人一起讨论国是,共探救国救民真理,因而成为至交,并吸纳许甦魂、董方成、鲍慧僧加入了董事会。在他们的大力支持和帮助下,彭泽民清除了反动军阀在该报的余党,重新改造了《益群日报》,使之内容较为充实,销量大为增加,已普遍发行南洋各地。

《益群日报》迅速恢复生机,既宣传革命,介绍国内革命发展形势,揭露帝国主义对中国的侵略,还专栏介绍孙中山革命思想和学说,并开设了《祖国之光》专栏,向侨胞介绍杰出的政治家、军事家、思想家和科学家,介绍历史知识,进行爱国主义教育。从此,该报以"内容充实、言论正直"的新面貌出现,因而销路大增,在马来亚华侨社会中产生了广泛的影响。

由于《益群日报》不停地揭露帝国主义侵略中国的罪行,英殖民当局对之一直怀恨在心。此间,英殖民政府常常关注华侨革命行动,因《益群日报》言论正直、对帝国主义为害中国的罪行常有揭载,积愠在心,时欲借题发挥,加以摧毁。

有一天,华民政务司传彭泽民问话,问:"你的报纸何以骂人为贼?"并捡出报纸指给彭泽民看,此时中文各报多不知陈炯明的反叛,《益群日报》上却满载"陈贼"二字。

华民政务司问彭泽民:"陈贼是指何人?"

彭泽民说:"大概指陈炯明。"

华民政务司说:"陈炯明做贼,何故骂姓陈的全是做贼?"

彭泽民说:"这不是我的错误,因为我们中国文字就是这样。例如

姓孔的一个孔夫子,不是姓孔的都是夫子;又如陈炯明,前两个月人人都称陈总司令,难道姓陈的通通都是总司令?不过我国的文字向来是如此罢了。"

华民政务司说:"不管什么原因,但你的报纸如此写法,是你的事,倘若有人因此发生打架,我就唯你是问。"

彭泽民说:"这个责任我担不起,我出报纸没有叫人打架,他们要打,于我何干?譬如钞票是银行出的,钞票上面没有叫人打架,有人因钞票打架,是不是要银行负责?"

华民政务司立刻满脸怒气,但没有发作,只说一句"阿哩",就低头写字,彭泽民亦告辞离开。

不久,有人对彭泽民说,在州府议政局的一次会议上,华民政务司提议要将《益群日报》停刊,议政局委员、华侨绅士朱嘉炳据理力争。他争辩说:"《益群日报》是注册有限公司,何得无故遽令停业?况且四州府内只此一家华文日报,侨众属望甚殷,也不可强令制止。"其事始罢。经过多方斗争,《益群日报》非但没被取缔,反而在华侨中的威望更高。

3.3　谒见聆教孙中山

1922年6月,陈炯明武装叛变,孙中山被迫退居上海。至1923年2月陈炯明被驱逐出广州后,孙中山于3月2日才回到广州,重建大元帅府,就大元帅职。在这种形势下,芙蓉总支部诸同志使彭泽民回国往谒,以获孙中山对发展革命事业的指示。

1923年3月,彭泽民从南洋回国,专程到广州去谒见孙中山,一连几次都被国民党右派所阻挠。孙中山得知后,特发给彭泽民一张特别通行证,并约定每天下午三时,去大元帅府谈话。在数个月的停留时间内,彭泽民曾多次前往孙中山住处,同他深入交谈,谈话主题涉及国内政治形势、军事思想及南洋党务等诸方面的具体问题,而且有机会聆听孙中山有关三民主义,即民族主义、民权主义和民生主义思想的谆谆教诲,长期以来困扰彭泽民的一些模糊意识终于明朗,彭泽民顿时感觉豁然开朗,内心振奋无可名状。这都使他受益匪浅,他对此坚守终生。

孙中山在1923年初抵达广州时，住在农林试验场。彭泽民抵广州后，先去拜访邓泽如。邓泽如，名文恩，在清光绪年间，以契约劳工身份到马来亚谋生，逐步发展成为南洋知名的实业家。1907年，邓泽如加入同盟会，任马来亚分会会长，为孙中山领导的革命数次筹款，筹集军费。1912年回国，开发矿业，1920年起，担任广州军政府内政部矿物局局长兼广东矿务处处长，其间为讨伐袁世凯、陈炯明大力筹款。此时的邓泽如，担任孙中山大元帅府的建设部长、两广盐运使等职。

彭泽民请邓泽如引见孙中山先生，邓泽如许诺同意，彭泽民一连数日到邓处，等候他带领同往谒见孙中山，但邓泽如却避而不见。一次，巧遇故友黄隐生，问及彭泽民为何事欲见邓泽如。彭泽民说邓泽如答应他引见孙中山先生之意。

黄隐生说："你太不懂事，几时见过泽如带人去见总理呢？"

彭泽民闻之如此，回答说："我自己亦能去见孙先生，不过自南洋归，照例要在南洋领袖带领下，往见拜见好些。"

黄隐生随即托一位同志为彭泽民租一辆汽车，立即拉载伍勷民同去。到孙中山住处，孙中山刚好与方兆麟座谈完毕，方兆麟亦是新自海外回来的，大家互相握手。孙中山问彭泽民几时归来，彭泽民说已到了多日，因担心先生刚回广州，事情很多，未敢造扰。

孙中山说："实在是忙，我规定上午会见政界朋友，至午后三时会见同志。因为与政界朋友谈话，有时不便公开；与同志凡事都可以谈，你两位都是南洋同志，请你们以后每日下午三点同来座谈好吗？"

彭泽民说："甚好，不过出入有点麻烦，因为守卫森严，经很多盘问后，方准进入。"

孙中山问："你未有出入证吗？"

彭泽民说："刚回来，未有领到。"

孙中山即唤侍者取一枚特别出入证章给彭泽民。彭泽民佩戴这个证章，每到总理处，座客皆予以重视了。此后，遇见归侨有欲晋谒孙总理无人导引的，彭泽民在了解其情况后，皆乐于引领同往。

此时广东惠州仍为陈炯明所据，孙中山为便利起见，迁住士敏土厂，日常往返不如农林试验场便利了。有一日，彭泽民过江往见孙中

山,孙中山见到彭泽民便说:"你要是早来一点就有好戏看。"彭泽民问:"何故?"

孙中山说:"我与沈鸿英口角,结果我要他立即把军队开返广西,不能常在广州,搞得太不像样,否则我就离开广州回到上海,任从他们在广东胡混罢。沈说可以,但军队无钱不能开拔。我说你要几多,沈说一百四十万,我即答应他,分三次过付,先付五十万开拔,到了肇庆交五十万,完全到达广西交清。好得他如此应允,否则不知如何结论。"

彭泽民笑答:"原来看此好戏。"两人相与一笑。

在一次长谈中,孙中山向彭泽民详细解释了三民主义的形成过程,也谈了以俄为师、联合共产党、扶助农工群众等政策的设想。

孙中山说:"我的三民主义真正初具雏形的,还是在兴中会创立之时,在1894年《兴中会章程》中有关救亡图存、振兴中华的内容,就是民族主义和民权主义的简要表述。1895年10月底,在广州起义流产而逃亡国外期间,我研读了资产阶级社会政治学说,实地考察了资本主义社会制度,这才清楚觉得,要使国家富强、民权发达如欧洲列强,必须开展社会革命运动,采取民生主义,以与民族、民权问题同时解决,遂形成三民主义之主张。1906年底,我在东京演讲《三民主义与中国民族之前途》时,正式提出三民主义和五权宪法的主张。从那时到现在的十六七年里,经过实践检验,不断地得到完善,才逐步成熟起来。"

孙中山接着说:"说实话,在武昌起义一举推翻了腐败无能的清政府后,我们创立了中华民国,即表明三民主义中的民族主义和民权主义基本实现,应该转向实业救国的道路,要开展修铁路、兴水利等实现民生主义的工作。但袁世凯背信弃义,使我们的实践走了大弯路。现在形势下,要改组国民党使之成为革命的核心,应该考虑制定以俄为师、联合共产党、扶助农工群众等政策,实现民生主义。""三民主义是最好的种子,制定好以俄为师、联合共产党、扶助农工群众等政策是最好的园地。有了最好的种子,没有最好的园地,也是无用。所以,三民主义要有好政策保障,两者是不能分开的,要同一时间去做的。"

孙中山最后说:"我很愿意去规划发展全国实业,使民生主义得以早日实现,全国人民晓得革命真理,就是革命最重要的条件,如果政府能够承认海外华侨革命义捐为国家公债,就可以将这笔款项造成实业的基本。"

在拜谒孙中山的过程中,彭泽民对孙中山关于"三民主义"的一些精辟解释铭记在心。从孙中山对三民主义的解释中,彭泽民也认识到,孙中山的三民主义是变化着的:在民族主义方面,过去只提反清,现在提出了反帝;在民权主义方面,过去只是抽象地提倡"自由、平等、博爱",现在主张普遍平等的民权;在民生主义方面,过去只有一个空洞的平均地权的政纲,现在则提出了平均地权、节制资本的具体办法,承认"耕者有其田",并谋求改善工农群众的生活。

彭泽民在寻求民主革命道路的过程中,得到了孙中山的亲自指导和示范启迪,他的革命表现也得到了孙中山的充分肯定。在这次长时间的接触中,孙中山更是赞赏彭泽民,并亲笔写下"博爱"二字赠予彭泽民以纪念。从此,彭泽民把三民主义和其后所形成的三大政策作为自己政治生活的行动准则,坚持不渝,并践行终生。

☆ 孙中山题赠彭泽民的"博爱"横幅

5月5日这一天,是孙中山率海军南下护法、担任大元帅的纪念日,广州市民以孙中山这次又复回广州讨伐陈炯明,进行巡行庆祝。位于广州南堤的广东省党部门前悬旗结彩,众人齐集于此,准备共同前往士敏土厂,给孙中山祝贺。彭泽民与华侨同志十余人到党部客厅等候,许久始见邓泽如、黄心如、林丽生。黄心如是邓泽如拜把兄弟,林丽生为盐商,三人下楼,出海滨乘小轮渡江,在候诸人颇感疑惑。

有一位海外同志说:"他们去了,我们无谓在此等候了。"说毕摇头

冷笑。

陈占梅忿然起，大骂邓泽如："岂有此理，一旦做了官，便忘却老同志，如无我陈某，你能够有今日吗？"各人亦谓邓泽如太不近情，各个分道回家。这天晚上，邓泽如设晚宴宴请客人，陈占梅夜半始归，推醒彭泽民起床，欲有所商量。

陈占梅说："邓泽如拟委我为黄沙盐务稽查所所长。"

彭泽民问："你应承未？"

陈占梅说："我以为现没有其他职务，暂且答应亦可。"

彭泽民说："千祈不可，我且不为，你也切勿答应。泽如此举，是因你今日骂他，他的左右向他报告，而意欲平息你的愤恨。此等末职，从来人人指为肥缺，倘一插足，最易引起人疑，何苦玷污自己清白，你快推却为佳。"

陈占梅说："我见许多同志闲游，料此可能安插数人，亦是上策。"

彭泽民说："你我今次回国都不是有做官的思想，即使要做的话，也要找一个干干净净的去处。此等人人都说好入息的地方，切切不可尝试，皆因我们不是内行的，容易为人所卖。"

陈占梅说："你也未曾做过，何以识得如此透彻？"

彭泽民说："别的我不知，广东无人不知黄沙稽查所为肥缺。"

陈占梅以为彭泽民嫌职位卑小，不甚同意。翌日晨起，陈占梅又催彭泽民预备同往接任黄沙所职务。

彭泽民说："敬谢不敏。"

陈占梅怃然不悦，说："不知你回国做什么，常常说服从命令，这话是作何解？"

彭泽民认为不是如此简单，即借故出门寻访朋友。午后始归，见陈占梅下车时，手抱文件一大包，彭泽民问是何珍贵。

陈占梅说："这就是做官的东西，我已经接过任了。"

彭泽民问同谁去接。他说同严月生去。严月生是邓泽如的左右，亦即广州市有名的败类，彭泽民闻此心中甚觉难受，但亦无可奈何，只得与何岳楼谈话，并劝何岳楼前去协助陈占梅。

过了几天，邓泽如邀彭泽民前往谈话，讲了许多政事匆忙、不能常与同志们晤谈、实在抱歉等话,请彭泽民为他分劳,代他日常到盐运司署帮忙。

彭泽民说:"素来未习盐务不敢如命。"

邓泽如说:"你来不是从事盐署工作,有时海外同志来访,替我招呼,免使他们数至不会,说我已忘旧谊。"

邓泽如敦劝再三,又说此是为党服务,为其分烦,请勿再却。后彭泽民接受委任做特务委员,日常时间里,在盐署内接待来宾,多是推诿军人索饷,无以应付,则怒目相向,从未有招呼过一个海外同志。有时,还要出差调查盐店有无走漏税饷,干满一月,会计通知彭泽民领取薪水,签收了长可尺余的字条,字大如鸡卵:彭泽民委员收到某月俸陆拾大元。

会计先生笑谓:"彭委员请饮茶嘞!"

彭泽民说:"你太小量,同去饮酒好吗?"即邀请数人同往玉醪春酒家,一饮而尽。

翌日即上辞呈,声称要回归南洋。这也是彭泽民的性格所致。

广州之行,彭泽民幸得与陈占梅于南洋合资开了一间南侨公司,代理新加坡张永福树胶制造品在粤推销,经过年余营业稍有余利,司理胡泽生、冯炎公等皆为青年益赛会同志,对业务党务皆有助力。彭泽民这次回粤都是得到南侨公司招待,至返回南洋后年余,张永福产品落败,该公司因营业赔本甚多,卒至倒闭。

在频繁与孙中山接触的几个月时间里,彭泽民不仅聆听孙中山谈论革命救国的道理与方法,共同讨论国家大事。而且,孙中山对人和蔼可亲的态度、诲人不倦的言语,特别是他那些精辟的革命言论,每次都给彭泽民以很深的印象和影响,见面次数越多,越强化了他对孙中山的信赖之情。彭泽民本来就具有强烈的救国愿望和灼热的革命激情,亲聆孙中山教诲之后,思路更加开阔和明晰,心悦诚服地敬佩、信赖和信仰孙中山,进一步启发、建立、坚定了他追求真理和投身革命的坚强信念。从此以后,彭泽民便义无反顾地投入孙中山领导的革命大潮之中,积极参加民主革命运动,逐步成为孙中山的忠实信徒。

在从南洋专程回国到广州谒见孙中山的过程中,彭泽民体会到中

国革命在孙中山领导下重获生机,他深感要充分利用《益群日报》这一阵地,把国内新形势下的革命运动传播到海外,以激励广大侨胞的爱国热情。1923年10月底,彭泽民决定派许甡魂为《益群日报》的特派记者,常驻广州,采访报导国内反帝、反封建斗争情况。南洋华侨,尤其是当中占多数的劳苦大众,均系来自南方各省破产农民,尤以粤籍居多,通过《益群日报》报道国内蓬勃发展的革命运动,特别是彭湃领导的广东农民运动,斗志受到极大鼓舞。

3.4 孙中山改组国民党

孙中山献身民主革命运动30余年,历经了无数的艰难困苦,不断追寻中国发展道路。辛亥革命推翻了清王朝,终结了绵延两千多年的封建帝制,建立了不朽的历史功勋。其后,他又领导了反袁、护法运动,打击了北洋政府的军阀统治,取得了一些革命成果。但是,中国仍然没有从根本上改变被帝国主义、封建主义统治的悲惨局面。由于辛亥革命和其后历次斗争失败的教训,加之革命队伍中发生陈炯明叛变的沉重打击,促使孙中山下决心学习俄国革命的经验和方法,吸收中国共产党的先锋力量,改组国民党,寻找一条适合中国革命发展的新出路,以振兴国民党,进而振兴中华民族。

1922年8月14日,因陈炯明叛变,孙中山避走上海,痛定思痛之后,他下定决心,开始谋划联合中国共产党,吸收共产党员加入国民党,依靠他们和国民党左派对国民党进行改组,使国民党变成国共合作的统一战线组织。8月19日,被陈炯明囚禁66天的廖仲恺,终于脱险到达香港,他没有停留,随机搭乘轮船直奔上海,与孙中山会合。此时,孙中山正在频繁会晤中国共产党领导人李大钊,和苏俄使节越飞的代表马林等,商讨改组中国国民党等诸事项,但此事遭到国民党内右翼势力的坚决反对,而归来的廖仲恺夫妇,力排众议,完全赞同改组意见。在何香凝的支持下,廖仲恺立即投身到孙中山领导的改组国民党的筹备工作中,成为襄助孙中山改组国民党最为得力的助手。

9月4日,孙中山指示在上海召开国民党中央和各省负责人会议,专门讨论国民党改组计划。会后,他指定包括共产党人在内的9人,组成国民党改进案的起草委员会,负责起草党纲及总章草案。9月下旬,受孙中山委托,廖仲恺夫妇等人离开上海赴日本,执行两项任务:一是与越飞及其随员谈判中俄合作,计划就如何取得苏俄军事援助等问题进行具体磋商;二是同东京的国民党支部接洽,为改组国民党做准备。1923年元旦,孙中山发表了《中国国民党宣言》,次日,召开了中国国民党改进大会,公布了党纲和党章草案。1月17日,越飞从北京南下上海会见孙中山,随后几天,双方进行了广泛的交谈,于26日共同发表了《孙文越飞联合宣言》,标志着孙中山联俄、联共政策的正式确立。随后,廖仲恺和越飞等会谈一个多月,共商《联合宣言》实现诸原则的细节问题。

  1923年2月21日,孙中山离开上海重返广州。3月1日,孙中山复任陆军大元帅,开始重建大本营,至是年中,工作重心回归改组国民党。10月19日,在共产国际和中国共产党的帮助下,孙中山特命张继、戴季陶、廖仲恺、李大钊、汪精卫等5人为国民党改组委员,协助自己进行国民党改组工作。24日,孙中山又指派廖仲恺、谭平山、胡汉民、林森、邓泽如、杨庶堪、陈树人、孙科和吴铁城等9人,共同组成国民党临时中央执行委员会,取代原设于上海的国民党本部,以筹备召开党的全国代表大会。11月初,孙中山公布了《中国国民党改组大纲》,其后,又亲自主持或委托廖仲恺等主持,召开了二十八次国民党临时中央执行委员会会议,深入讨论改组中的许多具体问题,并决定召开中国国民党第一次全国代表大会。

  1924年1月20日到30日,中国国民党第一次全国代表大会在广州召开,孙中山以总理身份担任大会主席,并指定胡汉民、汪精卫、林森、谢持、李大钊组成大会主席团,苏联顾问鲍罗廷也出席了大会。孙中山在报告中,阐明大会主旨是改组国民党成为有力量的政党,以此去改造国家,号召大家团结起来,为党为国,争取革命成功。大会提出了反帝反封建的新三民主义:民族主义主张"一则中国民族自求解放",即反对帝国主义,"二则中国境内各民族一律平等",即废除国内的民族压迫;民权主义主张"把政权放在人民掌握之中",实行民主政治;民生主义主张平均地权,节制资本,反对"土地权之为少数人所操纵",反对私

有资本"操纵国计民生"。

国民党改组的过程,就是中国国民党第一次全国代表大会的酝酿和筹备的过程,也是第一次国共合作逐步形成的过程。经过此次大会,"联俄、联共、扶助农工"三大政策成为国民党的基本政策。通过新党纲、新党章,把旧三民主义重新解释为新三民主义;将中国国民党改组为包含工人、农民、小资产阶级和民族资产阶级的民主革命联盟。这次大会标志着第一次国共合作正式形成,对中国新民主主义革命具有重大意义,成为新的革命高潮的起点。

3.5　孙中山先生逝世

1924年10月,第二次直奉战争爆发,奉系军阀张作霖和直系将领冯玉祥联合采取军事行动,共同对付直系军阀。10月23日,冯玉祥等人发动北京政变,将曹锟软禁于中南海延庆楼,推翻了以曹锟为总统的直系军阀政权。冯玉祥、段祺瑞、张作霖先后电邀孙中山北上共商国是。孙中山接受邀请,并提出废除不平等条约、召开国民会议作为解决时局的办法。

11月13日,孙中山偕夫人宋庆龄及苏联顾问鲍罗廷,党内高层汪精卫、孙科、黄昌谷、李烈钧等十余人离开广州转道香港北上,先抵上海,再绕道日本赴天津。在北上途中,孙中山重申了反对帝国主义和封建军阀的主张,并提出召开"国民会议"和废除不平等条约的口号。12月4日,孙中山一行抵达天津港,随后下榻日租界宫岛街的张园行馆,当时孙中山在天津肝病发作,尽管如此,他仍日理万机,为国操劳。在张园的27天之内,以大元帅名义发布指令、训令等118件,接待各界代表近百人,发出《孙中山抵津后之宣言》,草拟建国意见25条。12月31日,他仍扶病由天津进入北京,并发表了《入京宣言》。孙中山到达北京后,拟召开国民代表大会,而段祺瑞却坚持要召集善后大会,双方争持甚烈,费时月余。无论是段祺瑞的"善后大会",还是其后国民党自行操办的"国民代表大会",结果皆不成功,双方闹翻,互不承认。

1925年1月下旬,孙中山被确诊为肝癌晚期。病榻上的孙中山向全党发布命令:凡擅自参加善后会议的本党代表,将予以开除党籍的处分。3月12日,孙中山在北京不幸病逝,终年59岁。逝世前夕,他亲手签署了遗嘱,包括《国事遗嘱》《家事遗嘱》和《致苏俄遗书》三个文件。在《国事遗嘱》中,他总结了40年的革命经验,得出结论说:"必须唤起民众,及联合世界上以平等待我之民族,共同奋斗。"并发出了"革命尚未成功,同志仍须努力"的号召。

孙中山不幸逝世的消息传到南洋,在彭泽民等组织发动下,中国国民党芙蓉总支部召开了有4 000多群众参加的悼念大会。彭泽民在悼念大会上发表演讲,追述了孙中山革命的一生,他为了改造中国耗尽毕生的精力,在历史上留下了不可磨灭的功勋。彭泽民表示要继承孙中山的遗志,坚持三民主义,坚持联俄、联共、扶助农工三大政策,矢志不渝。其后100天内,彭泽民戴孝明志,誓为孙中山忠实信徒。

1925年末,孙中山尸骨未寒,以林森、邹鲁为首的部分国民党中央委员,中央监察委员等10余人,在北京西山碧云寺孙中山灵前,召开了所谓国民党一届四中全会,史称西山会议。西山会议通过决议,宣布中国共产党"非法",取消共产党员的国民党党籍,分别开除谭平山、李大钊、毛泽东等共产党人的中央执行委员会委员和候补中央执行委员职务,并取消了他们的党籍。会上通过了《取消共产党员的国民党党籍宣言》《开除国民党中央执行委员共产党人李大钊等通电》《取消政治委员案》等决议,会议还大造反苏、反共、反"三大政策"舆论,企图另立中央,公开帮助帝国主义和军阀破坏国共合作。

☆ 1925年彭泽民在马来亚吉隆坡为孙中山先生逝世戴孝百日

孙中山逝世后,彭泽民眼睁睁地看到,西山会议派的国民党右派大员,在来自海外的华侨代表中挑拨离间,制造分裂,妄图为右派势力拉

选票、夺权。目睹国民党右派幕幕丑恶行径,彭泽民忧心如焚,认为这对中国革命是一个很大的破坏。孙中山逝世后,国民党右翼实力便迫切地要否定他的"联俄、联共、扶助农工"三大政策,瓦解国共合作基础。他们兴风作浪,不择手段,急谋夺取党权和政权,甚至卑劣地下毒手,暗杀了孙中山老战友、国民党左派领袖廖仲恺。侨居南洋的多数基层党员看在眼里,气在心里,极为不满,迫切要求召开国民党第二次全国代表大会,以求拨乱反正,继续贯彻孙中山总理的遗训。

3.6 参加国民党"二大"

1923年8月下旬,彭泽民返回南洋后,重操旧业。又过了大半年,吉隆坡广益银行邀他为文牍员,任职年余。

有一天,彭泽民正在工作中,有党员邓子实、朱戟门等来访,告诉他:中国国民党马来亚芙蓉总支部刚刚召开了党员大会,他被推荐为芙蓉总支部书记长。同时进行了选举,选举结果是他得票最多,当选为第二届中国国民党全国代表大会出席代表。特来问他能否回粤一行。

彭泽民回答说:"同志选举,义何能辞?不过我南旋未久,又再回国,况此席位需向经理谈商,如得许可再行奉复。要知虽一资本主义雇佣,来去也讲手续,不能自由,是要如此。"他们听后一笑。

邓子实他们走后,陈占梅突然来访,彭泽民说"你来甚好",就将他被选为出席代表一事与陈占梅商量。

陈占梅说:"一定要去。"

彭泽民说:"我方回来未久,经济极难,况且到此受职才满一年,便又告假为期需要数月,职务恐不能久旷,以此不能自决。"

陈占梅说:"经济不必过虑,工作更无问题,难道一定要打工吗?此去为党国做事岂不是更好?"

经陈占梅这一番鼓励,彭泽民意始决,于是去报告银行经理,先告以辞职回国事由。所幸经理向来对彭泽民甚好,便说:"你可以不必辞职,你去后,由你物色一人暂代,至你回来时,可由你复任便得。"此番热情令彭泽民十分感激,因此他请得胡克明替他任劳。

彭泽民将一系列事务办毕,才正式答应芙蓉总支部,愿意作为代表回国参加国民党"二大"。当时,海外侨团分不清国民党第二届全国代表大会与段祺瑞召开的全国善后会议的不同之处,他们听到彭泽民被选为回国出席代表,就以为他是出席国内有关善后会议的,许多侨团不断来信托他兼作其善后代表。没办法,彭泽民不得不在《益群日报》上发表一段启事,说明他是出席国民党代表大会,不是出席善后大会,以作综合地答复侨团。岂知这段启事引起当地政府特别关注,彭泽民被列入黑名单,常受到监控调查,有人劝他速作归计,免受光顾。因此,彭泽民便约定邓子实要尽快束装就道。之后,他们未经新加坡,改由吉隆坡长途绕道经泰国,携夫人邓冠梅登上轮船航班,直接归向广州。

1925年9月,彭泽民几经周折回到国内,到达广州后,泰国侨友告知他们,在他们离开泰国两日后,英马来亚华民政务司即委托当地警察到旅社对其进行查缉、追捕。至此,彭泽民已无返回南洋退路,妻子翁会巧得到消息后,果断地变卖他们苦心经营多年、赖以生存的垦殖园,带领全家老少迁回广州。妻子翁会巧回到广州后,除了负担家务为彭泽民解除后顾之忧外,还积极参加各项革命活动,如其后为支持省港大罢工和北伐战争的募捐筹款、筹集慰问品、接待归国华侨等等,她都走在革命行动的前列。

彭泽民和邓子实到达广州后,即到南洋总支部暂驻。翌日早饭后,随邓子实前往盐运使署,去见邓泽如,邓款以茶点。

彭泽民问:"全国代表大会确定开会日期没有?"

邓泽如对他说:"还没有通知你们,你们何须急忙从南洋回来呢?"

彭泽民说:"南洋的同志渴望会议尽早召开,急盼了解情况。"

邓泽如好像并不在乎彭泽民的解释,只说了一些无关紧要的话。彭泽民甚为诧异,尴尬地离开盐运使署,返回住所。

次日为孙中山纪念周。这是为纪念孙中山总理而设立的,每周邀集党员到中央党部举行纪念仪式,除高级长官外,大会代表亦得与会。仪式开始前,先行全体肃立,默诵念读总理遗嘱,再由每周值日主席讲话。是日,是汪精卫、谭平山两人次第演讲。礼成散会,彭泽民同邓子实入见汪精卫,想说明来此主动报到之意,恰汪精卫在办公室处理公

事,不便造扰,便与谭平山座谈海外党部情况,虽是第一次交谈,谭平山仍殷殷垂问。

过了一会儿,汪精卫准备外出,见彭泽民,便握手为礼,问归来几日,彭泽民答曰昨日刚到。汪精卫说:"请你原谅我要赶往开会,未暇多谈,请你每日午后三时到国民政府畅谈一切。"

1925年5月,随着中华全国总工会、广东全省农民协会相续成立,为了统一全国,中国国民党政治委员会决议筹组国民政府,并于7月1日在广州正式成立国民政府,采取委员制,以汪精卫为主席。国民政府下设置军事委员会,7月6日,国民政府军事委员会在广州成立,以蒋介石、汪精卫、谭延闿为常务委员,汪精卫兼任主席,取消各地方部队名称,黄埔军校校军及国民政府所属各军统编为国民革命军,在各军中设立党代表和政治部,计划北伐。由于当时国民政府成立刚三月,诸事烦琐,汪精卫忙得不可开交,他和彭泽民打完招呼后,便匆匆地下了楼。彭泽民复与谭平山交谈,快到午饭时分,才返回住所。

张志升闻彭泽民抵埠,立即拜访,并邀请他前往在东山新建大屋里举行的宴会。张志升是吉隆坡青年益赛会始创同志,原职业是牙科,在发明树胶制品后,回粤设厂,营造3年,获利数十万元,在粤择地营建了大屋,骤然成为富裕之商。此次家庭宴饮尽欢,20年同志的情谊依然存在。

过了两天,一日晨光初发,彭泽民还没有起床,有几位南洋代表催他快起,手持报纸招呼他快看,口称要请他们饮茶。彭泽民问何故如此急躁。他们指着报纸给他看,原来报纸报道国民政府命令中有一条"特任彭泽民为国民政府参事"。

彭泽民说:"这绝不是我,一定是错误,或另有同姓名之人。"

他们说不管是否,先请饮茶。彭泽民只得起而披衣,出厅座谈。这时,朱赤涯亦向彭泽民道贺,彭泽民坚谓不关他事。彭泽民认为,回归只有三日,未与各领袖晤谈,何得有此事?朱赤涯也说,或者真的搞错了,然后他们一同前往茶居品茗。

过了几天,彭泽民到一朋友处拜访,这位朋友欣喜地告诉他说:"恭喜你荣任国府参事了。"彭泽民说:"真是笑话,你从何处得知?"好友即取出特任状给彭泽民看,并谓曾经代他垫支八块钱与公差饮茶呢!朋友又说:"送委任状茶资本来是四块钱,但你是特任的,所以要加倍。"彭泽民仍担心送错,所以前往邓泽如处问及此事。邓泽如说:"是你的,没有错。"彭泽民谢他抬举,他说不是他提议,是汪精卫所提的,他只赞成而已。彭泽民说:"你与我同是芙蓉总支部代表,你赞成即是提拔了,并请多予指导。"

过了月余,彭泽民想,既然接受任命,当往国民政府如例报到才是。经了解,此时只委任詹大悲、黄一欧及彭泽民三人为参事。因此,往访詹大悲,恰值董必武在詹大悲家,由此得与董必武、詹大悲谈及国府参事工作。

詹大悲说:"我亦未有到过国府,你来就好了,我同你一起前去看看。"

詹宅离国府不远,片刻即至,正值汪精卫在,说了一遍动听的话,力言国民政府参事不同往日的咨议顾问,必要设参事厅分工任事,彭泽民同志负责侨务,詹大悲同志负责刑事司法,等等。汪精卫口角春风,令人倾倒。

国民党自从开第一次全国代表会议,孙中山提出改组,主张实行"联俄、联共、扶助农工"三大政策,当时多数老党员谓为窒碍难行,起而反对。唯独海外同志素来拥护孙中山主张,不仅多数拥护,而且更加坚持实践。孙中山逝世后,又有人预谋拥戴某人继任总理,有胡汉民派、汪精卫派之分,海外党员以为争权内讧,尤为反对。留粤的所谓华侨领袖有官守者,多是当日反对孙中山主张三大政策之流。彭泽民初返粤垣,即力排此议,当时已有人说他投降了共产党,对他情感日疏,语多冲突。因此,彭泽民就搬了出去,不与他们同处。

当时更有所谓西山会议派,集居上海,号召国民党党员起来反对在广州召开第二次全国代表大会。会期已近,彼辈犹大发宣言企图破坏,在广东受职的老同志亦从中蛊惑与煽动,想鼓动大家万勿参加,或密令在会场捣乱,欲使各地代表落入他们的阴谋圈子,但其计谋终不得兜售。

有一天晚上,华侨代表在办事处开会,众推彭泽民为主席,有日本

总支部代表陈季博介绍黄埔军校三人出席报告,彭泽民未知其用意,贸然应许。原来他们欲鼓动海外代表搅乱大会秩序,彭泽民即制止陈季博的发言。陈季博不服,谓先经主席许可请他报告,何故又要阻止。彭泽民说此间海外代表会议,不是海外华侨有关事项,不能在此报告,当场有许甦魂等数人同意,不准其发言。陈季博竟大发狂吼,污蔑许甦魂他们为共产党"帮凶",至起斗殴,闹成一团,彭泽民不得不摇铃制止,宣告散会。

1925年10月下旬,同回国参加国民党二大的华侨代表,成立了"海外代表办事处",彭泽民等归侨代表终于有了活动场所。11月20日,海外代表办事处召开大会,讨论如何敦促国民党中央尽早在广州召开"二大",彭泽民被推为会议主席。在许甦魂等华侨代表的支持下,国民党右派扰乱会场、煽动华侨代表不参加"二大"的阴谋未能得逞。随后,彭泽民等海外华侨代表与董必武等共产党人在广州集会,坚决反击西山会议派,拥护广东革命政府,坚决主张在广州召开"二大"。彭泽民与来自海外各地的华侨代表,多次交流座谈,就如何团结华侨、组织华侨群众团体以适应革命需要等问题交换了意见,并联名提交了《以实力保护华侨》《组织中国国民党海外协会》等提案。

1926年1月1日至19日,在国民党左派和共产党代表的共同努力下,国民党"二大"终于在广州顺利召开。这次会议是在孙中山去世之后举行的,汪精卫、蒋介石、李大钊、谭平山、毛泽东、张国焘、周恩来均出席了这次会议,陈独秀留在上海没有参加,苏联顾问鲍罗廷对该会影响重大。参会的国民党左派和共产党员占据优势,会议压倒了国民党右派的气焰,维护了孙中山的三大政策,维持了有利于中国革命进程的国共合作局面。

中国国民党第二届全国代表大会开幕的大会场,设在广东咨议会旧址,设计装饰颇为堂皇,四壁满悬标语,吸人眼球;庭柱蒙以红布,衬以青柏,甚为美观。代表人数256人,各省区、海外华侨和军政各界,皆有代表出席。

开会期间,有一天晚上,彭泽民到一朋友处闲谈,朋友愕然问他何以不去南洋总支部看热闹。彭泽民惊问何事、因何他没有接到通知、有什么热闹、莫非又起争斗。朋友说南洋总支部今晚在门前（东堤）横列二艘楼船，箫管嗷嘈，大张电炬，亦不知其何故。

彭泽民闻如是，只得往观，登楼见座上人多拥挤，多素未相识，心颇奇异，与彭泽民同为芙蓉总支部代表的邓子实邀他签名到会册上。彭泽民问今晚是因什么开会。邓子实便将开会内容告诉了彭泽民，原来是他们串通一班坏蛋，图谋运作选举，收买选票。他们邀集120人，从中选定40人作中央委员，到了选举时都完全一致选此40人，那么他们就可得40人当选为中委。此次中委名额共80人，他们就可获得半数选票。

彭泽民听了邓子实所说，力劝他不可参与此会。彭泽民指出："此等正是猪仔所为，我固然不能参加，你同我都是同一总支部代表，所以，我忠告你不可轻信他们诱惑，失却自己代表的资格。"邓子实是邓泽如的族侄，当然不会听彭泽民的话。他既然不瞒彭泽民说明开会事实，彭泽民则应正言告他，后即取回大衣，走离会场。

翌晨，全体代表大会照常进行，彭泽民刚到会场，门口站着20余人，相识的只有数人，对彭泽民含笑问道："你昨晚到何处去？"彭泽民说没有地方可去。

他们说："你到哪处我等都知道，好在你走得快一点，否则就负却我们的期望。"彭泽民问此又何故，请告诉详情。他们说："昨晚他们都曾到过南洋总支部，完全了解一切运作选举怪相的情况，你若果同那班人搞，今届正式选举就没有你的份了。"

彭泽民说："这事我幸有认识，未至错误，不过你们也知这届选举是国民党一个严重关头，要选出真正有学识、有能力、能忠实为党的同志。像我这样的庸朽无能，实恐有负各位的期望。"他们说："你不必这样说，我们先已考虑你了。"说话间，铃声震耳，召集开会，相将入座以待。

詹大悲有一次和彭泽民偶谈，问他："此届选举，华侨代表论理要多选几名中委，你认为海外同志谁会当选？"彭泽民答道："驻暹罗（泰国）的萧佛成为党服务，劳绩颇多，老成练达，颇可推举。"其实彭泽民素来未识萧佛成其人，只从报纸上常见其名，就贸然介绍。后来其竟中选，即此可想到彭泽民做事确是性急而鲁莽。

会期经过数日选举中央委员,主席团提出候选人名单,分作四类:(一)执委,(二)候补执委;(三)监委,(四)候补监委。由各代表随意笔圈,到会共256人,彭泽民得251票,当选为中央执行委员。会后,彭泽民到南洋总支部,见到了那一位"邓泽如的宗侄"——邓子实,他嗒然若丧地对彭泽民说:"你当选了。"彭泽民谦虚地回应:"恐辜负同志推举。"

中国国民党第二次全国代表大会议决接受"总理遗嘱"和"一大"所定的政纲,重申了反帝反军阀的政治主张,大会决议继续执行"联俄、联共、扶助农工"的三大政策。大会打击和挫败了国民党右派的阴谋,通过了多项有利于革命的决议,弹劾"西山会议派",并对国民党右派骨干分子给予组织处理,从而伸张正义、严肃纪律,狠狠打击了国民党右派嚣张气焰,维护了几被摧毁的国共合作大局,对革命事业的发展起了积极推动作用。

在国民党"二大"召开的会前会后、会上会下,彭泽民对国民党右派——"西山会议派"反对国共合作的阴谋伎俩,敢于揭露,敢于反对,他鲜明的政治立场,既得到兼有国民党籍的与会中共党员的支持,也得到了其他国民党左派的认同,顺利高票当选为中国国民党第二届中央执行委员会委员。

随后,在国民党二届一中全会上,又进行了有关选举,任命了组织、宣传、工人、商人、青年、妇女、海外、军人等8个部长。彭泽民被任命为国民党中央政治委员会委员、中央海外部部长和国民政府委员,中共党员许甦魂为海外部秘书长。一个曾经当过锡矿工人,开垦、种植过橡胶的南洋华侨,一个49岁的老同盟会员、基层老国民党党员,自此踏上了从政的职业革命者生涯。彭泽民当上国民政府高官的消息传到海外,受到大家的祝贺,他回答说:"我不识做官,只识做事。"后来被许多侨胞誉为"平民部长"。

在广州等候开会期间,彭泽民以孙中山忠实信徒所拥有的鲜明政治态度,参加了不少社会活动,广泛接触和结识了国民党左派宋庆龄、何香凝、邓演达等和共产党人毛泽东、董必武、林祖涵(伯渠)、周恩来、彭湃、吴玉章、谭平山、许甦魂、陈延年等。正当"二大"召开前夕,国民党右派刮起的破坏三大政策、破坏国共合作局面之风甚嚣尘上,彭泽民心情沉重,对国民革命前途十分忧虑。此时,他特地向毛泽东讨教,在同毛泽东谈话中他得到许多安慰。毛泽东和他的谈话,以及周恩来、董必武、吴玉章、林伯渠等共产党人与他在会议期间的接触交流,给了他极大的安慰和鼓励,他感到与共产党人交谈,思想融洽,政见一致,坦诚相见,心无芥蒂。

20世纪20年代初,中国共产党创立时期,彭泽民作为一个普普通通的南洋华侨,对共产党的认识很是肤浅,参加了国民党"二大"是他政治生涯的转折点。在同国民党右派企图推翻国共合作的斗争中,他耳闻目睹了中国共产党的作为,并结识了毛泽东、周恩来、林伯渠、吴玉章、董必武、恽代英、许甦魂等革命气概非凡的中共党员,这成为他日后与中国共产党真诚合作的基础。在反对帝国主义、封建势力和国民党反动派的长期斗争中,彭泽民与他们风雨同舟、肝胆相照,结成了患难之交。彭泽民深感庆幸、自豪,因为这些新朋友胸襟坦荡,与自己的政见不谋而合,堪为知己。

3.7 任中央海外部部长

中国国民党前身发源于海外,其海外组织一向具有华侨基础,早期组织即与华侨存在着千丝万缕的直接关联。1894年11月,孙中山在檀香山成立的兴中会,就有20多个华侨参加。1924年1月,中国国民党一大召开,下设各部,执行党务。但刚改组完成的中国国民党中央执行委员会,并没有设立主管海外党务的专责单位,而当时中国国民党海外组织十分庞大,这与海外华侨的巨大贡献和巨大规模是不相符的。在这种情形下,华侨代表提出设立海外部,经过孙中山的同意,遂于2月6日在中执委第三次会议上,通过了设立海外部的决定。

海外部直属中执委,部长由林森担任。其主要职责是:登记海外各总支部、分部及区分部所在地的党员人数;对于海外总支部、分部、区分部之组织,查核是否依照党章办理;促进海外各党部关于本党进行事宜;对于海外本党报馆、学术及具有宣传性质者时常检阅或调查之,并指示其进行方法;调查海外华侨现状;招待海外归国华侨同志;等等。

与此同时，孙中山又于内政部下设侨务局管理海外侨民事务，任命陈树人为局长，他是从加拿大归国的华侨。由此，海外部与侨委会的机构雏形同时产生。

1926年1月，处于第一次国共合作政治环境下，出席国民党二大的彭泽民被选为中央执行委员，二届一中全会上又被任命为海外部部长。中国国民党的海外组织十分庞大，据统计，到国民党召开二大时，海外党员数量为8.7万多名，占其当时党员总数的三分之一。海外部在中共支持下，进行较彻底的改组，剔除右派

☆ 1926年1月，在国民党二届一中全会上，彭泽民当选为中央海外部部长

势力，吸纳一批共产党员和进步青年参加工作，革命精神旺盛，国共两党合作气氛浓郁。从此，彭泽民结束了20多年的海外侨居生活，专伺国民党中央海外部，海外部在秘书长许甦魂协助下，做了许多出色的工作，发挥了巨大的作用，堪称国共合作典范。

1月31日，彭泽民走马上任海外部部长，立即解散了由国民党右派人物林森把持的海外部领导班子，剔除了以林森为首的国民党右派势力，在中共的支持和秘书长许甦魂的协助下，海外部进行了较彻底的改组，吸收了30多名共产党员及爱国华侨、进步青年到海外部各部门工作，使领导权牢固地掌握在革命者手里。从此，海外部的国共合作机制，在彭泽民、许甦魂两位国民党左派和共产党人亲密合作下，健康地运行着。

中国国民党中央海外部的组织架构中，以许甦魂为主任秘书即秘书长，其余人员为干事、录事等职员，他们全部来自海外归侨。重组后的国民党中央海外部，其内部组织日渐完善，职权范围逐步扩大。在很大程度上，海外部发挥了团结海外华侨以使其继续支持国民革命的作

用。海外部的主要工作包括改组海外国民党党部、保护华侨、海外宣传与反宣传等。

海外部还组织了各种团体,共同致力于保护华侨的工作。海外部主要通过刊行书报及组织各种团体、会议来达到协商和宣传的目的。海外部先后组织了华侨北伐后援会、华侨协会等相关团体,在支持北伐战争、指导海外华侨运动、声援省港大罢工、推动反帝爱国斗争等诸多方面,都作出了不容忽视的贡献。海外部还设立海外同志招待所,接待、安慰在海外奋斗而被压迫回国的同志,并为其提供就业指导。为提高海外同志办理党务的能力,成立华侨运动讲习所,培养的人才在华侨运动及北伐战争中都作出了积极的贡献。

香港华工因香港英帝国主义向来虐待华人,积恨甚久。1925年5月15日,上海日本纱厂资本家枪杀工人顾正红,打伤工友10余人,激成众怒,成为上海五卅运动导火索。为了支援上海五卅运动,香港工会于6月19日开始组织工人罢工,香港政府起初尚以高压手段镇压工人,不惜解散工会、拘捕工人领袖,工人忍无可忍,由此掀起大罢工浪潮,全港不分何种工业同时罢工,联合起来返回广州,省港大罢工爆发。当时廖仲恺任广东省省长,下令把广州市内空旷房屋让罢工的香港同胞迁入居住,并号召海外侨团汇款接济。此时南洋华侨亦饱受英帝不平等待遇,闻香港工友反帝罢工义举,大表同情,纷纷募集捐款,按期汇归支援工友。

当国民党第二次全国代表大会召开时,廖仲恺已遇害,罢工之举仍未息,返穗工友禁制香港交通,以对付英帝的强暴。有些华侨适值此时回国,因港粤交通断绝为时将近一年,不能到港转航出海,工商两业颇感困难。因此,举派代表到海外部进行商谈,请予设法让他们返回海外各埠执业。彭泽民根据他们的要求,自往罢工委员会告以侨人的请求,邓中夏、苏兆征两委员知他曾为罢工助力,即邀集各委员开会讨论,幸得通过,允许彭泽民查知确为归国华侨急需恢复其执业的,可由海外部写信介绍到罢工委员会换取通过证,准其到港放洋,海外部由此多了一项特殊的任务。

有一天,某烟草公司请客,谈笑中,某君告诉彭泽民说:"彭部长,你

有未听到,有人利用黄埔开埠机会,炒高地皮,欺诈海外华侨,阴谋攫取厚利。此等奸商,串通大吏,假公济私,你作为海外部部长应当揭破他们的阴谋,勿使华人受其骗。"

原来是几个归侨和当地盐商林某等趁着香港罢工、英帝虐害华人、众心忿恨之时,扬言另开黄埔商埠以抵制香港,再唱商办粤汉铁路的老调,作扒钱的计划。彭泽民听某君此段话,心中总有点恨恶。适值华侨某甲等来访,谈到香港罢工情况,彭泽民顺口说起某君告他这番说话,某甲等也早已知道,亦抱不平。彭泽民考虑再三,终于想出了下面一个对策。

某日,国民党海军党代表、时任山东青岛海军总部政治部少将主任徐天深来坐,彭泽民问他:"这次归国出席全代会的华侨代表意想参观黄埔军校,人数颇多,须雇几艘紫洞艇(楼船)载往,你们可否派一军舰护送一趟?"徐天深说:"这有何难,只要你约定时间,通个电话就可以。"彭泽民商得黄埔军校校长蒋介石的同意,并发请帖邀请各地华侨代表到黄埔军校参观,又吩咐海外部员搜集黄埔地图,以及曾经测量过的黄埔地形水则等材料,带齐前往,以资参考。

是日清早,各代表如约齐集登舟,沿途置酒谈欢颇有兴趣。到达黄埔军校后,受到军校派员接待,并引导参观军校设备及地方防守炮台要隘,观后始回校午餐。蒋介石与大家交谈片刻,便有事离去。返回上船以后,彭泽民要各位代表顺便参观黄埔地形、海面及水的深浅,看看是否适合开埠。将来可以回去告诉各地华侨,亦可以作一个报告的资料。众人极赞同,即邀人四面浏览,测度水深最多不过三十尺,且海面狭窄,大家都说完全不合开埠条件。那帮地皮贩子闻得彭泽民此举,对其恨之入骨。

刚巧,邓演达从欧洲赶回参加大会,在会上作了关于游历欧洲的报告,并当选为国民党二届候补中央执行委员。邓演达,广东惠阳人,是彭泽民的广东老乡,比彭泽民小18岁,曾在孙中山命邓铿创建的粤军第一师任职,深受孙中山器重,是黄埔军校筹备委员会七位筹委之一,先后担任该校教练部副主任、临时主任兼学生总队队长。1924年冬,邓演达辞去黄埔军校的职务,于1925年1月从上海经莫斯科到德国留学,在柏林与朱德、章伯均、孙炳文等多有交流。是年12月，经莫斯科回国抵达广州，参加中国国民党第二次全国代表大会。

有一天，广州市民开军民联欢大会，汪精卫在讲台上向大家宣布："今日来了一支生力军。"听众以为多了一支新的国民军队，而汪精卫从后面拥出邓演达来。汪精卫说："这位邓演达同志就是中华民国一支生力军。"台下群众鼓掌，声震四座，彭泽民在此时首次看见邓演达面容。及后，邓演达被任为黄埔军校教育长，主持校务。中央委员每礼拜要到该校讲话一次，因此，彭泽民得以接近邓演达，聆其训导，由邓演达介绍，还认识了更多的革命同志。

3月20日，彭泽民到中央海外部办公，同事问他有何所闻，答曰没有，反问他们何以突有此问。他们将昨晚汪精卫出走的事说了一遍，彭泽民甚为骇惧，急往中央秘书处问讯，欲知梗概，并趋赴各同志处探听。多数人劝说彭泽民暂且不管，等到事情揭露再说。彭泽民心极疑惑，因为他与汪精卫此时仍极友好，哪能不急？走询数处，都说未知何故，自料必有大事发生，不如跑回中央党部静听究竟。有人说："汪主席因有要务出国，暂时未便通告，且切嘱严守秘密，不得泄露机要。"彭泽民只得哑然一笑。

过了多日，仍无确实消息，彭泽民唯有佯作无知，中央党部循例开会，亦无人谈到此事。海外各地党部消息特别灵通，闻得汪精卫被蒋介石逼迫出走的传闻，纷纷来电问讯，并委托海外部转电报给汪主席，劝其回国主持党国。每日都有十余起来电文，各报不断转载，几乎成了专栏，汪精卫的亲信陈树仁特来找彭泽民，要其把海外各地督促汪精卫回国的电报收集起来，转给汪精卫，不知是何作用？

原来事情大致是这样的：3月18日，蒋介石指使他的孙文主义学会分子，以黄埔军校驻省办事处的名义，传达给海军局代理局长兼中山舰舰长李之龙一个命令，要李之龙调中山舰到黄埔候用，李之龙是中共党员。当中山舰开到黄埔时，蒋介石一面指使其党徒散布谣言，诬陷共产党"阴谋暴动"，要推翻广东革命政府；一面假装"惊异"，造谣说李之龙不服调遣，擅入黄埔。以此为借口，3月20日，蒋介石调动军队宣布戒严，断绝广州内外交通；逮捕李之龙，扣留中山舰和其他舰只；包围省港罢工委员会,收缴其卫队枪械;包围广州东山的苏联顾问住所;驱逐了黄埔军校中及国民革命军中的共产党员。22日,国民党中央政治会议通过蒋介石提出的在黄埔军校和国民革命军第一军中排除共产党人的提案。此事始末,史称"中山舰事件"。

中山舰事件之后,作为当时国民党和国民政府最高领袖的汪精卫,先是悄然隐匿,继而秘密出走,经香港转赴法国,是有其深层次原因的:蒋介石制造中山舰事件的当天,曾经给朱培德写过一封信,说了一些对汪精卫不满的话,朱培德将这封信交给汪精卫看了。汪精卫感到权力受到威胁,拟联合谭延闿、朱培德、李济深等各军的力量,组成"反蒋联盟",以武力打倒蒋介石。但是,苏联方面不仅不支持这一主张,反而撤回最积极支持汪精卫的顾问季山嘉等,表明中山舰事件时,苏联人不肯支持汪精卫倒蒋,使汪精卫失去靠山,不能与蒋介石抗衡。因为民众不明其中真相,汪精卫恐因此弄巧成拙,反惹起党内纠纷,民众怀疑,故此举未能实现。在没有办法的情况下,汪精卫以至托疾辞职,尽管蒋介石出面挽留,他仍出国回避。

5月5日,中央执行委员会全体会议推张人杰(静江)为临时主席。张静江与蔡元培、吴稚晖、李石曾并称为国民党四大元老。照例行开会礼,礼毕,吴稚晖讲话,彭泽民听不出他说什么,讲了约二十分钟时间。接着,张静江提出中央党部应该推一人为主席,代理主持党务,无人说话应对。

彭泽民起立说:"第二届全国代表大会修改党章,决定孙总理以后不设总理,今设常任主席与总理有无区别未见说明。况且新党章说明孙总理生前所负权责以留纪念,也曾在大会中宣示过,以后无论何人都不能越过先总理权责。今设立主席却未有确定主席所负责任,应当订定规则,无论何人当选,都不能超过此确定权责,才可免日后发生纠纷。"说毕,亦无人反应,只有柳亚子一人鼓掌。何香凝起言,亦谓中央如再推举首领,很易引起争端,廖仲恺被害,虽未证明因何而起,但廖先生濒死有句话"国民党从此多事了",说时大哭,不能成声,会场突然变成了默哀状态。结果张静江提出蒋介石为中央党部主席,赞成举手,以多数通过。次日,报纸登载,彭泽民大放厥词,柳亚子赞成鼓掌,何香凝大哭,诋为会议中"三怪"。

5月15日至22日,国民党在广州召开二届二中全会。蒋介石继策划中山舰事件之后,又在会上以"改善中国国民党和中国共产党的关系"为名,提出所谓《整理党务案》,其主要内容为:共产党员在国民党高级党部担任执行委员的人数,不得超过总数的三分之一;共产党员不能担任国民党中央各部部长;加入国民党的共产党员名单要交给国民党中央执行委员会主席保管;等等。蒋介石企图以此削弱和限制中国共产党在国共合作中的地位。蒋介石的《整理党务案》,目的就是排斥共产党,篡夺党权。

在讨论《整理党务案》时,彭泽民率先发言反对,声泪俱下地痛斥蒋介石的反动行径。何香凝、柳亚子等国民党左派也都激烈反对。第二天,国民党右派在报纸上公开辱骂他们三人,说他们身为国民党,却与共产党站在一起。在讨论是否接受此案时,一连七天没有结果。在上海的中共中央和鲍罗廷一样,采取了妥协的态度。在出席国民党二届二中全会的中共党团内部,对是否接受《整理党务案》意见并不一致,在鲍罗廷的压制下,指导中共党团的张国焘要大家接受,使得《整理党务案》得以通过。《整理党务案》通过后,何香凝等三老气愤异常,柳亚子因结巴说话不畅,气得捶胸顿足,彭泽民气得跑到孙中山遗像前痛哭。作为反击,海外部于5月27日发布了《阻止反动派之反宣传》的通告。

《整理党务案》通过后,原来担任国民党中央部长的共产党人谭平山、林祖涵等被迫辞去组织部部长、农民部部长之职,一些右派分子窃取了国民党中央的部长职位,蒋介石窃取了国民党中央常务委员会主席和国民革命军总司令等职务,垄断了党政军财大权,为他以后发动反革命政变准备了条件。彭泽民目睹国民党新老右派如此猖狂搞分裂,心情沉重,一日遇毛泽东,不禁向他说出自己心中的愤慨,向他请教。毛泽东回答他说:"从国民党自身的历史、结构、成分来看,国民党内右派分裂出去是一种必然现象,我们不必以此为喜,却断不是什么不幸的事,因为他们并不足以阻挡住中国的国民革命。"彭泽民深感还是中共党员对革命大局的发展前景站得高、看得远。

海外部对海外各总支部实施了一套设立和改组方法,使海外党部

组织系统有所完善,党员人数有所增加。到1926年10月,海外国民党组织总支部有14个,所辖支部88个,分部524个,区分部875个,交通部1个,总分部1个,党员总数达到了10万之众。为了进一步适应和做好海外蓬勃发展的华侨事业和国民党组织工作,国民党中央于10月份正式公布《国民党最近政纲》,规定了相关的侨务政策,这意味着国民党对华侨工作的进一步重视:设法使华侨在居留地得受平等待遇;华侨子弟回国求学者,须予以相当便利;华侨回国兴办实业者,须予以特别保护。

主管海外党务工作的海外部成立不久,组织机构就有所扩大。海外部从前只设立部长1人、秘书1人、书记3人、录事1人,分任部内工作。其后,因党务之日见繁剧,海外部的组织规模比以前有所扩大,内部分为文书、编辑、组织、侨务、交际、收发、会计、庶务等8科,各科由秘书、干事、助理、录事各职员分任之,对外工作则设海外党务专员及组织员、宣传员、调查员等。

海外部革命精神旺盛,国共两党合作气氛浓郁。彭泽民与许甦魂亲密合作、同舟共济,他们两人始终一起冲锋陷阵,一同共进退,堪称国共合作的典范。尤其是在整顿和指导海外党务、维护华侨利益和推动华侨支援祖国革命等方面,都作了大量的卓有成效的工作。从国民党"二大"后到大革命失败,由国民党与共产党紧密合作领导的海外部,虽然仅仅维持了18个月,但在创造中国革命初期富有革命色彩的侨务工作、宣传反帝反封建斗争、动员海外华侨声援省港大罢工以及后来支持北伐的斗争中,都发挥了巨大的作用,作出了积极贡献。

3.8　创立华侨协会

20世纪20年代,华侨是国内各派政治力量争夺的对象。国民党右派,一面派人到海外游说拉拢,争取华侨支持;一面利用报纸、刊物等在华侨中造谣中伤国内革命势力,挑拨离间华侨与国内革命势力的关系。为使海外华侨了解国内革命的真实情况,彭泽民与秘书长许甦魂商议策划,于1926年3月在广州正式出版海外部机关报《海外周刊》,每期十余版到二三十版，最多达 52 版。该刊于是年 12 月在广州停刊。在广州期间，《海外周刊》出版了 35 期，国民党中央海外部迁至武汉后，续出 10 期。海外部的一些中共党员、进步青年，如洪灵菲、王学文等都曾为《海外周刊》服务过，是其编辑。

《海外周刊》记载了 1926 年 3 月至 1927 年 7 月间，国内革命斗争和华侨支持国内革命斗争的历史。《海外周刊》是一份颇受广大华侨欢迎的革命刊物，在宣传革命、反对国民党右派、维护国共合作方面发挥了积极作用。《海外周刊》作为反击国民党右派势力的喉舌，报道革命之真实情况，以正视听，成为权威性的革命刊物，受到广大华侨欢迎。在当时国民党右派分子猖狂攻击中国共产党的形势下，《海外周刊》还敢于出来为共产党说公道话，维护国共合作革命统一战线的巩固，这确是很难能可贵的。

因长期生活在海外，彭泽民对华侨有较深的了解。他认识到：华侨是中华民族的一部分，华侨具有强烈的民族感和爱国心；发扬华侨的爱国主义精神，使广大华侨在反帝反封建的革命斗争中发挥更大的作用，必须保护华侨，维护华侨的权益，为华侨报效祖国创造机会，提供条件。1925 年 9 月，彭泽民回国之后，和来自海外各地的华侨代表互相联络，就如何团结华侨、组织华侨群众团体以适应革命需要等问题，分别交换了意见，并取得了一致的看法。同年 12 月底，彭泽民、许甦魂和国民党古巴总支部的代表周启刚等华侨，分别或联名向国民党二大筹委会提交了《组织中国国民党海外协会》《以实力保护华侨》《规定地方以备失籍侨民归国屯殖》等提案，建议国民党中央制定出保护华侨的条款。该提案受到大会提案审查委员会的重视，并得到与会代表的赞同。

国民党二大在广州召开，彭泽民被选为国民党中央执行委员。根据彭泽民等华侨代表的提案，大会决议：一、对我海外同胞，极力保护；二、使本党指导下之国民政府恢复侨务局；三、中央海外部附设海外同志招待所；四、由本党赞助组织华侨协会。根据彭泽民等华侨代表的提案，大会通过了关于组织华侨协会的决议。国民党二大之后，彭泽民被留在国内，担任国民党中央海外部部长，负责海外党务和侨务工作。

国民党改组之后，工农运动迅猛发展，工会、农会竞相成立，华侨爱国运动却仍成散沙状,当务之急是把华侨组织起来。建立华侨协会的决议确定之后,彭泽民即在许甦魂的协助下,着手组建华侨协会。1926年1月24日,彭泽民主持召开了华侨协会筹备会议。会议决定,成立华侨协会筹备委员会,推选彭泽民任主任委员,负责全面工作,并决定立即在海内外发展华侨协会会员。

由于历史原因和政治观点的差异,加之国际、国内环境的错综复杂以及出身与侨居区域、语言的不同,多数华侨团体封建宗派色彩浓郁,以至于华侨社会内山头林立,我行我素,各自为政。为了团结广大华侨,扩大和发展华侨协会组织,促使华侨力量在国共合作统一战线的旗帜下集中,彭泽民和许甦魂联名向海外侨胞发出征求会员通告,并深入海外各侨团驻穗联络处,宣传国民党二大决议,呼吁海外侨团摒弃成见,停止派别冲突。在他们的共同努力下,驻穗的16个海外华侨团体集体加入华侨协会。

3月初,华侨协会在汕头和海口等地建立分会,发展会员,开展会务。3月下旬,华侨协会筹备会召开扩大会议,讨论组织大纲,并正式通过了《华侨协会章程》。《章程》规定,华侨协会是中央海外部指导下的华侨联合会,其使命:发展华侨事业,保卫华侨利益,拥护三民主义,完成国民革命。6月6日,华侨协会选举产生了临时中央执行委员和常务委员,彭泽民当选为中央执行委员和常务委员。至此,华侨协会的组织机构正式建立。华侨协会成立初期,只有会员100多人,通过彭泽民、许甦魂做的大量艰苦细致的工作,终于促使各地华侨纷纷入会,至1927年初,华侨协会已拥有了20多万会员。

彭泽民创立了华侨协会,这是大革命时期,在国共合作旗帜下,建立起来的第一个全国性的华侨群众团体,在他的领导下,华侨协会有力地支持了国内的革命斗争。在支持国内反帝斗争的同时,华侨协会坚决反对帝国主义和殖民主义对华侨的压迫,积极维护华侨的权益。7月25日,海外部和华侨协会召开大会,欢迎被驱逐回国的40多位新加坡华侨。会后,彭泽民根据他们的意愿,将他们介绍到黄埔军校学习,华侨们备感祖国的温暖。华侨协会把广大华侨凝聚在国共合作的旗帜下,使原来拉帮结派、一盘散沙的海外华侨,开始拧成一股绳,形成一支强大的海外革命队伍,成为一支不可忽视的政治力量,其在省港罢工运动中便得到了展示。

1925年6月19日,为了支援上海人民五卅反帝爱国运动,广州和香港爆发了规模宏大的省港大罢工。此次罢工由共产党人邓中夏、苏兆征等领导,历时一年零四个月,有力地打击了英帝国主义在香港经济的统治,并且让广州的金融得到了保障。省港大罢工成为第一次国共合作时期,国共两党共同领导的一次成功的反帝斗争运动。

1926年2月6日,"省港罢工委员会"领导人苏兆征,率代表来见彭泽民和许甦魂,请求"华侨协会"援助省港罢工运动。彭泽民对苏兆征等代表表示:华侨和工人阶级一家亲,支持省港罢工是广大华侨和代表华侨利益的华侨协会责无旁贷之事。2月8日,海外部和华侨协会举行联席会议,讨论援助省港罢工问题。会议决定:一、以海外部和华侨协会的名义,电请海外华侨继续支持省港罢工;二、致函省港罢工工友,表示声援和慰问。2月11日,彭泽民和许甦魂联名向海外各党部、各侨团发出通电,号召华侨在经济上援助省港罢工,做他们的后盾。2月25日,广东各界在广州召开援助省港大罢工大会,到会群众近20万人。彭湃率省农民协会及数量庞大的农民队伍参加,彭泽民率华侨协会和在穗华侨参加,并作为国民党中央代表,在宣读孙中山遗嘱后发表演讲。会后彭湃和彭泽民等为领队,领导示威游行。

7月下旬,英帝国主义拒绝接受解决罢工的条件,中英谈判中断。7月29日,彭泽民主持召开海外部和华侨协会援助省港罢工的紧急会议,会议通过了彭泽民的建议:以华侨协会的名义,起草解决省港罢工意见书,呈送国民政府;通函海内外各地华侨团体继续募捐,在行动上继续支持省港罢工,声援、慰问省港罢工工友。同时,组织团体募捐,接济罢工工人粮食,誓为罢工的坚强后盾。

由于谈判中断,广州各界召开代表会议,决定举行"广州各界援助省港罢工周"。8月18日,"罢工支持周"委员会召开公众团体代表会议,彭泽民和许甦魂作为华侨协会代表出席了会议。会议决定8月25日到31日为广州各界第二次援助省港罢工周活动时间。为迎接罢工周的到来、推动华侨积极参与,会后彭泽民立即要求华侨协会召开动员大

会,许甦魂传达了广州各界援助省港罢工周会议的精神;邀请国民政府外长陈友仁、罢工委员会负责人之一邓中夏报告中英谈判经过,"会场听众,大为动容"。会议决定:一、全力以赴进行援助;二、成立"华侨援助省港罢工总会",统一领导华侨援助省港罢工的斗争。会议推举彭泽民等9人担任总会执委,彭泽民担任华侨协会筹款部部长,支持和援助省港罢工成为海外华侨爱国斗争的一个重要部分。

据海外部于1926年8月出版的刊物——《海外周刊》第23期统计,华侨捐助支援省港罢工款额达300多万元,另有大米、衣物、药品等一批物资,对罢工斗争的坚持具有重大意义。罢工领导人邓中夏指出,"罢工维持,自然是靠海外爱国同胞及全世界工人阶级在精神上予以不断援助,然后罢工工人觉得后援不孤,更能安心作战"。为了支援北伐战争,1926年10月初,罢工工人代表大会决定停止罢工,10月10日,罢工委员会召集群众大会,宣告罢工胜利结束,并宣布停止对香港的封锁。

华侨协会在支持国内反帝斗争的同时,还坚决反对帝国主义和殖民主义对华侨的压迫,在维护华侨利益方面,也起到了积极作用。1926年初,越南和暹罗殖民政府颁布了华侨人头税苛例,欺压华侨;3月12日,新加坡华侨纪念孙中山逝世一周年,遭到英殖民当局袭击,被捕60多人;等等。为了援助受难侨胞,华侨协会连续召开反帝大会,声讨帝国主义对华侨的虐待。5月3日,国民党中央党部召开第二次反帝大会,由彭泽民主持,华侨协会决定:(一)请国民政府向各殖民地压迫华侨之帝国主义提出严重抗议;(二)通电警告各帝国主义勿再压迫华侨;(三)唤起侨众,联合各地弱小民族,共同发起反帝运动。在华侨协会的领导下,各地华侨纷纷集会,发表宣言、通电,反抗帝国主义的压迫,海外出现了华侨反帝运动的高潮。

3.9 华侨运动讲习所

彭湃,广东海丰人,是民主革命时期开展农民运动的领袖,时称"农民运动大王"。1923年1月1日,海丰县总农会成立,彭湃为会长。翌年4月初,彭湃抵达广州,加入中国共产党,6月30日,农民运动讲习所开办,彭湃为第一届农讲所主任。1925年秋,彭湃兼任第五届"农讲所"主任时,正值彭泽民在广州准备出席国民党"二大",彭泽民受彭湃之邀,到"农讲所"给学员讲授华侨革命运动,分析华侨形势,剖析华侨问题。

  1926年8月17日到24日,广东省农民协会执委扩大会议在广州召开。会议期间,会议代表对广东农民及农运积极分子现状,特别是惨受贪官污吏、劣绅土豪、不法军队土匪摧残迫害,感到无比愤怒。会议一致决定,全体代表与广州市郊农民组成请愿队伍,前往国民党中央党部、国民政府、省政府举行大规模请愿游行,并推举彭湃为总领队。彭湃亲率会议代表及广州市郊农民千余人,举行了"广东省农民协会七路代表团请愿示威大游行",游行队伍前往中央党部、国民政府和广东省政府,要求严惩国民党右派、贪官污吏、劣绅土豪、不法军队、反动民团和土匪恶霸。

  彭泽民代表中央党部,出面接见游行队伍的代表,并对游行队伍发表了演讲,他旗帜鲜明地支持广大农民的革命行动,表示立即向中央执行委员会报告,督促政府早日为民除害。彭泽民出生在农村,也曾是破产的农村小手工业者,对旧中国农民悲惨处境感同身受。在南洋,他同众多同样来自破产农民的广大劳苦大众一道,经历种种苦难,才走上革命道路。所以,彭泽民的演讲生动、深刻,得到了游行群众的理解,受到了热烈欢呼。彭泽民在与彭湃的不断交往中,也学到了用农民协会形式,组织农民投入革命运动的成功经验。

  华侨反帝爱国运动蓬勃发展,急需一支有理论、有理想、有组织才能的骨干队伍;国共合作后,国民党海外各级党组织改组、整顿和充实,干部也严重缺乏。因此,培养华侨运动骨干成为当务之急。1926年10月初,彭泽民借鉴彭湃、毛泽东等办农民运动讲习所的经验,和许甦魂向国民党中央递交了开设"华侨运动讲习所"的提案,国民党中央第六十五次常务会议通过此建议,并决定由他担任所长。彭泽民亲自担任华侨运动讲习所所长,任命中共党员张航先为教务主任,主持日常工作,讲习所所址选在广州东皋大道。

  华侨运动讲习所的办学主旨,是发扬孙中山三民主义的革命理论和方法,培养海外党务指导人才,服务于华侨反帝爱国运动。根据彭泽民的提议,讲习所聘请一大批既有政治理论素养又有丰富斗争经验的共产党员和国民党左派党员,形成了教员的主体,为实现华侨运动讲习所的培养目标——把学生培养成既懂得革命理论又懂实际斗争的干部,奠定了坚实的师资基础。彭泽民亲任考官,经论文、演讲、英语口试等几轮考试,录取了80位学员,其中有不少中共选派的学生和海外进步青年、国民党员,于当年11月初在广州华皋大道正式开学,设立包括理论教育、党务教育、时事政治教育、业务教育等方面的课程。

在教学方法和教学内容上,彭泽民坚持理论联系实际、教学为革命斗争服务的原则。除了任命共产党员张航先为教务主任主持日常工作外,彭泽民还亲自出面聘请邓演达、郭沫若、恽代英、萧楚女、陈其瑗、许超循、甘乃光等人担任华侨运动讲习所兼职教员,他们具有丰富的理论和实践经验。其中,陈其瑗是中国国民党中央执行委员,时任广东省政府财政厅厅长。同时,聘请容保辉任华侨运动讲习所军事训练员,陈碧海任事务员。这一批以共产党员和国民党左派为主体、具有较高政治理论素养和丰富实际斗争经验的教员,到华侨运动讲习所任教,成为彭泽民办好华侨运动讲习所的可靠而有力的保证。

彭泽民在百忙之中,也抽时间给学员讲课,讲授《帝国主义的殖民政策》《海外的交通及华侨的状况》等专题。他以自己的亲身经历、切身感受,分析帝国主义殖民政策的由来、殖民政策对华侨的危害,剖析华侨国际地位低下的根本原因和华侨爱国主义的深刻根源。他讲课理论联系实际,深入浅出,生动感人,学员们深受教育。为把学员培养成适应海外华侨运动所需要的人才,彭泽民参照农民运动讲习所的经验,在理论学习的同时,组织指导学生开展社会调查,把所学到的革命理论和革命实践结合起来。他亲自组织学员到华侨协会听取各地开展华侨工作的经验,研究华侨在海外所处地位、特点以及如何开展华侨运动等,还组织学员到各侨团在穗办事处,宣讲反帝反封建的革命道理。

由于革命形势急剧变化,华侨运动讲习所只举办一期,1927年2月结束,80名学员毕业后,分赴海内外从事华侨运动,不少人后来成为国内革命骨干和海外华侨工作积极分子。在规模、影响上,虽然华侨运动讲习所不如彭湃等主办的农民运动讲习所大,但它作为第一次国共合作的产物,在新民主主义革命时期的国共合作大环境下,成为国共两党共同培养华侨运动骨干的成功尝试,有着积极的进步意义。

3.10　全力支持北伐

在国共合作政治环境中,中国革命形势迅猛发展。由于军阀割据,全国未能统一,人民处于水深火热之中。1926年1月,中国国民党第二次全国代表大会在广州召开,会议提出"对内当打倒一切帝国主义之工具,首为军阀"的口号。2月,中共中央在北京召开特别会议,确定"党在现时政治上主要职责是从各方面准备广东政府北伐"。在此之后的3个月,因中山舰事件与蒋介石产生分歧,国民政府主席汪精卫出走法国,国民党内另一领袖胡汉民滞留苏联,蒋介石则忙于整顿党务,北伐呼声一度无人问津。

彭泽民赞同北伐主张,认为符合广大华侨愿望。他以国民党中央执委名义,向行将于5月中旬召开的国民党二届二中全会,递交《请迅速出师北伐案》,提案指出:"海外华侨发来函电,请迅速出师北伐,以打倒帝国主义的工具——北洋军阀,建立统一全中国之强有力政府,俾彼等在帝国主义铁蹄下过生活者有所保证,彼等并愿竭力为后盾,其情辞至恳切。我革命军若犹迟疑不出,则海外华侨将由失望而灰心,由灰心而解体。再则,张(作霖)、吴(佩孚)等军阀承受英国等帝国主义之旨意,正向国民军及湘军进攻,我革命军若坐视其亡,则国民革命危也,广东革命根据地危也。"他大声疾呼,希望国民党中央作出决策,立即出师北伐。

5月21日,中国国民党二届二中全会通过《北伐战争决议案》,任命唐生智为国民革命军第八军军长,筹建总司令部,推举国民革命军北伐总司令,开始实施了一系列北伐的具体计划。5月25日,彭泽民在国民党中央常务委员会上提议:"汪精卫同志病仍未愈,本会应去函慰问,并申述本会热望其早日销假视事。"随后,江苏、安徽、湖北、广西等省区党部陆续通电,要求汪精卫销假视事,主持北伐大计。于右任、经亨颐等也并电请中央催促。

5月下旬,当叶挺率独立团开入湖南时,国民党最高层对何时实施北伐之举还未议决。为早日促使北伐实现,5月27日,彭泽民与许甦魂联名通电国民党海外各党部和侨团,共同力促国民党出师北伐,以造舆论。6月4日,国民党中央执行委员会临时全体会议通过《国民革命军出师北伐案》。6月5日,广州国民政府任蒋介石为国民革命军总司令。在6月召开的国民党中央常务会议上,彭泽民再一次提出出师北伐建议。在他的领导下,海外华侨敦促国民政府出师北伐的呼声此起彼伏,持续发展,热潮不断高涨。

7月1日,蒋介石发布"北伐部队动员令"。"动员令"称:"本军继承先大元帅遗志,欲求贯彻革命主义,保障民族利益,必先打倒一切军阀,肃清反动势力,方得实行三民主义,完成国民革命。爰集大军,先定三湘,复规武汉,进而与我友军国民军会师,以期统一中国,复兴民族。"

7月4日至6日,国民党二届中央执行委员会临时全体会议在广州召开,在中共党员和国民党左派共同推动下,会议终于通过了《中国国民党为国民革命军出师北伐宣言》和《关于革命军出师对于各级党部及全体党员训令》等文件,陈述向北洋政府发动内战的理由。在这次会议上,何香凝与彭泽民等被选为中央执委会候补常务委员。会议决议出师北伐消息刚传出,广州各界群众热血沸腾,7月9日,在东校场隆重举行国民革命军北伐誓师大会,广州各界群众5万多人参加集会。在北伐誓师大会上,国民政府代理主席谭延闿授印,国民党中央党部代表吴稚晖授旗,蒋介石谨受宣誓毕,致答词,并举行阅兵式,由李济深任总指挥,张治中任司礼。国民政府决定:以蒋介石为总司令、李济深为总参谋长、邓演达为总政治部主任,组国民革命军,分为八个军,何应钦、谭延闿、朱培德、李宗仁、李福林、程潜、李济深和唐生智各掌一军,誓师北伐。苏联友人加伦将军及鲍罗廷等随军为助。

就在国民革命军誓师北伐的翌日,彭泽民倡议在广州召开了华侨援助北伐战争代表大会,来自南洋、澳洲、北美洲等地所有侨团驻粤的代表出席会议。会议一致赞同国民党中央海外部和华侨协会关于"联合一致,为北伐后盾"和"和北伐军同一志愿、同一牺牲,有钱出钱、有力出力,把军阀杀个净尽,把帝国主义赶出中国"的正确主张和正义口号。会议决定:在广州建立华侨北伐后援会,在海外各地设立华侨北伐后援会分会,统一领导和推动华侨支持和援助北伐战争的爱国运动。会议通过了《华侨北伐后援会简章》,宗旨是"援助国民革命军出师北伐,以求中国之真正统一。"

根据大会决议,7月16日,彭泽民签发了《海外部通告华侨组织北伐后援会》文件,指示海外各总支部、分支部立即行动,"创造民国之光荣、伟大事业,赞助国民革命军出师北伐,以期中国之真正统一、民族之自由平等"。北伐华侨后援会设立筹款部,统筹为北伐筹募军饷、宣传北伐意义、慰劳前方将士等事项,彭泽民亲任筹款部部长。据统计,在北伐战争期间,先后组织的各国华侨北伐后援会分会达500多个,会员约100万人。

在海外部的号召和华侨北伐后援会的组织下,宣传与筹饷并进,积极配合,霎时间几乎全球各地的华侨报刊,特别是欧美的、东南亚的华侨报纸都开设专栏,冲破当地限制,大力宣传北伐,揭露帝国主义和北洋军阀罪恶,报道北伐进军消息,论述北伐的意义。对于捐款捐物,海外党部纷纷响应,汇出的军饷捐助纷至沓来,海外部应接不暇,汇款单由海外部收转交财政部,数月间高达300余万元,还有装甲车、枪支及弹药、医药品等捐赠物资,竭力支持北伐战争。一些地区还派出自己的优秀儿女,组成了"华侨炸弹敢死队""北伐军海外北伐工作团""华侨特别宣传队"等组织,抛头颅、洒热血,直接参与北伐战斗。还有许多华侨组成工作团、宣传队,参加北伐服务工作,分赴北伐前线,都建立了不朽战功。

由于海外部组织华侨对北伐战争的大力支持,蒋介石、宋子文这时才对海外部表现出好感,为的是能够有海外汇款陆续汇归,接济饷糈,对海外部开始重视起来。此间,新加坡琼州分部为了开会纪念总理逝世,致使40位华侨被英政府扣留,监禁3个月,被全部驱逐出境,他们返抵广州后,海外部给予妥善招待。彭泽民问他们归国后谋何等工作,他们都愿投黄埔军校学习。彭泽民即往蒋介石处,面商此事,黄埔军校许予全数接纳。

10月上旬,国民党中央海外部和华侨协会联合发起"华侨恳亲大会",彭泽民任恳亲大会筹备委员会主任,邀请海外著名侨领和华侨代表回国观光和视察。11月12日,华侨恳亲大会隆重开幕,大会由彭泽民主持并致欢迎词,国民党左派张曙时代表国民党中央在会上讲话,许甦魂报告北伐战争胜利形势,邓颖超代表妇女界欢迎华侨代表。恳亲大会活动历时半月,收到了很好的联络亲情的效果。

在工农群众和海外华侨的积极支援下,北伐军一路向北,所向披靡,节节获得胜利,革命势力很快发展到长江、黄河流域,沉重地打击了帝国主义和封建势力。10月,北伐军攻克武昌后,武汉成为革命中心。12月,彭泽民跟随国民党中央党部和国民政府北迁人员,离开广州,前往武汉。途经南昌时,蒋介石亲自出面,把他和何香凝、宋子文等接到行辕,殷勤接待。彭泽民对这种"特殊"待遇高度警惕,当他从何香凝处得悉蒋介石欲迁都南昌的无理主张后,当即拜访邓演达,邓演达将蒋介石阴谋攫取党政军大权的详情一一相告,彭泽民恍然大悟。

3.11 随辕北上武汉

北伐战争开始后,蒋介石随北伐军北上,在大后方广州,由张静江代行中央党部主席职务,谭延闿代国民政府主席。当时,张静江有母丧之孝,休假在家。

某日,刘维炽请客,彭泽民与陈其瑗同席,酬酢之间,有人奔告陈其瑗,说广州市党部被军队包围得不能进出。陈其瑗似不甚介意,彭泽民问何故。陈其瑗称此必张静江所为,并说明市党部被兵围困的起因。原来市党部的秘书其人甚坏,所有党员入党证书尽被此人禁锢,作为选举利用,后经入党人查知,趁着党员大会,提出该秘书的恶劣行为,一致通过将其撤职。该秘书跑到张静江面前哭诉,张静江大发官威,立派军队封闭党部。

彭泽民听得如此,即与陈其瑗谈商,先要解除兵困之局,免得闹成笑话。用膳毕,同往见张静江,意欲将党员大会经过说知。张静江见彭泽民等尚笑脸欢接,问何事谈商。陈其瑗以报告市党部被围困一事以对,不料话刚出口,张静江即怒气冲冲大骂陈其瑗说:"你干得好,做了市党部工人部长,使得汽车工人罢工,各人出入无车可坐,今尚何颜见我?"

彭泽民见得张静江势同吼虎,劝谓:"请主席少安毋躁,让他报告完再说。"

张静江反过来向彭泽民作恶说:"你不要说,你的话我不信的。"

彭泽民即问:"我几时向你讲过失信的话?"

张静江说:"等一下,我拿出凭据来你看。"此时变成彭泽民不得不同他吵架了。

彭泽民说:"有凭据快拿出来,我自然要接受你的责备,如果不是的话,你不可胡乱讲话。"

张静江说:"你不用争论,你可以登报表明你的身份。"

彭泽民说:"原来你疑我是共产党,好吧,我也疑你是共产党,请你起草稿子,明天一同署名登报,两家表白好吗?"

张静江此时忿不可遏,彭泽民也不甘退让,陈其瑗同志拉彭泽民快走,边行边对彭泽民说:"真危险,你同他争论,他可以喝令左右将你拘捕,判你有罪。他是个瘸子,人皆知其为残废,以此你就吃亏不起了。"

彭泽民说:"他太过不近人情,不辨黑白,使人难忍,我的脾气亦是宁死不辱的,当时怒不可遏,如果不是你拉我走,不知闹成什么样子,好得你同我来,不然的话就会搅乱子了。"

过后,彭泽民想到张静江对他不满的原因,都是为着5月5日的中央执行委员会全体会议,当时张静江提出中央要推举一人作主席,彭泽民有发表过不同意的言论,而且彭泽民的言行是同他们对立的。所以,张静江心里以为彭泽民是故意向他捣鬼的,故特地对彭泽民实施威胁。

自张静江代蒋介石署理中央党部主席,党部职员大部被改用,往常的员工多被调整,有志之士皆相率引退。张静江遂任用陈果夫为中央党部秘书长,其余一般职员都是国民党中的右倾分子,各机关人选亦多投张静江公馆夤缘求进,整个国民党党部已成为贸易场所。此时全国工人运动已有蓬勃发展现象,香港罢工使英政府穷于应付,全国人民以及海外华侨对香港工人反抗英帝的压迫亦大表同情,如果国民党此时能够联合共产党予以正确的领导,造成统一战线,这就是一个最好的时

期。无奈张静江为首的中央党部,实施一党独大,排除异己,嫉视贤能,讨好帝国主义者。他们接受香港英帝的利诱,遣散工人罢工的组织,松懈全国民心,予帝国主义者放胆入侵中国的机会。

自从两人产生龃龉后,张静江对彭泽民自然特别猜忌。在中央党部内有了陈果夫,在国民政府机关有了谭延闿,他两人都是蒋介石的倚畀,暗中对彭泽民必定有了注视。

根据北伐形势的发展,到了中央党部和国民政府迁都武汉的时间。于是,中央党部和国民政府组织第一批北迁人员,主要有张静江、谭延闿、顾孟馀、何香凝、彭泽民、丁惟汾等人。12月6日,广州各界人民在中山大学门口集会欢送。省党部代表致辞称:"巍巍政府,乘胜北迁。统一全国,似箭离弦。"气氛是热烈、欢快、明朗的。但是,人们谁也没有料到,国民革命从此进入多事之秋。

12月11日,北迁人员出发。行程的大部分时间内,是乘坐内河船只行进的,彭泽民与江浩、陈其瑗3人共载,沿途谈商。每到一个地区,当地政府和人民都有召开欢迎大会,群众多欲一观各位中央党部和国民政府委员的风采,听听各委员的言论。彭泽民他们每次听到张静江、谭延闿两主席的讲话,总不脱封建官僚的口吻,完全没有革命领袖的言论。彭泽民与江浩、陈其瑗归舟偶谈,大家不约而同地谈到人民大会各领袖的发言,其内容都是旧头旧脑的夸张炫异,绝无半点鼓励民众的旨趣。

有一天登陆同行,看见许多标语,大书"千山万水迎张谭"等语,彭泽民3人看见更加发笑。因此,大家约定,无论再召开何种欢迎大会,他们3人中必得有一人讲话,方不失民众对中央委员的期望。这固然是他们为党国考虑,亦不免是好事者行为,谁知更加引起一帮反动者的妒忌。

12月31日,北迁人员抵达南昌,蒋介石把彭泽民、何香凝、宋子文、顾孟馀连及家眷,一起迁入他的行辕暂住,仍将其作为上宾看待。过了一天,何香凝问彭泽民:"你知道否,国民政府暂不迁去武汉,停住这里,今日要去看新迁的中央党部,急需开始办公。这是蒋总司令对我说的。"彭泽民问这是什么缘故。她说:"或者因军事问题。"彭泽民心里觉得有点骇异,又不便往下问。

何香凝走了之后,邓演达过来晤谈,彭泽民即问中央党部和国民政府留驻南昌,是因何事。邓演达回答说是"政治问题"。

彭泽民说:"请你明白点说,俾我好了解。"

邓演达说:"请你到我处座谈。"彭泽民应允随后即到。

吃过早餐,彭泽民即往访邓演达寓所,与谈近况。邓演达将军事政治事件经过一一详告,彭泽民方知蒋介石的为人,绝对没有领导人的资格,心窃鄙之。彭泽民亦感到邓演达对他的信实,在此时此地能够把蒋介石的恶行坦直示他,为启发他的明确趋向,忘却了自己的危险,这使彭泽民感激难忘。

同日,蒋介石携同其妻陈洁如也来视彭泽民,并面嘱陈洁如说:"彭夫人初到此间,不认识路途,而且不懂官话,你可伴同她出行,以作向导。"又盼咐副官预备好六乘竹轿,以便彭夫人、廖夫人、顾夫人等乘坐。过了数日,蒋介石问该副官有无准备好竹轿等。该副官说未有造妥,蒋介石当即以掌掴之,当时彭泽民也觉得难过。虽然是蒋介石自己面命他备办的,但是为了彭泽民等使用此轿,才致使该副官受辱,于心何安?蒋介石的横暴,虽小事,亦可视其本质。

自是陈洁如每到彭泽民住处和他夫人座谈,因此得知蒋介石不多日要去武汉。彭泽民得此消息,即往见蒋介石要求同行。彭泽民之所以急求离开南昌,是因为在数日间,蒋介石对他的态度已不如初到见面时的和善,不宜与之久处,所以借故要去汉口,请予同车前行。幸而得他应许,而且有何香凝及顾孟馀夫妇等同去,沿途有说有笑,更为安心。此时,彭泽民亦自知有张静江、谭延闿等在蒋介石左右,他不能不退避。

1927年1月11日,蒋介石偕加仑将军、海外部部长彭泽民、宣传部部长顾孟馀、妇女部部长何香凝等人前往武汉,火车到达九江,民众即开欢迎大会,到会的人颇多。首先是谭延闿、蒋介石讲话,又请各主要人员依次讲话,彭泽民和邓演达亦被邀作演讲中的配角。邓演达讲的主题是鼓励群众努力,协助国民革命军早日完成北伐任务。彭泽民讲话的内容,多是海外同志经常谈论的,哪里知道此时此地再说这些,已经不合时人的口味了。尽管如此,彭泽民在演讲中仍然坚定指出:"孙中山三大政策,国人应当一致推行,这就是国民革命最大的力量。"

1月12日,蒋介石偕彭泽民、顾孟馀、何香凝和加仑等到达武昌,蒋介石让彭泽民和何香凝同他坐一辆汽车直返行辕。彭泽民发现分配给他住的房间桌子抽屉内,还存有徐谦几张名片,他心里想,原来这房间是徐谦住过的,他听人说过蒋介石不满意徐谦的话。住了一宿,武汉民众开欢迎大会,彭泽民乘机渡过长江,去了汉口,找了一间小旅社租了一个房间,把家人和行李搬到这里,此旅社只有中央执行委员于树德夫妇在同住。第三日,即1月14日,蒋介石便返南昌去了。此时,国民党中央执行委员会决定迁入汉口南洋烟草公司大楼开始办公,每天都要开中央执行委员会议,由于时间仓促,该公司大楼设备适宜,故暂借作党部办事。

国民党中央执行委员会到达武汉,即日开始办公,此时国民政府司法部部长徐谦、外交部部长陈友仁、财政部部长宋子文、交通部部长孙科等回机关,亦宣布开始办事,并联合已到武汉的中央执行委员及国民政府委员等,成立一个临时联席会议的中央机构,推徐谦为临时主席。先前在广州时,中央执行委员会及国民政府决定迁都武汉,即先派宋庆龄、徐谦、孙科、宋子文、陈友仁等五位委员到武汉办事,名为国民政府迁都筹备委员。参加临时联席会议人员推举徐谦为主席,蒋介石即大为不满,认为中央执行委员会不尊重他的地位,所以他到武汉就立刻变脸,由武汉返南昌,途经九江即转上庐山,用中央政治委员会名义发一电报到汉口,要求立刻撤销中央临时联席会议的组织,又另发一电立即成立武汉政治分会,指派十几名亲信为武汉分会政治委员,蒋介石之背叛行为更显露。

中央执行委员会临时联席会,每日都召开例会。某日开会时间比起往日特早,由徐谦主席报告蒋介石由庐山发来的两个电报:一个是立即停止中央联席会议,一个是成立武汉政治分会,邓演达为分会主席。徐谦问:"这两个电报都用政治会议名义发来的,那么,我们今天可以不开会了,各位委员以为如何?"过了几分钟,未见有人讲话,彭泽民素来性急,即起立发言。

彭泽民说:"在广州是政治会议决定中央党部及国民政府迁都武汉的,同时推定宋庆龄、徐谦、孙科、宋子文、陈友仁五位委员为中央国民政府迁都筹备委员。为了在中央政府迁都期间,防止在广州的中央政府停止办公,推定五位委员先到武汉展开各部工作,以待中央党部及国府委员到齐,然后正式宣布照常办公。因此,才有临时联席会议的组织。如果中央党部各部员工尚未到齐,未曾宣布恢复正常业务,可以不必先停止这个联席会议。况且,中央党部原定迁到武汉原本是政治会议决定的,今忽然设立武汉政治分会,而且指定政治分会委员,中央党部及国民政府或不再迁武汉,是由庐山政治会议来电所说的,政治委员在庐山开会未见把地点与时间报告,突然要停止中央联席会议,设立政治分会,我们首先要问明原委。否则今日来一个庐山政治会议来电,明日来一个什么政治会议来电,我们的中央委员会真要疲于奔命了。"

彭泽民讲完话,在会各位都一致鼓掌,都说不管他的来电,我们还是照常继续开会。徐谦起立说:"继续开会,但我不能做本会主席了,请另推一人为主席。"众人立即推荐何香凝为主席,主持开会。

一日,湖北省驻武汉人民团体推举代表,排队到中央党部请愿,凡数十人。众推彭泽民出面接见,与谈来意。其称:武昌沿河大堤年久失修,危险日甚,一旦防汛期间,几省地方数百万人民皆寝食不安,如大难将至,万一崩塌则人同鱼鳖,庐屋为墟。他们代表民意,请求迅速安排修理江堤,以防大患,全省人民喜得国府开府武汉,极希望政府修好此堤以安民众,自当戴德不忘。语极恳切。彭泽民表示接受众意,回去报告中央,各委员大受感动,当即指派数人随同代表数人先往探视,环行堤面一周。发现有些堤身倾泻,水流湍急,站立在江堤之上,稍觉有些震动。翌日,将情况转达中央,大家都认为非从速修理不可。复使代表回报,推举熟识修堤人才多人,中央也派出湖北籍委员数人,联同磋议修堤方法。

过了几天,他们已拟定修堤办法,并且估算出需用人力及用款数量、修理时间,编制出一个草案交到中央决定。见到预算修堤需款300万元,初抵武汉的中委们面有难色,提议请高等顾问鲍罗廷出席共商。鲍罗廷言,全国关税总办安迪生刚来汉口,明日可联同几位中委去见他,要他把关税存款拨出一笔钱来。这关税存款原本要全国统一后,政府才能提支,今以救灾情急,事关民命,以大义与谈,自无不允之理。翌日开会,听到他们的回报,果然得到安迪生应允,拨交修堤费400万元,即指派专员结合当地民众代表成立修堤委员会,召集民工修理危堤。结果,因武汉政变,修堤之举如何?有无完成?已无从听到了。

第4章 三 革 命

北伐战争,是国共两党合力推动下的由工人、农民、小资产阶级和一部分民族资产阶级组成的民族统一战线的革命战争。从当时全国革命形势高潮看来,本来可以顺利地发展下去,但结果没有获得圆满成功。其主要原因就是革命队伍里面有了以蒋介石为首的代表大地主与大买办资产阶级的反动集团,勾结着帝国主义从中破坏与叛变。当蒋介石反动派在上海发动"四一二"大屠杀,公开叛变革命后,武汉的国民政府曾经下令讨伐他,可是由于武汉内部革命力量不纯,隐藏了以汪精卫为首的假革命分子,使得讨伐命令不能贯彻下去,因而没能挽救革命的大好形势。后来由于他们的附逆和出卖,革命的北伐终为反革命势力所攻破,造成了第一次国共合作的大革命失败。

4.1 奋起政治抗争

1926年9月9日,在北伐军收复武汉三镇指日可待的情况下,蒋介石明确提出将武汉作为临时首都。后经一再坚持,国民党中央政治会议于9月18日召开第二十二次会议,作出了原则上迁都武汉的决定。9月13日,先期到达汉口的国民党中执会委员和国民政府委员组成联席会议,作为临时最高权力机构。11月26日,国民党中央政治委员会正式决定迁都武汉。12月2日,在蒋介石的主持下,在江西庐山举行中央执行委员会临时会议,会议期间蒋介石非正式地提出将南昌作为临时首都,与会人员大都拒绝了。但部分大员自广州起程赴武汉中,却被留滞于南昌,未经武汉联席会议讨论同意,蒋介石即在南昌召开了中央政治会议临时会议,决定了党部和国民政府暂驻南昌,然武汉联席会议不认同此次决定。由此,在迁都的问题上,武汉、南昌间产生了严重矛盾。

1927年1月7日,在南昌召开的中央政治会议第七次临时会议,决定成立武汉政治分会和成立湖北省政府,这显然贬低了武汉联席会议的地位。1月12日,蒋介石抵达武汉后,要求联席会议同意将中央政治会议留在南昌,联席会议坚持定都武汉,双方为此进行了激烈的争论。因为国民政府主席、国民党中常会主席、中央政治会议主席、军事委员会主席、国民革命军总司令都不在武汉,而且不少中央执行委员、国民政府委员、军事委员会委员、政治委员会委员被蒋介石遮挽在南昌。武汉联席会议成员只是由一批具有荣誉性和事务性的人士担任。所以,无论从组织结构上,还是从军事实力上,武汉方面都不可与南昌方面匹敌。于是,武汉联席会议请汪精卫复职,并积极与武汉地区作战的唐生智、张发奎结盟,以期同蒋介石对抗。在此情况下,筹备召开了中国国民党第二届中央执行委员会第三次全体会议,以限制蒋介石的权力和提高国民党的党权,挫败了蒋介石在南昌建立中央的企图。

3月7日,谭延闿、李烈钧、丁惟汾、陈果夫等到达武汉,随即被接到中央执行委员会第三次全体会议会场。谭延闿称,蒋介石、朱培德11日可到鄂,要求稍等一两天,"候其亲来,则两方意思可以调和"。李烈钧则表示:"希望国民革命早日成功,同志捐除意见。"徐谦报告了联席会议的成立经过,说明中山舰事件以来,党出现了迁就军事的不正常现象,他说:"为今之计,须赶紧纠正。此非对人问题,乃改正制度,使革命得最后之胜利而已。"会议就是否等候蒋、朱二人,将第三次全体会议延期至11日召开,进行了讨论。

彭泽民、吴玉章、于树德、毛泽东、恽代英、顾孟馀等认为到会人数已足,不能再延,一致要求当日正式开会。彭泽民说:"(原定3月1日开会),展至3月7日开会,曾报告各党部,及在报纸上发表,人人皆知今日开会。如俟南昌同志全来,则迁延又不开会,实属错误。现在口号'打倒独裁,打倒个人专政',因蒋、朱又不能来,而再展期开会,岂不犯了个人独裁之嫌吗?""自开会议来,绝无等人来,而始决议之先例。"吴玉章说:"革命是共同工作的革命,不能由一二人的意思来指挥,不可使蒋同志因此而生错误。若一展再展,诚属非计。"此后,会议就是否已足法定人数进行讨论。谭延闿与吴玉章针锋相对,会议气氛紧张起来。在主席询问是否付表决时,李烈钧宣布退席,致使会议气氛更显紧张。为了圆场,会议采纳徐谦建议,将当日会议作为预备会。8日为小组提案委员会活动,9日为全体提案审查会。

3月10日至17日,武汉方面在汉口南洋大楼三楼正式召开了国民党二届三中全会,会议共通过了决议案20项,宣言及训令3份,旨在限制蒋介石个人独裁。除3月12日与会人员分头参加纪念孙中山先生逝世两周年活动外,共召开了七次会议。会议的主要成果可以归纳为以下几方面:

一、充分肯定"临时联席会议"成立的必要性及其工作成绩。会议明确指出,该会"系适合革命利益,应付革命时机,代表中央权力之必要组织",认为它领导群众进攻帝国主义,收回租界,因而大大提高了国民政府的权威,针锋相对地否定了蒋介石对"临时联席会议"的指责。

二、恢复和提高党权,采取了防止个人独裁和军事专政的新集体领导体制。国民党二届二中全会以后,党内实行主席制,蒋介石借此集权于一身,凌驾于全党之上。此次会上,主席制成为集矢对象。徐谦批评其"只见个人权利,不见党的威权"。孙科称:"以主席为惟一领袖,并且兼为军事领导。此种封建思想对于党内党外皆有影响,渐次便成独裁制度。"江苏省党部代表张曙时与安徽、直隶(后改为河北省)、山西、河南四省党部代表联合提出《请取消主席制度案》,认为"有主席一日,党内就一日不宁,革命前途有很大之危险"。会议通过的《统一领导机关案》确定不设主席,在中央执行委员会议前后,由常务委员会"对党务、政治、军事行使最终议决权",同时设立政治委员会、军事委员会。政治委员会审议政治问题,议决后"交由中央执行委员会指导国民政府执行"。军事委员会由中央委员中的高级军官和未任军职的中央委员两部分人组成,其中7人组成主席团;主席团之决议及命令,须有4人签名方能生效;总司令、前敌总指挥、军长等,须军委会提出,由中央委员会任命。为了防止个人干预外交,会议通过的《统一外交决议案》规定:党员不得擅自变更外交主张,或直接、间接与列强接洽任何事宜;政府职员不得私自与帝国主义接洽或进行秘密交涉;所有外交人员均由外交部直接任免。为了防止个人干预财政,会议又通过《统一财政决议案》,规定"集中各省财政管理权于财政部"。此外,为了改变蒋介石利用黄埔军校培植私人势力的状况,会议还采纳彭泽民的意见——《关于军事政治学校之提案》,规定军事政治学校均改校长制为委员制。

三、坚持并重申中国民党"一大"所确定的路线和政策,强调了农民问题的重要性。会议通过的《对全国人民宣言》提出:"要用种种方法继续援助工人、农民和城市一般民众的革命运动及改良他们本身生活的争斗。"《宣言》表示,将设立农政部及劳工部,实现本党的农工政策。讨论中,孙科说:"革命根本问题为农民解放问题。中国人民中百分之七八十为农民,如农民解放运动做不到,国民革命即难成功。"邓演达说:"乡村农民之兴起,参加政治斗争,打碎封建思想,其结果非常伟大。"他热情肯定了湖南、湖北、河南等地农民运动的成绩,认为"如旁观或制止即系自杀";主张由大会宣言,"令农民放胆去做"。关于农民问题,会议除通过《农民问题决议案》外,又通过了《对全国农民宣言》。此外,为了镇压农村反动势力,会议还批准了董必武代表湖北省党部提出的《湖北省惩治土豪劣绅暂行条例》与《湖北省审判土豪劣绅暂行条例》。

四、否定非法选举,打击右派势力。1926年12月,广东省党部召开代表大会,选举省党部执行委员。在陈果夫的操纵下,以中央名义指定若干人加入预选,然后再以政治会议广州分会名义圈定15人,结果使右派当权。其后的江西省和广州特别市党部选举,都存在类似情况。为此,会议不顾陈果夫的抗辩,通过了张曙时等人的提案,指出上述选举"违背总章,应由常务委员会令其从速改选"。会议并接受暹罗(泰国)支部控告,批评右派萧佛成的言论与行为,决定停止其中央委员职权,解除其在暹罗的一切职务。

五、改选中央常务委员、各部部长、政治委员会、军事委员会、国民政府委员会,组成了新的党、政领导机构。蒋介石虽然还担任常务委员、军事委员、军事委员会主席团委员、国民政府委员等四项职务,但已从权力高峰上跌落下来,而汪精卫的权位则大大提高。

总的来看，国民党二届三中全会否决了关于定都南昌的决议；通过了维护孙中山"联俄、联共、扶助农工"三大政策及提高党权、反对军事独裁等决议；并且改变领导体制，撤销了蒋介石所担任的国民党中央常务委员会主席职务。选举了9名政治会议当然委员，17名中执会军事委员会委员，28名国民政府委员，国民党左派和中共成员占有相当比例，基本控制了党政大权，汪精卫的地位和权力得到重新肯定和提高，蒋介石的地位和权力受到了限制。3月20日，国民政府委员在武昌举行就职宣誓，新的一届国民政府正式成立，二届三中全会似乎功德圆满了。但是，因蒋介石此时掌握着国民革命军的主要军事权力，这次会议决定对他产生的制约作用有限。

☆ 1927年3月10日，汉口，中国国民党第二届中央执行委员第三次全体会议合影纪念。前排右起：吴玉章、经亨颐、陈友仁、宋子文、(孙)宋庆龄、孙科、谭延闿、徐谦、顾孟馀、丁惟汾；第二排右起：朱霁青、林祖涵(伯渠)、毛泽东、彭泽民、于树德、陈其瑗、邓懋修、丁超五、董必武、江浩；后排右起：谢晋、许甦魂、邓演达、恽代英、陈公博、詹大悲、夏曦、王法勤、王乐平、周启刚。

这次会上，彭泽民同宋庆龄、何香凝、邓演达、毛泽东、吴玉章、董必武等一起,取得了反击国民党蒋介石新右派的重大胜利。彭泽民继续当选为中央执行委员会委员和国民政府委员,继续担任中央海外部部长。

3月10日下午二时,会议正式开幕,共有33位出席,其中中执委18位、候补中执委11位、候补监察委4位,由谭延闿、徐谦、孙科、宋庆龄和顾孟馀5人组成主席团。在完成前面三项议程后,休息20分钟,委员们合影留念,毛泽东特地把彭泽民拉到身边,两人站在一起合影,这使彭泽民十分高兴。在此之后,彭泽民虽然长期辗转流离,多次经历反动派查抄,但这幅照片,他始终精心珍藏着,直到新中国成立后,在北京定居下来,他才把这幅照片赠予中央革命博物馆(筹)。

虽然汪精卫尚未回国,但是,在这次会上,他仍被推为国民党中央常务委员、组织部部长、政治委员会主席团委员、军事委员会主席团委员及国民政府常务委员等,一跃成为武汉国民政府党、政、军的领袖人物。早在1926年10月中旬,国民党中央执行委员会和各省市党部代表在广州召开联席会议上,就通过了一项《请汪复职决议案》。1927年2月21日,在武汉中国国民党中央执行委员会与国民政府委员临时联席会议上,又通过了《请汪精卫销假复职》的提案。在一片"迎汪复职"的热烈声浪背景下,汪精卫离开法国,取道柏林、莫斯科,于4月1日抵达上海。4月10日,汪精卫抵达武汉,迎接他的是一片欢呼声,为了迎合人们的心理,他立即在一个刊物上旗帜鲜明地题词:"中国国民革命到了一个严重的时期了,革命的往左边来,不革命的快走开去。"可是,三个月刚过,汪精卫就从极左转向极右,进而变成了反对革命。于是,他成了"七一五""分共"的元凶。

国民党二届三中全会以后,蒋介石破坏国共合作的反共活动变本加厉,发动了一系列的反共暴行。4月,正当革命形势有望进一步发展之时,执掌北伐军指挥大权的蒋介石,在上海制造骇人听闻的"四一二"大屠杀,逮捕和屠杀了大批共产党员和革命群众,彻底暴露其反革命面目。随后,广东、江苏、浙江等地也相继发生反革命大屠杀,东南各省一片血雨腥风,武汉形势严峻,白色恐怖顿时笼罩全国。4月18日,蒋介石在南京建立反革命的"国民政府",同武汉国民政府相对抗。翌日,南京国民政府发布第一号命令,通缉鲍罗廷、陈独秀、毛泽东、吴玉章、邓

演达、彭泽民等共 197 人。蒋介石悍然发动反革命政变的行径,激起共产党人和国民党左派人士的极大愤慨。

在革命形势十分危急之时,4 月 18 日,彭泽民参加了国民党中央政治委员会在汉口举行的会议。他与宋庆龄、吴玉章、陈友仁、谭平山、邓演达等一起,通过了关于蒋介石反革命罪状的中央训令及宣言,并作出了撤销蒋介石职务的决定。22 日,宋庆龄、邓演达、毛泽东、林伯渠、吴玉章、董必武、恽代英和彭泽民等在内的共 44 名中央执委、国府委员、军事委员,一起联合发表《讨蒋通电》,号召革命群众"依照中央命令,去此总理之叛徒、本党之败类、民族之蟊贼"。23 日,国民党中央军事政治学校各期学生召集武汉各界,在阅马场举行讨蒋大会。彭泽民应邀在大会上发表演讲:"我们要打倒帝国主义,蒋介石勾结帝国主义;我们要解放农工,蒋介石竟摧残农工。我们要革命,要拥护孙总理三大政策,非打倒蒋介石不可!"

5 月 3 日,彭泽民应邀到湖北省党部作政治报告,揭露、声讨蒋介石、张作霖等屠杀革命群众的反革命罪行。5 月 13 日,彭泽民签署了《海外部紧急通告》,声讨并揭露蒋介石及其爪牙勾结帝国主义和国内反动派,屠杀爱国华侨,捣毁广州华侨协会和海外部留守处,抢劫华侨支援北伐战争的捐款和财物等血腥罪行,号召海外各党部和各华侨团体一致声讨蒋介石,肃清一切反动派。彭泽民牢牢抓住斗争优势,及时主持召开华侨协会第二次代表大会,指出今后华侨协会主要任务是:打倒蒋介石,反对帝国主义干涉中国,保卫革命成果。

在签署《海外部紧急通告》后一天,彭泽民途中遇见邓演达,邓演达笑着对他说:"你为什么辞职呢?"

彭泽民问:"是谁告诉你(的)?"

邓演达从公事包中取出一份报纸,递给他看,在显著的地方发表:彭泽民因事辞职,遗缺以萧佛成署理,萧佛成未到任前,以李烈钧暂署。彭泽民愕住了,邓演达对他说:"这是南昌的报纸,南昌每张报纸都有同样记载。大家一笑置之。"

是日,中委联席例会,彭泽民以此事报告并说:"我的职务并不是在南昌任命,也不能向南昌辞退的,不知何故南昌各报有此记载?"各委员一致说:"你不管他,照常办公吧!"彭泽民则继续在南洋大楼顶楼办公。

5月17日,驻宜昌的夏斗寅,率国民革命军独立十四师进攻武汉,发表反共通电。中共中央果断命令武汉卫戍司令叶挺率部平叛,两天即把叛军击退。武汉三镇举行声讨夏斗寅大会,彭泽民出席了武昌方面的大会,他严正指出:"夏逆叛变,毫不足惧!"号召民众遵守革命纪律,拥护武汉国民政府,坚决与反动派作斗争。其间,彭泽民为了揭发国内反动派,发动海外华侨为维护国共合作、维护孙中山的三大政策而斗争。

5月28日,在宴请太平洋劳动会议代表的会上,彭泽民发表了讲话,希望各国代表回国后,将蒋介石叛乱的罪行明白地向华侨宣告,使他们了解蒋介石与帝国主义勾结的真相。他还希望各国无产阶级,支持和援助华侨反对帝国主义压迫、反对不平等条约和不平等待遇的正义斗争。在革命与反革命不断斗争的关头,彭泽民毫不畏惧,挺身而出,这一方面表明了他是深受孙中山革命思想熏陶,又长期与帝国主义、反动派斗争的国民党左派;另一方面是因为有中共领导的千百万英勇奋斗、不怕牺牲的中国人民作坚强后盾。

鉴于形势日益恶化,国共分裂迫在眉睫,邓演达曾分别和宋庆龄、谭平山、彭泽民等商议,"相约集合同志,为继承孙中山的遗教而奋斗到底"。计划抛开汪精卫等,以国民党左派和共产党人为基础改组国民党,容纳共产党的主张,组织革命行动委员会,继续领导国民革命。然而,组党活动未及进行,大革命的失败已无可挽回。

4.2 反对汪氏"分共"

蒋介石叛变革命后,武汉汪精卫集团也蠢蠢欲动。6月10日,汪精卫赴郑州与冯玉祥等举行会议。之后,汪精卫开始煽动"分共",并支持唐生智的主力部队调转枪口,镇压工农运动,武汉地区反革命气焰嚣张。幕后交易表明:蒋汪携手,宁汉合流,反共反苏。国共两党合作全面破裂如箭在弦上,已经到了即将摊牌的最后时刻。

彭泽民听闻此事,心急如焚,立即找汪精卫,问:"外传国共分家,可有无此事?"

汪精卫甩出一句话辩解说:"不是我们要分人家,乃是人家要分我

们的家!"说着,从抽屉里拿出一份电文,递给彭泽民看。这是一份由共产国际斯大林于5月31日发给武汉鲍罗廷与罗易的电报指示。罗易是年初,奉共产国际之命前往中国,任共产国际驻中国代表团团长,负责指导中国革命,他于4月初,早汪精卫几天抵达武汉。对于这份电文,在鲍罗廷认为它"荒唐可笑",且作敷衍了事处理后,罗易作最后努力,于6月下旬才决定将这份电文送交汪精卫。电文上写着"须即成立工农革命军""速成立军事裁判委员会""实行土地收归国有"等内容。

彭泽民阅毕,说:"我看此电文没有分家的意思!"

汪精卫听罢,脸色铁青,大声叫道:"你何糊涂至此!你是国民党人吗?你看这电文不是要消灭国民党吗?组织工农革命军,不是完全要听共产党支配吗?成立军事裁判委员会,不是要我们自己杀自己同志吗?土地收归国有,不是要实行共产吗?"

汪精卫的一番言论,彭泽民听了,却不以为然,他不紧不慢地说:"我认为不致如此严重。先生要明白,现在是两党合作,凡事尽可共同磋商,不可两相猜忌!否则,将何谈合作?"

汪精卫怒不可遏,指着彭泽民责备道:"你是本党老同志,尚且如此!难怪许多人说你叛党投共了!"

彭泽民从容自若地说:"我只是遵照孙先生的旨意,在做国共合作之事,叛党的不是我,怕另有人在。"说完即起身告辞。

汪精卫叫住他:"你先别走……"

彭泽民停住脚步,回过头来,不等汪精卫说话,又问:"听人讲,宁汉两方将要合作,此话是否属实?"

汪精卫矢口否认:"此乃传言,并无此事。"

彭泽民郑重地说:"若有此举,则中央威信扫地!惩戒的墨迹未干,又与叛者合作,国民党的前途不堪问了!"

彭泽民的话,击中了汪精卫要害,汪精卫面红耳赤,无言以对。

彭泽民平静地说:"我与你二十多年同志,向来言无不和。先生今此之见,我绝不赞同!若先生坚持如此,我以为切切不可。我是一个海外华侨,政治经验远不及先生。我自知力薄识浅,不能有为,不能协助!只有将一切职务告辞,重返南洋,不复留此,有累先生了!"说罢,大步流星地离去。

蒋介石叛变革命后,即采用内外夹攻的方法来攻击武汉。首先策动夏斗寅、许克祥、何健等率部进行叛乱,接着又策动汪精卫清理共产党。此时武汉国民党中,已有不少附逆分子暗中与蒋介石联系,蒋介石知此辈软弱无能,更乘机派何健加兵,威胁他们就范。

7月14日晚,汪精卫以武汉国民党中央政治委员会主席团名义,同孙科、谭延闿等秘密召集国民党要员,召开座谈会,实际上就是"分共会议"。会上汪精卫提出"分共"政策,说是中央拟定三个问题:一、所有机关部队内部凡属共产党员一概开除职务;二、国民党员不得有跨党行为;三、各党员不得存有共产党书报及文件。座谈会最终接受了汪精卫提出的"分共"主张,决定将《统一本党政策案》和《统一本党政策决议案》,提交国民党中央执行委员会常务委员会扩大会议通过实行。

当时附蒋、附汪的人纷纷讲话,为汪精卫撑腰、呐喊,个个妄指共产党的无理。时任国民革命军第二方面军(由国民革命军第四军扩编而成)总指挥的张发奎列席会议,其所属三个军,即第四军、第十一军、第二十军,过半数是以中共党员为骨干或由中共控制和影响,叶挺、贺龙所率部队均列其中。听到这三个问题后,张发奎起言:"你们这个办法,即是要解决第四军的图谋。明知我第四军将官多是共产党分子,一概除去,这不是要全军解散吗?这次第四军出发北伐是战胜的,何故要如此对待?如果我张某有犯法,只将我个人惩治便得,何必要将全部难为!"说时愤怒不息。汪精卫推其膊肩,说:"向华不必震怒,我们对你定有办法。"并按张坐下。一息之间,张发奎火冒三丈,拿回帽子匆匆去了。

汪精卫问陈友仁:"你的意思如何?"

陈友仁说:"我同孙夫人谈过,和你刚才提出三个问题不同。意思是:一、立刻由中央派人去莫斯科商量国共两党合作方法;二、各机关人员照常供职;三、今日座谈的事一概不发表;四、各机关各同志个人亦不得谈起。"

汪精卫又问彭泽民:"彭同志,你昨日和我谈过,而今你大可发表你的意见。"

彭泽民说:"联俄、联共、扶助农工三大政策,是孙总理遗给我们的,

今总理新亡,我们便变改他的政策,究竟我们是不是更有比较好的政策准备。如果只凭一时意见,就把总理政策更改,将来或有措施,将如何对总理?"

其后何香凝发言,也表示"分共"为不合适,对共产党是希望其反省的,但对农工和"容共"的政策还是赞成的。虽然彭泽民、何香凝、陈友仁及其代表的宋庆龄坚持反对"清党方案",但因势单力薄,"清党方案"终被汪精卫为首的"分共"派强行通过,彭泽民愤然离开会场,并从此与汪精卫彻底决裂。

座谈会散会后,彭泽民眼看国共合作要毁于一旦,满含悲愤。离开会场时,已是深夜12点,他深知共产党人今后的处境将十分危险,不顾个人安危,连夜赶往吴玉章、林伯渠等人住处,通告"分共会议"情况,催促他们及早进行应对突然事变的准备。在这危急的关键时刻,彭泽民采取的紧急措施,使一批共产党员免遭厄难,以实际行动表现出同共产党肝胆相照的高尚品格,对中国革命作出了不可磨灭的贡献。后来吴玉章在传记中记载这一史实如下:7月14日晚上,风声已经很紧了。我深夜还在伯渠同志家里。一会儿,彭泽民来给我们报告了汪精卫当晚召开"分共会议"的情况。我们知道了反革命的浪潮袭来了,决定分别离开汉口。

随后,在天亮前,彭泽民又紧接着去通知海外部内所有的中共党员和进步华侨青年,命他们立即撤退、疏散,并每人发一百大洋疏散费,叮嘱他们行动千万要快,不要犹豫。彭泽民在危急关头果断采取的紧急措施,使一批共同战斗过的共产党员和爱国青年免遭厄难。

时顾孟馀作为宣传部部长,主持《中央日报》中西文版,7月15日,却违背了宋庆龄的意见,把此座谈会经过连日发表,武汉的纷乱因之而起,一帮革命同志开始向南昌集中。

7月15日下午,国民党中央执行委员会在汉口中央党部举行第二届常务委员会第二十次扩大会议,为正式"分共会议"。会议由谭延闿任主席,出席会议的有汪精卫、孙科、谭延闿、顾孟馀、陈公博、程潜、于右任、王法勤、谢晋、经亨颐、詹大悲、潘云超、朱霁青、宋子文、何香凝、彭泽民、邓懋修等17人,兼有国民党籍的共产党员委员一律被排斥在外,不得参加。宋庆龄拒绝出席会议,并发表正气凛然的《为抗议违反孙中山革命原则和政策的声明》,谴责武汉国民党右派违背孙中山的意思和理想,驳斥了汪精卫反对三大政策所作的诡辩,表示同国民党右派彻底决裂。7月17日,宋庆龄离开汉口,返回上海,后于9月上旬抵达莫斯科。

在会上,汪精卫宣读了共产国际5月电文指示:实行土地革命,从下面夺取土地;吸收更多的新的农工领袖参加国民党中央委员会;改变国民党现在的构造;动员2万左右共产党以及湖南、湖北的革命工农,组成可靠的新军队;组织以有声望的国民党人为首的革命军事法庭,惩办反动军官等。

汪精卫即蓄意以此"指示",作为和共产党分家的口实,并以此电文大做文章,发表了长篇讲话。他认为,共产国际提出开展土地革命,由下级没收地主的土地,违背了国民党关于由国民政府下令没收土地的主张,与"三民主义相冲突"。并攻击说湖南是按照共产国际的训令去做的,"怪不得湖南闹成这个样子"。他指责共产国际提出要在国民党的中央委员中"多增加工农领袖""简直是破坏本党的组织"。他攻击共产国际关于武装工农、改造旧军队的指示,"是根本动摇我们的军队"。他歪曲组织以有声望的国民党人为首的革命军事法庭的目的,说什么组织特别法庭,不要共产党同志参加,由老党员组织,就是"让国民党做刽子手"。

汪精卫声称,"综合这五条而论,随便实行哪一条,国民党就完了"!这是共产党"破坏国民党的阴谋"。汪精卫提请会议讨论,决定两个问题:一是派负责任、重要的同志到苏联莫斯科去,重申国民党的联俄政策"乃是三民主义联合共产主义,三民主义的中国联合共产主义的俄国""若是丢开了三民主义那就不是联俄而是降俄了";二是对共产党应采取一个"处置办法",因为"一党之内不能主义与主义冲突、政策与政策冲突,更不能有两个最高机关"。

孙科、顾孟馀、谭延闿等发言,认为"共产党同志加入国民党是要使三民主义共产主义化""将国民党作为共产党的工具",国民党的主义、政策、组织"差不多都受了'容共'的影响"。因此,他们提出,"对于党内的C.P.(共产党)同志,应有处置的方法",不能不对共产党"加以相当的制裁"。对汪精卫的讲话,何香凝、谢晋等人沉默不语,孙科、顾孟馀等

人则附和。而于右任、彭泽民作了不同意见的发言,其中彭泽民发言较于右任更为明确,提出了反对。

彭泽民说:"刚才听到汪精卫报告第三国际的来电,多数人认为不该如此。但是,第三国际领袖在中国者为数不多,犹有鲁易(罗易)其人,宁受该党处分而效忠吾党,即本党中共产分子为本党努力工作者,更不乏其人,如果不分良歹,一概拒绝,未免有些失当。此层似宜考虑。况且汪同志刚说,尚要本党派员赴俄,切实商量联合办法,可见本党与苏俄合作未能一时断绝。对于制裁共产分子,似宜留些余地,不可过火。"

彭泽民的这段话,虽然也有顺着汪精卫的意思说的成分,但其主旨则在于肯定"容共"政策,说明"共产分子为本党努力工作"不乏其人,不应该将其拒之于国民党之外。这自然是在继续维护国共合作,和汪精卫等人唱的是反调。人生在世,随波逐流易,独立不迁难。在一片"分共"喧嚣中,彭泽民敢于发表上述见解,并非易事,在国共离合的历史上,坚持这个观点是极为难能可贵的。

在会议表决时,由于规定出席的12名中央执行委员才有表决权,三条议案表决的结果都是10人举手通过,彭泽民没有一次举手表决赞同。根据汪精卫的提议,会议通过了三项决定:一、在一个月内,召开第四次中央执行委员会全体会议,讨论政治委员会主席团所提出的意见,并解决之;二、第四次中央执行委员会全体会议开会之前,中央党部应裁制一切违反本党主义、政策的言论行动;三、派遣重要的同志前赴苏俄,讨论切实联合办法,其人选由政治委员会决定。汪精卫等控制的武汉国民党中央,决定与共产党决裂,彻底背叛了孙中山制定的国共合作政策和反帝反封建的革命纲领。

彭泽民在参加完有关会议和处置一些安全事项后,为避开反动派的鹰犬,自己觅得一小旅店隐蔽下来。随后,彭泽民便携夫人邓冠梅一起去了江西九江,那里聚集了他很熟悉的中共朋友吴玉章、李立三、恽代英、邓中夏、谭平山等。当获知彭湃、刘伯承、朱德、恽代英等一批大革命时期结识的共产党朋友,在南昌将要举事,便毅然决然随叶挺指挥的部队进入南昌,就此参加南昌的"八一起义"。

随后,汪精卫集团对共产党员和革命群众实行大逮捕、大屠杀。至此,第一次国共合作全面破裂,由国共两党合作发动的大革命宣告失败。大革命虽然失败了,但是大革命时期彭泽民等人同共产党人的友好合作,为他们加深对中国共产党的了解,提供了有利条件。这也为后来第三党走上与中国共产党合作的道路,并逐渐密切关系,奠定了坚实的基础。

4.3 参加南昌起义

第一次国共合作失败后,为了使革命走向复兴,在国民党左派参与支持和以周恩来为首的中共中央前敌委员会领导下,贺龙、叶挺等率领由中共直接掌握和影响下的国民革命军约3万人,在南昌举行"八一"武装起义,向国民党反动派打响了武装反抗的第一枪。

1927年4月19日,张发奎所部划归唐生智第一集团军第四方面军统辖,被编为第四方面军第一纵队,辖第四、第十一军和独立第十五师。该部在河南境内作战,使武汉政府第二次北伐计划得以实现,后班师回鄂。6月15日,武汉政府将张发奎部改编为第二方面军,总指挥为张发奎,辖第四军、第十一军、第二十军。黄琪翔任第四军军长,缪培南任副军长,辖三个师;朱晖日任第十一军军长,叶挺任副军长,辖三个师;贺龙任第二十军军长,周逸群为政治部主任,辖两个师。

7月间,张发奎所部奉武汉政府调令,东征讨蒋。趁此时机,第二十军、第十一军一部分别在贺龙、叶挺指挥下,陆续由涂家埠、九江等地向南昌集中。7月27日,周恩来等到达南昌,随即,中共中央前敌委员会在南昌的江西大旅社正式成立,周恩来任前委书记,成员有李立三、恽代英、彭湃等,领导武装起义之前的紧张准备工作。彭泽民为此很高兴,他们都是在国民党"二大"前后所熟悉的中共朋友。

周恩来除了领导前委,还直接指挥着起义军参谋团。参谋团是起义领导的中枢,委员有刘伯承、贺龙、叶挺、蔡廷锴等。刘伯承刚从四川赶来,是周恩来最得力的助手,担任起义军参谋长,兼任起义军总司令贺龙的副手。彭泽民是首次结识刘伯承,并且起居一处。他比刘年长15岁,彭泽民说的官话,夹杂着难懂的广州方言,刘伯承说话带着浓浓的川腔,两人交流对话时,往往得连估带猜,猜不达意,常常开怀大笑。

叶挺是前敌总指挥,时年31岁,在广州孙中山大元帅府任职时,彭泽民早就认识了他,并相知很深。彭泽民与贺龙虽然首次结识,但"贺龙"这个名字,对他来说早已如雷贯耳。彭泽民说:"当时南昌领导起义的人,年龄都比我小,我有幸和他们在一起。大革命失败后,我的心情很压抑,而他们革命的气魄很大,革命的信心很足,深深感染了我。"

彭泽民在和他们的交谈中了解到,中共在大革命时期,遭蒋、汪背叛并实行残酷镇压的白色恐怖下,决定首举武装起义,并选择起义地点为江西南昌,是非常合适的。当时,南昌周围已集结一大批革命武装力量,其中有中共党员十一军副军长叶挺率领的二十四师,有拥护共产党的二十军军长贺龙统领的部队,还有第三军军官教育团朱德团长率领的部队,在此集结的革命武装总数近3万人。南昌城内外守敌是朱培德五个团和唐生智一个团,虽有一定战斗力,但不过3 000人。论人数可谓我众敌寡,我强敌弱,用周恩来的话说,便是"我们可以说是稳操胜券",当时参加起义的同志都抱有必胜信心。不过,彭泽民也听说,张国焘最初拿出共产国际模棱两可的指令,犹豫作梗,表示反对。但在前敌委员会内经过激烈的讨论后,张国焘也不得不服从多数人的意见,同意起义。

彭泽民虽然不是战斗员,但参加了起义准备工作,精神抖擞地时刻准备着收接起义信号。8月1日夜,上至周恩来、朱德、贺龙、叶挺、刘伯承,下至连排战士,度过了一个不眠之夜。起义部队个个要手臂缠白毛巾,领口系着红布带,手持贴上红十字条的手电筒,熟记"河山统一"的特殊口令。各路部队隐蔽在离敌营不远处露天安营扎寨。枪支架在架上,打开背包,一排排战士静静"入睡"。守敌颇为警惕,派出巡逻队巡逻,一队队接踵往来,不停侦察、搜索,都没发现什么破绽。夜深了,敌营吹号熄灯,官兵呼呼大睡。朱德受命在官邸设晚宴和牌局,拖住守城的几个团长。

8月1日凌晨二时,南昌城内枪炮齐发,火光冲天,冲锋号四面吹响,激战整整5个小时。彭泽民从总指挥部得悉:朱培德精锐部队总指挥部的警卫团全部被俘。贺龙、刘伯承率二十军攻击大营房、老营房等敌之重兵阵地,直逼敌营,敌军就在睡眼朦胧中被缴了枪,当了俘虏。叶挺率部攻打松柏巷天主教堂、匡庐中学、贡院、城北牛行车站之敌,敌人利用坚固工事、复杂地形以及临近河湖优势,挣扎顽抗,起义军指战员个个冲锋在前,不避危险。朱德统率的学员兵,也参与了战斗,个个舍生忘死,杀向敌人。聂荣臻负责在南浔铁路的马回岭一带,率起义军周士第等部队拦截张发奎专列,把张发奎卫队营五六百人全部缴械,经过一些宣传教育后,张发奎卫队的一些士官甚至掉转枪口,转变成起义军。在总指挥部,周恩来掌控敌我双方全部动态,他全神贯注,调兵遣将,指挥若定,把握全局,直到胜利。

清晨,战斗结束,起义大获成功。上午9时,在原省政府西花厅,彭泽民出席了由起义前敌委员会召开的国民党中央委员会、各省区特别市和海外各党部代表联席会议。彭泽民亲眼看到中国共产党对国民党反动派打响的第一枪,亲耳听到周恩来异常激动的发言:"革命靠军阀的部队是靠不住的!我们必须建立自己的武装来打倒反革命!现在我们起义成功了!这里的军队归共产党领导!"

在联席会议上,叶挺报告了南昌起义的经过,随后会议决定成立了最高权力机关——中国国民党革命委员会。会议推举宋庆龄、邓演达(二人均未到南昌)、张发奎、谭平山、于右任、陈友仁、何香凝、吴玉章、彭泽民、林祖涵(林伯渠)、贺龙、郭沫若、苏兆征、江浩、黄琪翔、恽代英、朱晖日、叶挺、周恩来、张国焘、张曙时、李立三、彭湃、经亨颐、徐特立等人为委员。由宋庆龄、邓演达、谭平山、张发奎、贺龙、郭沫若、恽代英等人组成主席团,谭平山为革命委员会委员长。并以宋庆龄等名义发表《中央委员宣言》,指出蒋介石、汪精卫等曲解三民主义,已成为孙中山事业的罪人。中国国民党革命委员会决定,起义军仍沿用国民革命军第二方面军番号,贺龙兼代第二方面军总指挥,叶挺兼代第二方面军前敌总指挥。

翌日,南昌《民国日报》即发表由中共党员和国民党左派22人署名的《中央委员宣言》,宣言明确宣布要继承北伐革命没有完成的事业,反对帝国主义,打倒新旧军阀,实行耕者有其田的政策。《宣言》义正词严地揭露了蒋介石、汪精卫两个反动集团的一系列叛变行径,指出:"武汉和南京所属党部政府皆已经成为新军阀的工具,曲解三民主义,毁弃三大政策,为总理之罪人,国民革命之罪人。"号召全国同志"与一切假冒

本党革命名义者坚决奋斗"。同时,发布了对蒋介石、汪精卫的通缉令。彭泽民也在署名之中,他郑重宣告与蒋介石、汪精卫彻底决裂。

8月2日下午一时,在南昌贡院旁侧广场举行群众大会,南昌城工、农、兵、学、商各界数万人参加,庆祝八一起义胜利和革命委员会宣誓就职,彭泽民站在他们面前庄严宣誓:"余誓以至诚,恪守总理遗训,根据本党主义以及政策及各次大会决议履行革命职责。为全国大多数民众利益奋斗到底,决不妥协,完成国民革命。如违背誓言,愿受本党最严厉的处罚。此誓。"彭泽民一生,面对民众发誓,仅此一次,他做到了至死不渝。

起义后,中共前敌委员会对起义军进行了整编,并新设党代表,全军共16个团3万多人,一支由中国共产党独立领导的、为广大人民群众利益而战的革命武装部队,从此诞生。南昌起义,打响了向国民党反革命武装斗争的第一枪,国民党反动派各集团大为震惊,蒋介石、汪精卫立即调兵遣将,迅速调集主力向南昌逼近,进行"讨伐"。起义军在敌我力量悬殊的情况下,于8月3日至6日分批撤出南昌,原计划沿抚河南下,经江西瑞金、寻邬(寻乌)进入广东省,向广东进军,攻占群众革命基础较好的东江地区,依靠海口取得国际援助,然后再夺取广州,恢复广东革命根据地,取得共产国际外援,组织力量重新北伐。蒋介石、汪精卫不肯罢休,很快便动员集结手下大批人马,与李济深、陈济棠、张发奎、钱大钧、黄绍竑等部,一面包围南昌,一面在江西、广东围追堵截,妄图消灭这支新生的革命队伍。

4.4 随军南下广东

从南昌到广东东江地区,有两条路线:一条是大路,经吉安、赣州、韶关、广州进入惠州地区;另一条是小路,取道临川、会昌、寻邬进入梅县地区。当总指挥部决定走小路时,刘伯承担心彭泽民的身体,劝他乘车走大路,彭泽民说:"我的身体很好,与部队在一起,还能做点事。"彭泽民与夫人邓冠梅,被安排随叶挺的二十四师一同南下。

起义部队出发前,叶挺亲自前来看望彭泽民夫妇,关心他们南下的准备工作,还送来一顶轿子供他们行军使用,并指派一名警卫员随行,以便保卫和照料他们夫妇。彭泽民虽然年过半百,但他坚决退回轿子,留作军部军需使用,自己则抖起精神,始终随部队一路向前步行。沿途中,彭泽民不断地向部队官兵做战斗动员,不时运用他掌握的中医技能救治伤病员,夫人邓冠梅亲自为伤病员熬药喂药,把途中叶挺送来为他们服务的军马,也用于驮运伤病员,他们夫妇为战士服务的精神,令广大官兵钦佩。有时,叶挺将军约彭泽民夫妇一起吃早点,偶尔享受一下麦片粥,这是行军路上极为难得的食品,是北伐时华侨所赠食品,这也是他们难得在一起交流的时刻。

部队进至宜黄,总指挥部召开连级以上军官会议,在几位领导人讲话后,当会议主持人介绍并请这位须发斑白、微呈老态的彭泽民讲话时,顿时台下一片惊异之声。站在会议的主席台上,彭泽民痛斥蒋介石、汪精卫及其一伙,背叛孙中山先生"三大政策"的罪行,愤怒地呼喊"清党!清党!清他们的狐群狗党"!激起与会人员强烈愤慨,顿时全场上下响起一片"打倒蒋介石!""打倒汪精卫!"的口号声,它像一股强劲的清风,吹走广大指战员的疲劳,鼓起了他们勇敢战斗的信心。

两次会昌大捷后,起义军回师瑞金。在一个夕阳将下的傍晚,队伍在河滩上集合,叶挺陪同彭泽民来到队列前,他向大家介绍彭泽民后,请彭泽民讲话。彭泽民首先十分高兴地祝贺大军在对国民党军的堵截追击战斗中取得的胜利,他神采飞扬地向部队指战员讲:"我前几天听到你们打败了钱大钧和黄绍竑,我也不觉得老了。"接着,他又一次痛斥蒋介石、汪精卫一伙,背叛孙中山先生"三大政策"、背叛革命,尤其是讲到他们"清党"的罪行后,又加重语气,和在宜黄一样,愤怒地呼喊"清党!清党!清他们的狐群狗党"!队伍顿时又掀起一阵激昂的"打倒蒋介石!""打倒汪精卫!"口号声。那时,南方气候炎热,大家听了彭泽民一席讲话,感觉神清气爽。在一片欢呼声中,他同叶挺一道消失在夜幕之中。

面对行军的艰苦,彭泽民是乐观的、泰然的。行军至汀州,已历月余,赶上中秋节。尽管山高林密,但行军速度很快,情绪高昂。南下征途,多数时间的最大困难还是部队给养问题,常常是吃了上顿没下顿,饥肠辘辘,不少官兵患上疟疾,寒热交困,头晕目眩,又缺少医药。在这

种艰苦的条件下,许多中共党员发挥出先锋模范作用,感染着周围的人。彭湃就是其中一位,无论行军打仗多苦多累,他依然最活跃,满脸笑容,说话幽默风趣,且边行边唱,一路民谣、山歌,唱个不停,引起阵阵笑声。所以,大家尊称他是"快乐之神"。一次,彭泽民见他走过来,便拽他的衣袖,轻轻地说:"湃哥,肚饿!"彭泽民虽比彭湃年长,出于对他的敬重,向来都尊称他为"湃哥"。彭湃便从口袋里掏出一把黑枣,你一个我一个,高兴地吃起来。彭泽民就在革命的实践中,跟随中国共产党,向中共党员学习,磨炼自己的革命意志。

起义军刚从南昌激战中撤下,即开始长途跋涉,劳师南下远征,艰苦异常。他们除了要面对因没有根据地难寻给养等窘境,还要面对枪支弹药等物资要靠肩挑、马驮、轿抬等运输困难,更要面对集结于赣粤的全副武装、给养充足的数十万围堵之敌,随时可能遭遇伏击。为了避免走大道遭遇强敌,不得不取道赣东、闽西山区,那里崇山峻岭,道路崎岖,山越爬越险,路越走越难。时正盛夏,时而骄阳似火,时而倾盆大雨,若遇山洪暴发,则道路淤塞,桥梁折断。在这样天气炎热、给养困难的情况下,即使部队中多是青壮年,仍深感长途行军之苦,而彭泽民已年过半百,却以普通一兵的身份随军当医生,他和官兵一同步行。50多天的行军战斗生活中,彭泽民始终精神饱满,跟随着队伍一路前进,直至广东海陆丰地区。

当年担任起义军总政治部宣传处处长的朱其华,后来著文道:"中央海外部部长彭泽民,年纪虽还没有满六十,但头发已全部白了!他的瘦长身材走起路来,似乎特别辛苦,只见他喘气,还带了一位年龄和他相仿的夫人。这对老夫妇,实在是我们军队里最可怜的人物!他们生长在海外,怕有生以来还没有吃过这种苦罢!在路上既没有马,也没有轿,也要跟着我们翻山越岭。"萧克后来也在回忆文章中写道:"一甲子过去了,彭泽民先生在我的心中留下的影像,仍极为明朗。"

起义军进入广东境内时,面对强敌,曾两次分兵攻敌。到9月底,以6 000官兵大战15 000敌人于汾水,经过双方鏖战,敌人伤亡惨重,起义军也消耗了大量战斗力,贺龙、叶挺下令撤退,但9月30日遭到黄绍竑、陈济棠反扑,起义军遭受严重失败。10月3日,在广东普宁流沙镇天主教堂里,中共前敌委员会召开最后一次会议,参加者有周恩来、李立三、恽代英、彭湃、贺龙、叶挺、刘伯承、聂荣臻、吴玉章、林伯渠等,彭泽民也参加了会议。会议决定:一、正式取消国民党的旗号,打出红旗;二、革委会成员分散回到各省活动,军队撤往海陆丰,会合农军坚持斗争;三、军事将领和其他非武装人员或随军行动,或转赴香港、上海。

周恩来在布置善后工作时,对彭泽民和其他国民党左派大员说:"你们这些先生还不走啊!现在奉中共中央的命令,我们中国共产党不再用中国国民党这面旗帜了,将在苏维埃这面旗帜之下,单独地干下去。现在中国国民党革命委员会事实上已不存在了,各位先生愿脱离队伍的,就在这里分手吧!"彭泽民便回答道:"那也好,就这么办吧!"周恩来虽宣布从此要摘下国民党左派旗帜,但在撤退的危急关头,仍嘱咐下属要照顾好彭泽民。10月上旬,在中共组织的安排下,于一个漆黑的夜里,彭泽民夫妇同叶挺、刘伯承、李立三、恽代英、张国焘等人,先后从陆丰甲子港搭乘木船去了香港。在顺利脱险分手时,张国焘曾拉着彭泽民的手说:"毋忘今日的结合!"

八一起义是成功的,但起义后南征却遭受挫折和失利。尽管如此,中国共产党领导的工农革命运动进入一个新时期,这对于彭泽民来说,也是一个新的起点。彭泽民曾撰文道:"大军所到,沿途人民无不热烈欢迎。9月间到汕头后,有些同志提出,在目前形势下,需要暂时分散活动。他们认为我是从事海外华侨工作的,留在军队里作用不大,所以要我到香港去从事联络华侨。此后20多年来,我虽然没有能够和人民解放军在一起生活,但我的心始终是和人民解放军紧紧地结合在一起的。20多年来,我仍然本着过去坚持的革命精神,继续进行反蒋反帝,就是由于我始终没有忘记,我曾参加过八一起义。"

1927年9月15日,蒋介石、汪精卫合流后的"国民党中央执行和监察委员会"在南京召开的"联席会议"上,由于彭泽民参加南昌"八一起义",以"附逆有拓"为由,将邓演达、彭泽民实施"永远开除党籍、通缉归案严办"的处罚。从此,彭泽民在国内失去立足之地。而在1925年彭泽民返回国内之前,马来亚英殖民当局曾对其发出"驱逐出境令",因而也无返回南洋之退路。由于被通缉,彭泽民在广州的家产被查抄,一笔在广州的存款也被没收,那是海外亲戚千方百计代为处理的最后财产,使得留守在广州的一家老小生活陷入绝境。当妻子翁会巧目睹全城风声鹤唳、血染珠江后,果敢地领着全家老少,趁星夜赶乘粤港轮,逃离虎口,到达香港,终于躲过一场血腥灾难。一家人团聚后,彭泽民化名何君勉,人称"梅五叔",不得已在香港开始了长达20年的政治流亡生活。

4.5　夫人邓冠梅

邓冠梅,一个农民的女儿,在1909年和彭泽民结婚后,便一起远涉重洋,到吉隆坡谋生。邓冠梅更没料到,她的一生,会是不声不响地跟随丈夫干革命的一生,这固然是受彭泽民革命思想、言行的影响,也与她的生性本质是分不开的

☆ 彭泽民与夫人邓冠梅

一则,她为革命能与丈夫共患难担风险。1926年12月,因国民党要北迁武汉,彭泽民夫妇和何香凝等从广州出发北上。当时北伐征程十分坎坷,北上人员先乘火车到韶关,再乘小船到南雄,在充满污秽的大庙里席地而卧,休息了一夜。以后的旅途,或跋山涉水,或风雨交加,

或激流险滩,他们都不计较艰苦,毫无惧色,只求革命成功。他们一行到达南昌后,蒋介石不发通行证,被强留下来,后与蒋介石一行,经九江乘船到达武汉。在武汉,彭泽民夫妇坚持住小客栈,不辞辛劳,积极参加一切活动。在蒋介石、汪精卫相继叛变革命后,彭泽民与他们开展了坚决的斗争,与他们实行了彻底决裂,毅然决然地投入中共主导的南昌八一起义之中。在这场激烈的斗争中,邓冠梅毫不畏惧,绝不犹豫,随着叶挺的铁军,短发戎装,冒着炮火前进!彭泽民深切追忆同他并肩参加南昌起义的夫人,为她写下了《怀旧汀洲月》这首诗①:

> 年年秋夜月,
> 胡独记汀洲;
> 讨逆兴师切,
> 仓遑挈妇投。
> 蟾光环照远,
> 鸳侣力相周;
> 声影惊庞吠,
> 驰驱急骏筹。
> 军书唯竞进,
> 士气莫能休;
> 联骑穿丛莽,
> 行歌互唱酬。
> 鸡窗茅店寂,
> 鸿爪雪泥幽;
> 陈迹虽云渺,
> 清晖却永留。

再则,邓冠梅为人坦率热情,为革命乐于慷慨捐输。在南洋时,彭泽民经常为宣传革命,筹措革命经费,加之组织志同道合的青年回国参加革命起义,日夜奔跑,不遗余力。邓冠梅对之十分同情与支持,如有

---

① 洲系州误——著者注。

  一次为革命捐款,正好家中无余款,她立刻主动拿出唯一剩下的金饰——金手镯一双,作为捐献。那时,彭家住在吉隆坡郊区,常有同志来聚会,邓冠梅无论白天还是夜晚,总是热情地杀鸡宰鸭招待他们,或有革命同志从国内逃难出来,她也十分热情招待和帮助。邓冠梅是一位勤劳简朴的女性,早期家境不够宽裕,她曾自己动手用椰皮扎制笤帚、养鸡养鸭,也曾把自己劳动获得的物品挑担上街叫卖。后来,彭泽民购置了一个橡胶园,屋前是一片椰子树与果树,屋后遍山橡胶树,尽管邓冠梅已有三四个孩子,直至后来有五六个孩子,但是她都是起早摸黑地干活,熟悉割胶、收胶、压片、晾干、销售等一系列程序,努力经营着橡胶园。为全家生活,她还要打柴、炊煮、缝补、清洁,许多家务亲力亲为,操持辛苦一生。

  这次艰难北上武汉,接着又参加八一南昌起义,随军南下,邓冠梅一直陪伴在彭泽民身边,出生入死。随起义部队行军8天之后,当他们到达抚州中学正准备休息时,一进门,邓冠梅便累倒了,不能行走。后来叶挺把他们接走了,给予了很多照顾。尽管如此,4天后,他们到了广昌,邓冠梅仍抱病为小战士煎熬草药,治其痢疾。起义后,50余天的长途跋涉,邓冠梅吃苦受累,染上了肺结核,又因连续行军得不到及时治疗,使得肺病加剧。避退香港后,虽经多方医治,仍没见多少起色。考虑在香港治疗花费太高,而家境贫困,不久邓冠梅由女儿彭卓平陪护回到了广州,在女师附近租房养病。由于彭泽民一直被国民党反动派通缉,不能回广州陪伴照顾,但他经常自制中药,遣人送回去给夫人服用,到1929年8月18日,邓冠梅病入膏肓,38岁便离开了人世。彭泽民不能回广州视殓送葬,悲痛欲绝,哭着写诗一首《对亡妻遗像》,予以悼念:

二十年前初结婚,
从月跨海赴天涯。
鬻儿曾记爹娘恨,
弃女成为孀妇悲。
亲省枉教言有约,
乡思每觉泪成縻。

> 遗容犹有风尘态，
> 宛似相偕患难时。

彭泽民和夫人邓冠梅，两人感情笃深。几乎在每年邓冠梅的忌日，彭泽民都会对着她的遗像暗自垂泪，有时候会哭成泪人，悲愤情感涌向心头之时，还常常作诗以示纪念。1945年邓冠梅的祭日，适逢日本战败投降，彭泽民特别高兴，欣然写诗一首《邓夫人十七周年祭》，诗前所言："是日适逢大战告终，日本天皇电告无条件投降，同欢庆，感而赋此，以频年战祸，一旦释然，举家得喜无恙。"诗云：

> 旷古兵灾一旦清，
> 万人欢动证和平。
> 今朝奉祭无多献，
> 家国安全用慰卿。

彭泽民对邓冠梅怀念之切，活现在他多年忌日的纪念诗句中。邓冠梅去世后20多年的时间里，彭泽民一直未有忘怀，直到生命的最后——1955年12月29日，彭泽民还在病榻上作诗《病中怀念亡妻邓冠梅》，怀念亡妻随他出征的艰苦时光。这首诗是他把女儿彭卓平叫到床前，逐笔记录下来的。诗云：

> 往事萦怀未忍忘，
> 幽思最是病眠重。
> 随军讨逆趋东赣，
> 挚妇扶疴入广昌。
> 正若山城求妙药，
> 幸逢营弁有长桑。
> 即今调理优如我，
> 感旧心摧自怆惶。

在这些诗句的字里行间，流露出彭泽民对夫人邓冠梅思念、愧疚之情。他的愧疚在邓冠梅去世25年后,终于得以弥补。1955年4月,彭泽民南下广东,回到了阔别30多年的故乡,受到了广东省委省政协的热情接待,他得以瞻仰广州起义烈士墓和黄花岗七十二烈士墓,其中有些烈士是他动员从南洋回来参加革命起义的。彭泽民肃立在烈士墓前凭吊赋诗云:

    岗指黄花识葬墓,
    忠魂无恙慰归思。
    料应不朽英魂在,
    犹论天南话别时。

随后,他回到家乡四会,亲自去拜扫了由他在1951年亲题的"彭母邓冠梅墓",这是他唯一一次给邓冠梅祭墓。他虽然步履艰难,仍踏上天平架,拜扫亡妻之墓,老泪纵横,痛哭流涕,久久不愿离开。

☆ 1955年4月,彭泽民(右五)在黄花岗烈士墓前合影

4.6 苦学中医为谋生

南昌起义军南征后,彭泽民偕同夫人邓冠梅步行50多天,由江西经湖南进入粤东。为了避免敌人的搜捕,白天潜伏在农民家里,晚上行路,经历了千辛万苦。因军事上的失利,最后与叶挺等同乘小轮避往香港。后叶挺转欧洲,而彭泽民身边有老有少,需要他照料和抚养,在港英当局严密监视、国民党特务追踪威胁下,在香港西环卑路乍街四十七号二楼隐蔽下来,失去行动自由。为了一家的生存,他只好隐居香港以行医为生。

在香港,彭泽民十分贫困节省,全家十口人,没有一张床;南方多雨,有时大雨倾盆,买不起一把伞,生活十分拮据。彭泽民不能公开从业养家,为了度日,妻子翁会巧毫不犹豫地进入一家胶鞋厂做工,所得每月十五六元成了家里的主要收入,加上朋友们的少量接济,一家人一道开始了艰险的流亡生活。全家一天伙食费不超过一港元,儿女的衣服补了又补,大人的衣服也满是补丁。为了糊口,翁会巧经常把活带回家,利用夜间赶做。

当彭泽民在香港身处绝境的时候,蒋介石的一个说客突然上门游说彭泽民,称只要断绝与共产党联系,可返内地接受高官厚禄,被彭泽民嗤之以鼻地喝退了。可这特务临走时还威胁他说:"等着瞧,有你好看的!"果然,不久,港英警察局局长亲自出马,带着数十名荷枪实弹的警察、便衣,在凌晨突然包围了彭家,彭泽民80多岁的老母和孩子们吓坏了。警察、便衣们翻箱倒柜,如狼似虎,虽然什么都没有搜到,但仍以"窝藏共产党员"罪拘捕了彭泽民,对其严加审讯。

有一次,妻子翁会巧还被带去旁听过堂,彭泽民的大义凛然,使堂上法官理屈词穷,极大增强了翁会巧的革命勇气。

提审时,英国警官声色俱厉,问:"你为什么反对蒋介石?"

彭泽民不假思索、义正辞严地回答:"我反对独裁!"

彭泽民几次过堂时,都大义凛然,堂上法官理屈词穷,加之并无确切在港控告证据,又有全港名医陈伯坛出面担保,港英当局有所顾忌,

只好宣布无罪释放,国民党反动当局企图引渡彭泽民的阴谋没有得逞。

彭泽民隐姓埋名、流亡香港后,不能公开从业挣钱以养家糊口,经济上一贫如洗,陷入绝境。但他并不屈服,靠妻子翁会巧去胶鞋厂做工,把孩子送去当学徒,艰难度日,他白天躲藏起来,夜晚去陈伯坛中医专科学校研读中医。

陈伯坛是香港著名中医,他一生扶掖后进,桃李满门。陈伯坛(1863—1938),广东新会人,甲午科第七名举人,为经济所限,立志医业。他壮年时期曾任"广东陆军医学堂"总教习,继而担任"中医夜学馆"主任一职,晚年独力创办"伯坛中医专校",亲自参与讲学授徒,培育中医人才。彭泽民曾评价说:"他博览经史,精《周易》,尤笃好医学,于历代医书无所不窥。返本穷源,最后专力于张仲景医学,寝馈于《伤寒论》《金匮》,凡数十年。"

陈伯坛不仅医术精湛,而且是医学教育家。他治校治学甚严,有弟子百人,学成者多成为中国港澳及东南亚国家和地区执业名医,其中很多成为当地医界名流。陈伯坛医德高尚,常常扶困济贫,并富正义感,他不仅不怕连累,敢于收下彭泽民这名被国民党反动派通缉的特殊学生,而且不收分文学费。国民党反动当局要求港英当局引渡彭泽民,彭泽民随即被港英警察所拘捕,而陈伯坛毫不犹豫,出资托人保释彭泽民出狱。

彭泽民十分敬重陈伯坛老师,此时他虽年逾五十,依然专心致志,刻苦研读。每天夕阳西下时,年过半百的彭泽民便启程,他囊空如洗,口袋里连一角买车票的钱都没有,只能步行近20里山路,到市中心的医校上课,风雨无阻,从不缺课。他没有遮雨的油纸伞,在狂风骤雨中,或在台风来临时的倾盆大雨中,他只能找地方躲雨。他没钱买书和笔记本,就用草纸逐字逐句抄下来,装订成册。无论是漆黑不见五指的夜晚,还是狂风骤雨、雷电交加的恶劣天气,彭泽民从不缺课,他对待学习像对待革命一样认真。彭泽民就是凭借这种无畏的精神,坚持学习6个年头,直至毕业。

1933年,彭泽民经过了6年的坚持苦读,终于从陈伯坛医校毕业。毕业后,在陈伯坛老师的帮助下,彭泽民建立了医馆,取得了合法的居留与行医权,开始以自己真实姓名悬壶行医,进行了长达15年的行医生涯。为了帮助彭泽民从业,陈伯坛还把自己的老客户推荐给彭泽民。

在彭泽民家的阳台外,挂着郭沫若题写的"国医彭泽民寓"招牌,蓝底白字,十分醒目,是病人求医问诊的指示牌。当地的劳工、雇员、海员、城市贫民只要来求诊,彭泽民有求必应。他为住在贫民窟或露宿他人屋檐下的病人出诊,从来分文不取,还赠送成药。彭泽民经常身着中式大褂,脚踏圆口布鞋,一手扶杖,一手提着药箱,出入九龙仓码头,为码头工人看病。

彭泽民曾主动担任香港先施化妆品厂、广生行有限公司、陈李济工厂、永安蒲包仓四大工厂全体职工的义务医师,免费为他们治病,还为患病工人向厂方争得部分医药补贴。医馆门外,还挂着一块更大的铜招牌,上面镌刻着"国医彭泽民先生寓"几个大字,那是四大工厂职工为感谢彭泽民捐资铸造的。彭泽民以他精湛的医术和丰富的临床经验,为患者解除痛苦,四大厂职工敲锣打鼓,在鞭炮声中向彭泽民赠送了这块铜招牌。彭泽民家里摆满了热带的奇花异草、热带鱼,墙上挂满了工人联名赠送的镜子、铜匾,这都是感激、爱戴他的民众送的。

彭泽民老年学医,既是为求得谋生之技,也与他追求革命的目标一致,能为广大劳苦大众解除一些痛苦。彭泽民,原名"泽文",参加革命后,孙中山建议他改名"泽民",寓意厚泽于民,孙中山后来还亲笔题写"博爱"二字,赠予彭泽民。彭泽民以此立志,以实际行动实践他为劳苦大众服务的坚定志向。

彭泽民擅长诊治肺痨(肺结核)、哮喘、小儿麻痘以及妇女月经失

☆ 香港先施化妆品厂等工人送给彭泽民的牌匾

调、不孕等疾病。当时的中医师,一般处方多为十二三味药,也有十四五味,甚至超过二十味,药种类多,且药量较大,价格昂贵。反观彭泽民给病人治病,他开出的处方,少则三四味药,多则七八味药,多数一两次处方,即可痊愈,除危重症外,很少有老病号。彭泽民有自己的独特见解,他认为:中医处方,贵在随症化裁,不蹈陈规,还以治病为度。须知人体本身存在着多种多样抗病物质,服药不过是加强其自身的抗病机能,何苦去开上那一大堆药,既耗费药物,又损人钱财,实不可取。

"小儿急惊风散"是彭泽民根据祖传秘方,加以改革研制的中药药散,专治小儿惊厥、休克,是一种特效快捷的小儿急救药,也可作中风病人急救使用。此药20世纪三四十年代曾在香港注册生产,并畅销中国港澳地区和新、马、泰等国,以彭泽民头像为注册商标,由香港著名中药堂制作。每当有家长抱来昏迷不醒、牙关紧闭、全身抽搐的病儿时,彭泽民不用多问即断定是小儿惊风病症,随即取出药散,打开药管倒出用温水调匀,用小铜勺一口一口地喂入病儿嘴内,药散喂完后,病儿便苏醒过来,并啼哭呼唤父母。小儿急惊风散在中国港澳及东南亚地区风行20多年,是彭泽民研究中医中药获得的一项重大成果。

彭泽民在治病时,十分注重同病人建立一种真诚的关系,不仅治病,同时治心,从思想上、精神上给病人有益的疏导。彭泽民住在香港海旁的西环仓库区,日寇占领香港后驱使大批英军中的印度籍俘虏当仓库看守,他们备受歧视和虐待,生了病得不到治疗,若患重病只有等死。因为总比在战俘营内印俘有更多的自由,可以在仓库区附近走动,所以他们常常悄悄地上门,请求彭泽民诊治。彭泽民总是热心地为他们诊病煎药,治病后彭泽民会用英语、马来语和他们交谈,讲述打倒帝国主义、消灭法西斯、重建家园的道理,他们很受鼓舞。这些印度青年把彭泽民当成患难之交,日本投降后他们获释回国,临行前还都来和彭泽民依依惜别。

彭泽民非常尊重病人,从不把诊金放在第一位,对因贫困无力支付者,他不仅不冷落怠慢,而且赠医赠药甚至资助。彭泽民高尚的医德,不仅令病人称颂,凡同他接触过的人,也无不表示崇敬。在香港英国管辖的华籍警察中,凡经彭泽民为其本人或亲属诊治过病的,都被他一身正气感动。当革命同志或街坊苦难劳工被无理拘捕时,彭泽民往往靠这些警察病友提供信息而设法营救。彭泽民在香港行医15年,他的救死扶伤和真心实意为劳苦大众解除疾苦的精神,在香港人中获得很高声誉,被誉为一代"国医"。正是他的医术医德,赢得了广大群众的爱戴,掩护着他坚持进行不屈不挠的革命斗争。

4.7 加入临委会

大革命失败后,邓演达离开了武汉,奔向苏联。到达莫斯科后,他一方面函促在上海的谭平山等人,要他们在国内尽量团结国民党左派和一切革命分子;一方面给在香港的彭泽民等人写信,征求共同发起建立革命组织的意见。邓演达还分别与叶挺、郑太朴、季方、黄琪翔等进行书信往来,互通消息,商讨革命事宜。

在充分准备的基础上,邓演达起草的《对中国及世界革命民众宣言》,即《莫斯科宣言》,由宋庆龄、邓演达、陈友仁共同署名,以中国国民党临时行动委员会名义,于1927年11月1日在莫斯科发表。《莫斯科宣言》严厉批评蒋介石、汪精卫"实已成为旧势力之化身,军阀之工具,民众之仇敌",公开表示有必要组织"中国国民党临时行动委员会",代行第二届中央执行委员会职权,临时行使革命指导之机能,并筹备第三次全国代表大会,选出正式的中央执行委员会,以实现孙中山三民主义的革命纲领。

与此同时,宋庆龄、邓演达写信给彭泽民,邀请他共同发起建立新的革命组织,恢复中国革命,彭泽民表示完全同意。在《宣言》的感召下,谭平山、章伯钧、张曙时等于1928年初,在上海成立中华革命党,并在全国许多省市秘密进行组织发展和政治活动。中华革命党成立之后,邓演达曾和谭平山、章伯钧、彭泽民、季方等,多次认真地商讨有关党的宣言、政纲等纲领性文件,这些材料的寄送,经常要通过香港彭泽民转送或转寄其他地区,以免遗失。

1927年12月,邓演达离开苏联莫斯科,前往德国柏林。他总结了中国革命特别是大革命失败的教训,并考虑重新建党和修改党的纲领等问题。他用了近20个月的时间,学习和研究政治、经济、历史等社会科学知识,他学习的目的很明确,就是要探索解决中国革命问题的道路和方法。因此,他不仅注重研究各种政治制度和各国政治,而且还注重研究各国革命史和社会现状,以便从中吸取经验,寻找规律。从1929年9月起,邓演达到各国秘密考察,他的足迹遍及德国南部的一些城市以及英国、法国、意大利、保加利亚、土耳其、叙利亚、伊拉克、印度等国。邓演达还深入到一些国家的农村进行实地考察,调查农民的生活状况,考察各国解决农民问题的方案。他常将学习心得和考察的观感,函告与其密切联系的党内同志,以此勉励党内同志坚定革命立场,将革命进行到底。

彭泽民和邓演达是忘年交,邓演达流亡德国后,与彭泽民一直保持书信联系,二人经常交换对中国革命的看法。20世纪20年代末,邓演达从德国施马尔卡尔登寄给彭泽民一张英俊威武的照片。照片上邓演达亲笔留言:"革命的孙中山主义同志们,要紧记着我们的任务是:解放中国民族,建立平民政权,实现社会主义;我们的敌人是:帝国主义及压迫屠杀人民的军阀官僚豪绅,欺骗人民的政客,新旧士大夫,陷害中国人民的盲动工具主义者;我们的朋友是:劳苦的生产的平民大众!"落款处还有邓演达的签名。

邓演达在海外流亡期间,心怀祖国,时刻关心国内的革命斗争。在章伯钧等人频频催促下,1930年春,邓演达怀着一颗忠贞报国的赤诚之心,决心回国领导反蒋革命活动。5月,邓演达自欧洲回到了祖国,他回国的第一站是香港,在香港,他会晤了彭泽民,两人秘密商谈了建党大事。妻子翁会巧始终跟随着彭泽民作掩护,并在他们密谈之地寸步不离地守候着,唯恐发生意外。两人畅谈了整个晚上,结果达成共识,决心创建新的革命组织,为民主革命继续奋斗。

彭泽民对邓演达说:"孙先生逝世后,蒋介石、汪精卫相继背叛革命,上层分子中趋炎附势者大有人在,我个人孤掌难鸣,虽满腔热血,亦无可洒之地,常为之怅然若失。"邓演达坚称中国革命不能中断,须共同努力,以孙中山"和平、奋斗、救中国"的精神,复兴中国革命。彭泽民深为赞同,对邓演达提出的"建立平民政权、发展国家资本主义、解决土地

☆ 20世纪20年代末,邓演达自国外寄给彭泽民的照片

问题"等主张,也极为赞赏,决心同邓演达一道创建新的组织,追随邓演达继续革命,为实现民主革命的任务而奋斗。

1930年8月9日,在上海法租界萨波赛路二百九十号举行中国国民党临时行动委员会代表会,开会地点是借用黎锦晖的住宅,伪装宴客从晚七时开到十时。邓演达主持召开了有10个省区代表参加的第一次

全国干部会议,出席会议的有黄琪翔、章伯钧、郑太朴、朱蕴山、李世璋、季方、郭冠杰、丘哲、陈启修等30多人,正式成立中国国民党临时行动委员会,简称临委会。

邓演达首先致辞:"中国革命已经到了绝续关头,继往开来的重任落在我们肩上。在座各位都是在革命战线上奋斗过来的同志,更感责无旁贷,所以挺身而出,重上战场。"在强调了"军事第一"的主张后,邓演达接着说:"今天是我们重新战斗的开始,是继续孙中山先生革命事业向前奋进、恢复中国革命整齐步伐的第一步。"邓演达带领大家集体宣读《我们的信条》:"(一)我们的哲学观点是历史唯物主义;(二)我们的事业是继续孙中山的革命;(三)我们的任务是实现中国平民革命,解放全中国向社会主义大道前进;(四)为实现中国革命,联合世界上被压迫民族共同奋斗;(五)我们是信仰一致、组织一致、行动一致的政治结合的战斗团体;(六)我们采取民主集中制的原则。"

会议一致通过了邓演达起草的政治纲领——《我们的政治主张》,以及一系列重要文件,提出了"反对帝国主义,肃清封建势力,推翻南京反动统治,建立以农工为重心的平民政权,实行耕者有其田,通过国家资本主义过渡到社会主义"。

与会代表全体起立,互相行鞠躬礼。在庄严、神圣的气氛中,选举出党的中央领导机构,邓演达、黄琪翔、章伯钧、彭泽民、季方、丘哲、郭冠杰、郑太朴、朱蕴山、李世璋、丘学训、陈启修、江董琴、肖秉章、丘萼华、潘震亚、詹显哲、杨逸棠、谢树英、万灿、罗任一、王枕心、杨树松、李毓九、邹兰甫计25人当选为干事,组成中央干部会,邓演达被推选为总干事。决定了中央机关各职能部门的名称和负责人,有:组织委员会,主席委员郑太朴;宣传委员会,主席委员章伯钧;设计委员会(后改为军事委员会)主席委员黄琪翔;民运委员会,主席委员李世璋;总务委员会,主席委员季方;侨务委员会,主席委员彭泽民;8月下旬又增设了训练委员会,主席委员邓演达(兼)。

临委会的中央机关,设在上海法租界的爱麦虞限路一百五十九号,1930年5月至1931年8月,邓演达、季方等领导人均在此居住、工作。

"一干会议"的召开,标志着临委会正式成立。9月1日,发布了中国国民党临时行动委员会的《政治主张》,上海各大报纸虽有同情,但惧于蒋家权势,不敢刊登消息,只有两家日文报纸《上海每日新闻》《上海新闻》摘要刊登了消息,外界认为:中国国民党临时行动委员会是由中华革命党改名而来,它既反对蒋介石的独裁统治,又不赞成中国共产党当时组织工农起义、建立农村根据地的做法。因此,被人们仍称为"第三党"。邓演达批阅后十分不快,即派人前往交涉更正。邓演达认为,蒋介石背叛了孙中山先生的主张,是应该清除的叛徒,不能代表国民党,中国国民党临时行动委员会继续高举孙中山的旗帜,去完成中山先生未竟事业,才是真正革命的国民党!但"第三党"的称呼很快就传开了。

彭泽民因当时身处困境,未赴上海出席会议,仍当选中央干部会干事、侨务委员会主席委员,负责中央侨务部门的工作,并主持临委会南方区党务。"一干会议"后,彭泽民在香港建立南方干事会,从事筹备"临委会南方局"工作,成员有丘哲、林希圣、周士第、杨逸棠、陈卓凡、徐光英,彭泽民任南方干事会主任。

1931年4月,宁粤分裂,形势对反蒋有利,邓演达命令"南方局筹委会"从香港迁往广州,又派黄慎之回粤,与杨逸棠、郭冠杰、陈卓凡建立南方委员会,杨逸棠任书记,陈卓凡任副书记。7月间,彭泽民被港英当局无理传讯并拘捕入狱,邓演达即驰函慰问。8月17日,邓演达在上海被捕。彭泽民闻讯后,忧心如焚,冒着被蒋介石通缉"归案严办"的危险,化名何君勉,火速赶往上海,找到了黄琪翔、季方共同商议,请宋庆龄出面营救。作为一个与反动派誓不两立的政治流亡者,彭泽民不顾个人安危,为营救邓演达冒险奔走。然而,蒋介石杀邓之心早决,营救无望,彭泽民只得含恨而回。12月初,彭泽民惊悉邓演达被害,悲恸不已,痛苦数日,赋七绝四首,深切悼念邓演达先生:

其一

不忍同为貉一丘,
天方到处亦缧囚。
若教一死能超脱,

君自便宜我几筹。

其二
举世今成喋血场,
余生赢得也何强?
堪嗟五十无闻我,
犹自悲君为国殇。

其三
不为君吊为君歌,
革命牺牲算什么?
一死能留天下法,
愧他冠带自峨峨。

其四
被捕劳君问讯驰,
君因为我自忘危。
何期尺素遥颁日,
即是承君永诀辞。

在第四首诗下,彭泽民有按:"(一九三一年)七月二十一日,余为(香)港当道传讯,旋即释归。君(邓演达)以余为被捕,驰函问状。讵料八月十七日,拘君之祸作矣!"

1931年"九一八"后,东北沦陷,日寇铁蹄踏入东三省,而国民党政府实行"攘外必先安内"的不抵抗主义,处处退让,以致民族危机日益深重。

为了"反蒋抗日",1933年11月20日,爆发了震惊中外的"福建事变"。福建事变的爆发,除了受十九路军将领对蒋介石奉行的对日本帝国主义侵略不抵抗政策不满等因素影响外,还受到临委会一贯坚持和实践的"推翻蒋介石独裁统治,建立平民革命政权"之政治主张的深刻影响。早在1931年5月"宁粤危机"期间,邓演达与陈铭枢、蔡元培密约反蒋,计划以十九路军为主要力量,在广东、闽南一带建立南方反蒋的"第三势力"政权,由于临委会领袖邓演达被捕和"九一八"事变后形势骤变,随着蒋介石"图粤计划"改变,该计划没有被实施。但是临委会确为福建事变奠定了一定的思想、组织、军事等方面的基础。

为镇压福建人民革命政府,蒋介石自任"讨逆军"总司令,从江西"剿共"前线调派十一个师的嫡系部队,配合大量海空军向福建进攻。陆军从浙江、江西分三路入闽:一路集中于浦城,一路集中于光泽,一路集中于德胜关。蒋介石于12月25日即抵闽北重镇——浦城,进行军事部署及作战指挥。蒋介石一面派飞机轰炸福州,一面调遣嫡系部队包围福建,直指福州。大军压境,福建人民政府组织六七万人的十九路军奋力抵抗,但终因力量悬殊而失败。1934年1月15日,福建人民革命政府解体,历时不足两个月,"生产人民党"也随之解散。1月30日,第十九路军番号被国民政府军事委员会取消,福建事变最终在蒋军的进攻之下,惨遭失败。

福建事变爆发,彭泽民积极参与反蒋行动,主张与红军合作。福建事变失败后,李济深、陈铭枢、陈友仁、徐谦等或乘飞机或坐轮船离开福建,黄琪翔、章伯钧、彭泽湘、郭冠杰以及参加福建事变的同志,先后来到香港与彭泽民会晤。临委会还有其他不少同志也陆续逃亡香港。上岸后,只需咨询两三位路人,就能被领到彭泽民家,这得益于彭泽民在香港行医的知名度。彭泽民家只有三个小房间,其中稍大一间挤作诊室,兼客厅、餐厅,室内没有一件像样的家具,用于切脉和开处方的桌子也破旧不堪。彭泽民已年过半百,前额宽广,两鬓斑白,步履轻健,清瘦但腰杆硬朗。彭泽民与来客亲切握手,为他们安排住宿,再三叮嘱注意事项。彭泽民的热情一扫大家多日沉积的郁闷。

3月21日,黄琪翔、章伯钧、彭泽民、彭泽湘、郭冠杰、杨逸棠、丘哲、丘学训、杜冰坡、李健生、谭芝轩以及余心清、张文等在香港秘密举行临时会议,总结事变经过与教训,决定按邓演达的主张继续战斗。为了缩小目标,分散敌人的注意力,临委会决定"各路分兵",章伯钧、何世琨、李世豪、郭冠杰等去日本,黄琪翔、万灿等去德国,另有同志去上海、广州、北平,党的中心设在香港,由彭泽民、丘哲负责与各方联系。临行饯别时,彭泽民语重心长地说:"邓演达忠实地继承了孙中山先生的革命事业,率领大军北伐,攻无不克,战无不胜,结果被军阀、政客所攫取,最

☆ 1934年3月21日，临委会负责人等在香港举行临时会议，决定恢复中国国民党临时行动委员会组织，按邓演达的主张继续战斗。图为与会者合影，前排右起：杨逸棠、郭冠杰、余心清、章伯钧、李健生（章伯钧夫人）、谭芝轩（彭泽湘夫人）；后排右起：杜冰坡、张文、黄琪翔、彭泽民、丘学训、丘哲、彭泽湘（余、张为临委会所联系的人士）

后被害。他的光辉事业，有待于我们大家和全国人民去完成，国家民族的前途才有希望。同志们将要分赴各地，希望大家兢兢业业，为前途计，只有义无反顾，努力向前。香港我所住的地方，是大家可靠的后方，临别依依，望同志们珍重。"

4.8 联络革命人士

"南昌起义""福建事变"相继失败后，国内一片白色恐怖，帝国主义统治下的香港当局，同国内反革命势力相勾结，将许多抓捕到的中共党员和革命志士，统统引渡送交给国民党反动当局，不少人就义在屠刀之下。当时还处于隐蔽状态下的彭泽民，虽然失去行动自由，但他最惦记的仍是临委会战友、共产党朋友的安危。至彭泽民北上解放区的这15年时间，彭泽民医馆就成了第三党、中国共产党等组织、团体的一个重要联络站，革命同志来来往往。此后，各地民主人士来港找彭泽民渐多,日有所见。不管是来自广东还是其他省的,不管是本组织的还是其他组织的,彭泽民都一视同仁,殷勤接待,除安排食宿,临行时还提供盘缠。这笔不小的费用,多是彭泽民东挪西借而来,借无可借时,就典当衣物。

福建事变后,章伯钧、李健生夫妇曾长时间住过彭泽民家,同彭泽民交换对国内革命形势发展的研判,他们忧愤国事,决心继续革命,领导多项活动,安排各种会议和谈话,经常工作到深夜。国内战火燃起后,大批民主人士落难香港,过着隐蔽生活,而此时彭泽民是少数能公开合法活动者之一。他是解委会主要领导人之一,还兼民盟南方总支部主委、华南救灾总会负责人,该会名为赈灾机构,实为支持中共领导的东江纵队外围组织。

"国医彭泽民寓"招牌也是革命同志寻找彭泽民的标志。在挂牌行医的同时,彭泽民忧愤国是,心存革命,继续进行反对帝国主义和国民党反动派的活动,20余年如一日,矢志不渝。中共同志也常到彭泽民家与各党派人士联络会晤。彭泽民冒着危险,先后秘密接应过中共领导人张国焘、李立三、叶剑英等人过港转移,还多次设法营救被港英警察逮捕的共产党人。

有一天,当张国焘一行两人突然出现在诊所时,惊讶之余,彭泽民马上让他们换装,带他们出去理发,找旅店住下,最后给他们盘缠,直至安全地送他们离开香港。李立三也曾受到彭泽民接济,经港转赴内地。叶剑英在广州起义失败后,经香港转移时,彭泽民让妻子翁会巧典当了他最为珍贵的长皮袄,在六国饭店为之秘密饯行,还将剩余钱赠予叶剑英作盘缠,并亲自护送安全离港。中共党员谭天庆一次在"飞行集会"时被捕,彭泽民闻讯后,奋不顾身地通过各种渠道全力营救,终于使其避免了被港英当局引渡到内地。南昌起义前敌委员会秘书许甦魂,在起义失败后,也撤到香港,为彭泽民收留,住宿半年后,转广西参加"百色起义"。日寇侵占香港后,因为一位姓沈的共产党员安全脱离虎口,彭泽民因之被逮捕,并被投入赤柱监狱。

在香港,彭泽民不仅继续联络掩护革命人士,而且尽力帮助革命烈士家属。他倾力帮助拯救彭湃烈士后代彭仕禄,就是一个生动感人的事例。大革命失败，反革命势力疯狂反扑，彭湃本人、前后两位夫人、三位兄弟、一位堂兄先后牺牲，其母亲被拘捕后关在感化院。彭泽民千方百计地将彭母救出，在中共地下党安排下，把彭母接到自己家中，共同生活。1929年8月，彭湃在上海英勇就义，其妻子前一年在海丰被杀，他们年幼的次子彭仕禄四处躲藏。1933年9月4日，因叛徒出卖了彭仕禄等人的居住信息，8岁的彭仕禄被国民党反动派抓获，送至潮安县监狱，接着被押送到汕头石炮台监狱、广州感化院。1936年夏，彭仕禄又被捕并再次被押送到潮安监狱，国民党扬言要斩草除根。经彭泽民四处奔走，找到了解委会成员、时任国民党汕头专员陈卓凡等国民党老朋友帮忙，全力营救彭仕禄出狱。陈卓凡夫妻还将彭仕禄及其祖母安顿在自家中，悉心照料，后帮助他们转移到香港彭泽民处避难。尽管当时彭泽民自己经济也很困难，但仍不间断地接济彭湃家属的生活，直至日寇大举入侵，在中共地下党安排下，彭仕禄被秘密送往延安，其祖母及其他亲属被送往东江支队根据地。

经常登门的来客中，既有革命同志，还有众多求诊病人，有时还混杂密探、特务。翁会巧长期伴随彭泽民，增长了不少见识，更练就一双警惕的眼睛，当来客开会或同彭泽民商谈时，她总在凉台上或楼道门口守望着，警惕陌生人的接近。有时会议时间长，她还麻利地准备饭菜，从不让客人们饿着肚子离去或继续开会。面对大革命失败后的困难处境，彭泽民并未气馁，翁会巧十分理解他的革命精神，一旦意决，义无反顾。尽管可能遭受失败，甚至生命危险，她总是倾尽一切，无怨无悔地支持丈夫的革命行动。

1941年12月，日军占领香港后，彭泽民曾两次遭宪兵逮捕，一次被冠以"政治犯"罪名关押在赤柱监狱，一个多月的酷刑审讯与饥饿已把他折磨得奄奄一息。翁会巧去探望时，见状心如刀绞，而看到彭泽民宁死不屈的壮志，却让她变得勇敢坚强。翁会巧不顾一切奔走，找组织、托关系进行营救，还带领孩子们上山打柴、割草养兔，维持失去彭泽民行医收入的家庭开销，为了活下去，翁会巧还去给有钱人家当佣人，直到在农工党及丘哲同志努力下，通过在大革命时期结识的日本友人帮助，将彭泽民救出监狱。

第 5 章 反 蒋 日

1927年,蒋介石、汪精卫反革命集团接连清党、"分共"后,革命力量遭到极大摧残:共产党员由大革命时期的6万人,减少到1万余人,中共党组织被迫转入地下。在白色恐怖下,工会会员由300万人锐减至3万人;大革命高潮时,发展到1 000多万的农会会员,绝大部分也被打散。轰轰烈烈的工农运动局面已不复存在,中国进入国民党新军阀的反动统治时期。以蒋介石为代表的国民党新军阀,对外投靠帝国主义,对内残酷压迫和剥削广大人民,实行大地主大资产阶级的反动统治,中国革命暂时处于低潮。新的形势向一切愿意并坚持革命的人们提出了一个十分严峻的新课题:中国向何处去?如何才能复兴中国革命?中国应当走什么样的革命道路?为此,一批像彭泽民一样的中华民族优秀儿女,前仆后继,进行了英勇不屈、百折不挠的探索。

5.1 筹备成立解委会

1934年1月,福建事变失败后,临委会领导人和骨干数十人,先后从福建撤离,抵达并集聚香港,着手恢复组织工作。黄琪翔、章伯钧、彭泽民、丘哲、彭泽湘、郭冠杰等在香港举行了两次临时会议,讨论决定恢复临委会组织,按邓演达的政治纲领继续战斗。从邓演达殉难到福建事变失败,临委会在反蒋抗日斗争中,一直坚持邓演达的政治主张,在摸索中前进,但屡起屡仆,屡战屡败。而同期的中国共产党人,却战胜千难万险,奇迹般地取得了两万五千里长征的胜利。这一鲜明的对比,促使临委会领导人,开始从实际出发,总结失败的教训,反思所走过的道路。

1935年夏,在日本的章伯钧、何世琨、李士豪、李伯球、何仲珉等人,和所联系的一些朋友,到静冈县伊东井子头公园聚会,就如何重新整顿组织、发动反蒋抗日等问题进行会商。在会商中,大家一致认为,中国共产党是中国革命的主力,但也还要各方面的力量去配合行动,这就是要重整组织的目的。会商以后,在伊东办起了《解放》杂志,发表主张团结抗日的文章,联络旅日进步分子入党,革命烈士朱程就是这个时候加入临委会的。朱程是浙江平阳人,1929年毕业于黄埔军校第六期,1934年赴日本留学,1935年加入临委会。1937年5月,未待毕业即提前回国,参加祖国的抗日救亡活动,奔赴抗日前线山西太原。

日本帝国主义侵略者,继占领中国东北三省之后,1935年又制造"华北事变",中日民族矛盾上升为主要矛盾。在民族危机日益深重的关键历史时刻,8月1日,中共中央发表了《为抗日救国告全体同胞书》,即《八一宣言》,呼吁停止内战,为抗日救国的神圣事业而奋斗。中共中央《八一宣言》的发表,激起了全国抗日民主运动的高涨。《八一宣言》在法国巴黎的《救国报》上发表,黄琪翔、章伯钧、彭泽民等人,分别在德国、日本、中国香港等地看到了《八一宣言》,都受到很大鼓舞,他们非常赞成中国共产党建立抗日民族统一战线的主张。在日本的临委会成员认为"反日反蒋,事有可为",催促章伯钧返回香港,准备重振组织,加入抗日民族阵线。

章伯钧在离开日本返回香港之前,将大家会商的意见,写信告知在德国的黄琪翔,黄琪翔复信表示赞成,并提出:"共产党是斗争的主力,要搞革命就必须与红军取得联系。"章伯钧与黄琪翔的看法一致。1935年入秋,章伯钧从日本到达香港后,经与彭泽民、丘哲、郭冠杰等初步商议,大家一致认为:临委会向来就有社会基础和工作基础,抗日救国,应起来行动,本着过去精神,重振组织,为民族解放而奋斗到底。黄琪翔也从德国来信,赞成恢复组织,并汇来港币3 000元,作为筹备经费。10月下旬,华北的张云川,广东的郭翘然,日本的李士豪、李伯球、何仲珉等,也先后回到香港,共同会商恢复组织的一系列基本问题。讨论的主要内容有：

关于党的路线方针问题。认为中共中央发表了《八一宣言》，第三国际也提出了"反法西斯人民阵线"的主张，我们应当首先响应。章伯钧说：现在中国共产党在法国所做的国际统一战线工作，颇有成效。国内的统一战线，也已渐能团结各个方面，趋向一致。我们应当同中国共产党合作，共同奋斗。初步确立同中国共产党合作的政治路线。

关于党的名称问题。一致认为党的名称需要改变，既要同国民党彻底决裂，又要适应革命形势的变化，以民族解放为己任，还要照顾到历史传统，保留"行动委员会"的称谓。

关于党的纲领问题。一致同意以邓演达所制定的纲领为基本纲领，根据新的历史任务作适当修改，重点突出反对日本帝国主义的侵略。

关于党的指导思想问题。经过讨论商定，以马克思列宁主义作为党的思想武器。

在讨论告一段落后，推定章伯钧、彭泽湘、李伯球、张云川起草《临时行动纲领》和《告同志书》，并着手筹备召开第一次临时代表会议，即中国农工民主党历史上的第二次全国干部会议，简称"二干会"。

1935年11月1日，第二次全国干部会议，在香港九龙大埔道召开。参加会议的有章伯钧、彭泽湘、彭泽民、丘哲、郭冠杰、李伯球、张云川、李士豪、陈卓凡、杨逸棠、郭翘然、何仲珉、叶粤秀、杜冰坡、吴今、陈柏鳞等19人。

会议由章伯钧、彭泽湘、彭泽民共同主持。主要内容是：一、决议将"中国国民党临时行动委员会"易名为"中华民族解放行动委员会"，简称"解委会"；二、决定响应中共《八一宣言》，以"抗日、联共、反蒋"为党的总方针，以推动抗日为中心工作；三、通过了《中华民族解放行动委员会临时行动纲领》和《中华民族解放行动委员会告同志书》；四、选出了中央领导机构，黄琪翔、章伯钧、彭泽湘、彭泽民、丘哲、郭冠杰、李伯球、张云川、李士豪、陈卓凡、杨逸棠、郭翘然、杜冰坡、季方、罗任一、何世琨、杨清源、连瑞琦、庄明远19人，当选为临时中央执行委员，推选黄琪翔为总书记，并决定在总书记黄琪翔留德期间，党务工作由章伯钧、彭泽湘、彭泽民、丘哲、郭冠杰集体负责；五、决定以北平、上海、广州为据点，建立华北、华东、华南三个大区机构,大力发展组织,开展抗日救亡运动。

为了适应抗战形势,进行民族革命战争,确立了在新时期的政治路线,这在当时是第一个响应中共《八一宣言》的政治党派。《临时行动纲领》分析了国内外政治形势,规定了党的政治任务"在于完成中国反帝反日的民族革命和土地革命",为完成这一任务,解委会提出了形成巩固的联合战线方针,决定"同共产党合作,以马列主义作为党的思想武器",以推动抗日为党的中心工作。

"二干会"确立的同中国共产党合作的政治路线,标志着解委会的重大历史转折,表明它完成了认识上的飞跃:不但认识到中国共产党是中国革命的主力,而且认识到中国共产党是中国革命胜利的保证。从此以后,解委会在中共抗日民族统一战线的旗帜下,走上了同中国共产党合作的新里程。

中华民族解放行动委员会成立以后,中央机关暂设在香港跑马地一隐蔽处。为了切实指导全国的解委会工作,中央编印《政治通报》《工作通讯》等油印刊物,由喻松担任"总交通员",往返传递于香港、上海、北平三地之间。

5.2 推动形成抗日战线

解委会成立后,组织顿时活跃起来。在香港的彭泽民,不仅在具体行动上坚决支持抗日,而且积极参与推动全国抗日民族统一战线的建立与发展。

1935年12月17日至25日,中共中央在陕西瓦窑堡召开政治局会议,即瓦窑堡会议。会议着重讨论全国政治形势和党的策略路线、军事战略,确立了建立抗日民族统一战线的新策略,并相应地调整了各项具体政策。解委会是较早认识、倡导和参与建立抗日民族统一战线的民主党派。为早日实现团结抗日的局面,1936年2月,解委会发表了第二个《"组织反日阵线"提议宣言》,重申第一次宣言表明"中国反帝民族革命战争,应自对日宣战始"的观点,并针对中华民族危亡日趋严重的形势,呼吁以最快的速度组成全国的"反日阵线",并提出了组织"反日阵线"的具体主张。《宣言》的发表,表明了解委会迫切要求抗日的愿望和决心,表达了同共产党合作的诚意。此后,解委会积极参与国内发生的重大事件,推动了抗日民族统一战线的建立与发展。

　　1936年,在寇深祸亟关头,为坚持作狂澜逆挽之谋,尽匹夫之责,彭泽民在香港转而致力于华侨抗日救国运动。10月,黄琪翔接到陈诚主持国民党军队整编工作的电报,要求他迅速回国参加抗日,从德国回到了香港,与章伯钧、彭泽民、彭泽湘、丘哲等会晤议事。大家认为,全国人民抗日情绪高涨,国民党内部出现分裂,共产党发出了联合抗日的号召,这就有可能促进联合抗日的实现,解委会在国共两党中间进行促进联合的工作,有益于推动联合抗日。与会同志同意并支持黄琪翔利用自身有利条件,公开参加团结抗战的工作。这次会议统一了认识,在政治上同共产党密切配合,从思想上到行动上,开始了从"反蒋抗日"到"逼蒋抗日"的转变,加紧了推动联合抗日的工作。

　　彭泽民于全面抗日战争尚未爆发之前,已深知日本帝国主义对华侵略势必实施的野心,中国人民为共同保卫民族生存和国家独立,必须一致团结,要求领导全国抗战的中国国民党实行新政,顺从民意,在孙中山民权主义之最高原则下,集中全国革命力量,建立近代民主国家,以战胜日寇。为此,1937年6月15日,彭泽民在香港发表了《致全国各界领袖书》,敦促国民党革新政治,顺应民意,迅速实行民主政治,各政治党派平等合作,共赴国难。1938年4月26日出版的第六期《抗战行动》,又对其予以转载,借以表明中华民族解放行动委员会对抗日救国主张是始终一贯的。

致全国各界领袖书
彭泽民
（一九三七年六月十五日）

　　某某先生台鉴:近数月来,时阅中外报章,并奉海内外知己函告,获悉举国人民正于和平统一团结御侮之最高原则下,期望中枢当局早定国是,予人民以共同努力之具体救亡方针。而执政诸公因感受民意之激励,与省察内外客观形势之推移,亦深知国难日重,舆情所向,非立下决心,重定国策,将无以应时代之需要,收全民一致协力之宏效。前此三中全会之召集其所通过之决议与宣言,虽或因内外特殊环境之必须顾虑,未容彻底宣示明白恺切之决策;而使爱国人民之积极心理,犹感绝望;然总其迂回隐约之辞义,与事实问题之渐趋解决,已具有昭示与民更始之象征。今后循民族复兴之正路,由救国而建国,将以此为发轫之新基点。泽民昔次政见未符,退息海隅,已逾十载,悬壶自给,本无所求。惟自念早岁追随中山先生,效命奔走,垂三十载,虽时渐绵薄,鲜所增益;然对中山先生革命救国之精义,及其晚年手订之革命救国政策,则始终奉为保卫祖国拯救人民之信条,不敢稍存疑异。故愿有所言:

第一,民主政治之必须迅速确立。孙先生所创示之建国程序,由训政而宪政,由党治而民治,原为综合世界最进步之政治理论,求适合于中国之特殊国情,故运用革命方略,纳国家政治于现代化之正轨。今国内形势已渐趋好转,昔日与中央相对立的政权,业经自动提议解消,而各地方军事财政之畸形系统,亦次第奉还中央,此等进步现象之由来,并非优越武力或特殊权威所施行之结果。其唯一成功之要因,为全国人民因外患深入之危急,而发生理性政治与民族统一之要求。政府当局,正宜体察时机,善用民意,迅速履行政府历来对全体国民之诺言,而使中山先生之民权主义能完全实现。

第二,各政治党派必须平等合作,共赴国难。因训政结束,宪政施行,因政还于民之结果,政党政治之出现,将为必然之事实的逻辑。现代世界民治国家无不遵此优良政体之途径,而维系其国族之繁荣。中国民族因所遭遇之严重危机,更有努力促进全体政治之需要,过去二十余年混乱政治,皆由民主政体未能真实确立之结果。中国国民党昔为首创共和政体之革命政党,而现又完全执掌全权,成为领导全国之政府党,对国家政治隆替之关键,当有深刻之体验。而同时在野各党派因确认民族利益高过一切,已经自动声言放弃个别特殊不同之政见,以求举国一致对外之集体行动。今日当政之国民党宜本其所居政治领导地位,履行宪政之实,断然接纳全国在野党派之共同主张,以树立民主国家之政治基础。

第三,国民代表大会之召集应以民主主义为原则。政府当局为恪守中山先生之建国程序,定期召集全国国民代表大会,实现民权主义之初步纲领,此为国民党对国家与人民所应尽之政治责任。惟目前客观事实所规定之另一特质,即此次国民代表大会所应负之历史任务,不仅限于制宪和宪法施行日期之确定,而尤有集中全国人才,结合全国党派之特殊使命,一面结束过去之政治纠纷,一面协定全民抗敌之最高政策,与共同遵守之政治公约。中央政府过去所召集之国民会议与国难会议,曾因当时国内之特殊政治情势,而有异常严格之限制,故未能获得全国一致拥护之成果,实为明显之事实。本届国大代表之组织法与选举法,虽曾经修正,求符合人民之愿望,然细按其实,尚多缺陷。其主要之点,已经各党派之政治代表及国内学者多方指摘。泽民深盼政府当局,本其经国定制之天职,发挥天下为公之精神,重新审虑,彻底解放,务使重关国族前途之庄严代表大会真正体现民治主义之本质。

第四,应立即释放全国政治犯及终止障碍民权发展之防范工作与一切紧急条例。泽民认为在举国团结之今日,宪政实施之期,亦已不远,除对汉奸国贼之必须严厉侦缉与罪在不赦外,凡一切因政治思想之歧异,或爱国行动之逾轨,而遭受拘捕身投牢狱之青年志士,皆属国家民族之精英,应在矜惜之列,故理宜立即赦免其徒刑,责以奋发救国接受政府之指导。在过去政府为保持政治秩序与社会安宁设想,对任何非国民党之分子认其行动与言论,有超越被规定之限度者,故不惜忍痛制止,加以惩治,原为不得已之措置;今形势已变,整个党派问题,将由政治途径,获得适当之解决,而对在狱之青年尚未即予释放,使其身体与精神蒙受巨大之损失,殊与国家爱护人民之原则有所矛盾。泽民本医求活人之用心,切盼以和平团结号召全国之贤明政府迅速根据中央历次释放政治犯之提案,早做解决。

其次,今全国人民同在民族统一与政府领导下,势将共同遵守救国纲领与政治纪律,所谓政治思想问题,除纯粹学理范围以外,凡涉及任何实际行动及文字宣传之思想问题,决不如过去混乱时代之严重。政府对人民之爱国自由惟负有纠正与训导之任务,而采取过去严格禁止之理由已不存在。因此,所有一切因防范政治反动而进行之侦缉工作及颁布之单行法令,皆有迅速停止与明令废除之必要。

以上诸端,久为国内贤豪共同呼吁之主张,泽民年逾花甲,霜雪满头,愧无特见,故摭陈言,藉尽匹夫之责,尚祈鉴谅。

"七七"卢沟桥事变后的第三天,彭泽民与章伯钧联名致电蒋介石、国民党中央,提出抗日救国的"八项政治主张":提前召集国民代表大会,制定全国上下一致遵守的政治纲领;实现最低限度之民主政治,以增强人民对政府之信赖;建立特殊机关,统一各党派所领导之民众活动;成立武装民众指导之机关,指挥全国义勇军与正规军配合行动;于全国各地成立在乡抗日志愿军,以备征兵制未完成前之调动;成立战时经济计划机关,计划各地战时经济生产与分配的实现;对广大战区中各类困难人员,须有妥善救济方法;从速开释全国政治犯,取消有碍民众运动之各项特殊条例。

8月9日,日本海军中尉大山勇夫等两人,驾车闯入上海虹桥机场挑衅,被驻军保安队击毙。驻淞沪中国军队开始正面抗日,中国空军也到上海协同作战,并于8月13日奉令向日本驻沪海军陆战队虹口基地发起围攻,试图赶敌人下海,"八一三"淞沪抗战由此展开。在全民抗日浪潮推动下,国民政府第二天发表了《自卫抗战声明书》,宣告"中国决不放弃领土之任何部分,遇有侵略,惟有实行天赋之自卫权以应之"。淞沪战争爆发后,彭泽民毅然召回在国外的两个女儿——彭砺平时在菲律宾华侨中学任教、彭子平时在新加坡中学任教,将她们送往上海,参加上海抗战救护队,历时近三个月。并用一首诗勉励她们:

> 马革裹尸尤常事,
> 读书当日欲何如?
> 正宜趁此风云会,
> 一掬丹忱报父师。

1937年冬,彭泽民满怀抗日救国热情,冒着蒋介石、汪精卫对他"通缉归案严办"之险,由香港来到汉口,驻在八路军办事处,以实际行动响应中共《八一宣言》,同解委会部分领导人组成"临时小组",发动团结抗日。有一天,章伯钧集合大家签名去见汪精卫,彭泽民不肯签名,回应

☆ 1937年，彭泽民（右）送女儿彭砺平（中）、彭子平（左）参加淞沪抗战照片

说："我是来赴国难的，不是来求汪精卫的。"汪精卫曾经和彭泽民是最好的朋友，但在北伐战争时期蒋、汪叛变革命后，彭泽民就和他们绝交了。彭泽民坚持"只要是反革命，即使是最至交，也要和他割裂"。

在武汉，彭泽民还联络冯玉祥、李烈钧、李公朴、王造时和中共代表，与他们商谈逼国民党改革政治、发展抗日爱国武装等重大问题。但最后仍因受蒋介石、汪精卫反动势力排斥和威胁而含忿返港。在香港，经受多次失败打击的彭泽民，更是不顾个人安危，投身抗日救国行列，然而他的每一个抗日行动，都被香港的日本特务机关盯住，并被列入黑名单。10月12日新四军成立，是年底，彭泽民在等候叶挺由欧洲过港回国抗日之前，就已经开始筹划支持新四军的抗敌后援工作了。

☆ 1937年12月25日(右起)彭泽民、李烈钧、冯玉祥、王造时、李公朴在武昌青年街循道会福音堂合影

1938年1月,彭泽民为将抗日救亡活动重心转向发动华侨抗日救国运动,首先在该组织的机关报《抗战行动》创刊号上,发表《怎样动员华侨》一文,主张予华侨以参加政治的机会,鼓励他们在各自旅居地区成立"抗战后援会"。

3月11日,彭泽民在香港创办《抗战华侨》刊物,亲任该刊发行人,张梦醒为编辑,读者对象主要是东南亚地区的华侨。该刊致力于海外华侨的救亡活动,向海外侨胞宣传抗日救国思想,并发动华侨、港澳同胞捐款捐物,支援新四军和华南抗日游击队抗日。彭泽民在《抗战华侨》上发表《读"霹雳埠华侨致电第五、第八路军"感言》等文章,提出旗帜鲜明的抗日主张,赞扬中国共产党领导的八路军在平型关大战中英勇善战、战绩辉煌,并号召华侨支持八路军抗战。4月4日,新四军军部离开了南昌,到皖南建立抗日根据地后,彭泽民又利用此宣传工具发动广大华侨、港澳同胞为新四军捐款捐物,自己经常为募捐、购买物资不辞辛苦,为托运衣物、药品、军需品而四处奔走,支援中国对日抗战。

抗战爆发后,汪精卫集团竭力反对抗日作战,宣传"亡国论"。1938

年,汪精卫指使外交部亚洲司司长高宗武等人,多次与日本参谋本部影佐祯昭、日本特务今井武夫、陆相板垣征四郎等,进行秘密接触与会谈,于11月20日签订了《日华协议记录》,并拟定了叛国投敌计划。12月19日,汪精卫、陈璧君、周佛海、陶希圣、曾仲鸣一行从昆明飞达越南河内,翌日,陈公博也由成都经昆明到河内。22日,日本首相近卫文麿发表第三次对华政策声明,29日,汪精卫在河内发"艳电"予以响应,宣称愿以近卫文麿提出的"善邻友好、共同防共、经济合作"三原则进行谈判,公开投敌。

汪精卫公开投敌后,彭泽民随即于1939年1月,以中华民族解放行动委员会的名义发表通电,声讨谴责汪精卫通敌卖国的行径。通电认为:当抗战局势转入第二阶段,全国人民及各党派一致奋斗,力求反守为攻的时候,身负国家重任的汪兆铭,竟逃脱抗战的革命营寨,遁走河内,且响应敌酋声明,通电主张乞降,其通敌叛国的逆迹,实已昭彰。对国民党执监委临时会议永远开除汪兆铭党籍的决议十分欣慰。同时,认为国民政府对汪兆铭尚须严申国法,下令通缉,归案严办;对其党羽不容姑息,应彻查缉办,以期除恶务尽。告诫国人:抵御外来的日本强盗,以争取中华民族的独立自由,是一个艰苦的历史任务,只有能忍受痛苦、不顾牺牲、真正决心效忠于国家的民族斗士,才能负担起这一艰巨的任务。

5.3 第三次干部会议

1937年10月20日,南京沦陷前,国民政府宣布迁都重庆,但只是象征性地迁走了辛亥元老、国民政府主席林森。在此期间,国民政府进行了改组,蒋介石、汪精卫、冯玉祥等国民政府和国民党要员都到了武汉,武汉成了实际上的战时首都和全国政治中心。

1938年1月,解委会中央由香港迁至武汉,彭泽民和章伯钧、彭泽湘等解委会负责人分别由香港、南京来到武汉,许多从华北、华东撤退下来的解委会干部和成员,也纷纷赶到武汉集中,在武汉成立了"临时工作组"。通过"青年抗日工作团"和"黎明剧团",推动成员深入工人、学生和海员中,开展抗日宣传,并发展组织,吸收了一批青年和工人入党。

2月1日,解委会创办出版了《抗战行动》旬刊,它的宗旨是"本民族至上,民主至要的意识,抒陈有利于民主国家的政见",以"发挥纯正的民意,抒陈有利于民族国家的政见"。章伯钧等在《抗战行动》和《前进日报》上,发表多篇政论文章,这些文章在分析了抗战时期国内外形势的基础上,大力宣传全面抗战与民主改革的主张,批评国民党片面抗战路线,揭露亲日派妥协投降的阴谋;提出了中国国民党必须以身作则、忠实执行抗战建国纲领的要求;希望国民党接纳各党各派的政治要求,开放党禁,实行民主,改善民生,商定全国一致遵守的以民主为骨干的政治纲领。

在武汉期间,解委会在形式上已取得半合法地位,但仍处处遭到国民党的歧视与压制。为加强同中共的合作,2月间,解委会以章伯钧、彭泽湘为代表,同中共领导人王明、周恩来在汉口举行两党会谈。双方共同回顾了过去两党间的关系,交换了开展抗日民族统一战线工作的意见,一致表示今后要密切合作,共赴国难。这次会谈为解委会进一步靠拢共产党奠定了思想和政治基础。会谈之后,解委会立即着手筹备召开第二次临时代表会议。由彭泽湘、章伯钧以"抗战、民主、反对官僚主义,改善人民生活"为重点,起草解委会的纲领——《抗战时期的政治主张》。

3月1日,解委会第二次临时代表会议,即第三次全国干部会议,在汉口璇宫饭店召开。会议由章伯钧主持,出席会议的有彭泽湘、丘哲、张云川等近30人,会期一天。中共领导人周恩来、叶剑英、秦邦宪应邀参加会议,彭泽民因受限于香港,没能出席会议。

会议通过了《中华民族解放行动委员会抗战时期的政治主张》和《抗战时期人民自卫武装组织条例》两个文件;调整了中央领导机构人选:保留"二干会议"选出的19名委员,并增选王一帆、陈其瑷、王寄一、朱代杰、邹静陶、唐午园6名临时执委会委员,由25人组成中央临时执行委员会;决定中央负责人均暂时不定职位名称,在黄琪翔总书记未公开履职之前,由章伯钧担任总联络人;决定全国地方组织分为后方组织和沦陷区组织,后方组织应配合全国抗战,积极开展工作,沦陷区组织凡能保留的尽力保留,坚持工作。会议决定派李士豪、何仲珉、张云川分别到浙江、江西、广东等沦陷区主持党务。

由解委会第二次临时代表会议通过的《中华民族解放行动委员会抗战时期的政治主张》,在1938年4月26日出版的《抗战行动》中发表,分析了抗战以来的中国政治、经济和军事形势,确定了解委会在抗战时期的行动方针,其主要内容包括两个方面:一是提出了内政方面的十五条政治主张;二是在外交方面提出了四个方面的要求。其核心内容是主张坚持持久抗战的方针,实行全民的全面抗战路线。《政治主张》是解委会在抗战时期的纲领性文件,也是对中共全面抗战路线的支持。《抗战时期人民自卫武装组织条例》作为发动人民群众、组织人民群众、实行全民抗战的工作条例,强调组织人民自卫武装,对于发动群众、动员党员参加抗战起了积极的推动作用。

5.4 支持新四军抗日

抗日民族统一战线确立后,1937年10月,由中共南方各省坚持斗争的红军游击队,陆续改编为新四军,国共双方同意任命叶挺为军长。叶挺接到指令后,从欧洲回国就任,途经香港时,亲自到彭泽民家探望,两位战友重叙友谊,实属难得。谈话中,彭泽民对自己在南昌起义失败后的苦难遭遇只字未提,而是更多地介绍了在大革命失败后,邓演达所创建的临委会坚持不懈斗争的事迹,描述了邓演达牺牲的经过。同时,向叶挺将军讲述了解委会基本组成情况,以及当前的一些活动状况。彭泽民对叶挺在国难当头及时返回国内指挥新四军抗日,充满着希望,表达了他对抗日必胜的信念。

叶挺将军秘密来访彭泽民时,当时彭家生活贫困,为叶将军赴前线饯行的饭桌上,没有美味佳肴,只有广东人常吃的咸鱼蒸猪肉、青菜豆腐。叶挺将军带来一盆水养的青绿"雨伞草",这是一种有极强生命力的植物,后来一直被彭泽民养在家中。叶挺临别前,专门用他的德国"莱克"照相机,同彭泽民合影留念,还为彭泽民全家拍了一张"全家福",然后在夜幕中离去。

☆ 1937年,中华民族解放行动委员会监察委员会书记彭泽民(右)与叶挺(左)在香港合影

送走叶挺将军后,彭泽民继续在香港致力于海外华侨的救亡活动,发动华侨和港澳同胞捐款捐物,支持新四军等抗日部队。1938年2月,解委会机关报《抗战行动》创刊,彭泽民发表了《怎样动员华侨》一文,鼓励华侨成立"抗敌后援会",动员华侨参加抗日战争。

1939年底至1943年上半年,国民党连续发动三次反共高潮,其中尤以针对新四军的"皖南事变"为甚。1941年1月初,国民党军队突然袭击正在皖南浴血奋战的新四军军部和皖南部队,妄图消灭新四军,爆发了震惊中外的"皖南事变"。当时彭泽民和宋庆龄、何香凝、柳亚子都在香港。面对蒋介石再次掀起的反共高潮,即由何香凝发起,同宋庆龄、柳亚子、彭泽民三人为此事专门开会。

在开会之前,柳亚子亲自到彭泽民家,与彭泽民商量,柳亚子说:"当前是团结救国为重,民族大敌当前,岂能再来一个自相残杀?蒋介石的为人,你是知道的,我们一定要把这次事件揭发出来,把真相公布于世,是非自有公论。我和孙夫人、廖夫人准备发表公开宣言,谴责蒋介石,希望你也能参加。"彭泽民回答:"我们都是中山先生的忠实信徒,责无旁贷,我完全赞同,目前谁敢讲?该我们出来讲话了。"

1月12日,由柳亚子起草,四位曾是大革命时期国民党的中央执行委员,联名发表一封致蒋介石及国民党中央执行委员、监察委员的公开信。信中指出:"最近讨伐共军之声竟甚嚣尘上,中外视听为之一变。国人既惶惶深忧兄弟阋墙之重见今日,友邦亦窃窃私议中国抗日之势难保持。倘不幸而构成'剿共'之事实,岂仅过去所历惨痛又将重演,实足使抗战已成之基础毁于一旦。而时势所趋,又非昔比。则我国家民族以及我党之前途,将不堪设想矣!"信中要求:"慎守总理遗训,力行我党国策,撤销'剿共'部署,解决联共方案,发展各种抗日实力,保障各种抗日党派。一举手措足之劳,即可转定抗战基础,安如磐石。"

这封信由中国新闻社、延安《新中华报》刊载,给蒋介石集团以沉重打击。但同时,彭泽民的名字也被列入日本特务机关的黑名单,1941年底,日本侵略军占领香港,翌年开始,在两年内,他两次遭日军逮捕,其中一次被投入赤柱集中营,备受种种折磨。

5.5 建立抗日队伍

在全国日益高涨的抗战形势鼓舞下,抗日烽火在南粤大地熊熊燃烧。1938年10月,在广九铁路东、大鹏湾、大亚湾一带,为配合中国共产党领导的敌后抗日斗争,彭泽民在当地上层人士以及解委会中央的支持下,在香港购买枪械,建立了"大鹏人民自卫总队",由李瑞柏任总队长,坚持抗日一年多时间。1941年春,日寇第二次进攻东江时,在中共帮助和彭泽民、李伯球的大力支持下,张平、叶锦荃重建了"大鹏人民抗日自卫大队",后改用"国民兵团大鹏联防自卫大队"的名义进行抗日活动。自卫大队先后由叶锦荃、张平任大队长,李义容任军事教官,勇敢地配合中共开展敌后抗日斗争。

在华南游击区和新四军抗日根据地,随处都可以看到解委会成员的踪影。解委会委员叶尚曾创建并领导"大鹏人民抗日游击队",活跃在广东大鹏湾一带;这支以海员占多数的队伍,和当时中共领导的东江游击支队,共同对日进行作战,后并入东江纵队。华南地区有些解委会成员,像叶粤秀等,受廖承志委托,通过彭泽民关系潜入"粤东抗日联合指挥部",对协调作战、保护抗日力量发挥着积极作用。

1943年12月2日,在中共的领导下,以上述抗日队伍为基础,成立了广东人民抗日游击队东江纵队,这是一支以八路军、新四军为榜样,在华南敌后建立的抗日武装队伍。"大鹏人民抗日自卫大队"自始至终与东江纵队密切合作,共同抗击日寇侵略者。其间,李义容在与东江纵队司令员联系途中被捕牺牲。1944年9月底,"大鹏人民抗日自卫大队"又与中共合作,在该地区建立抗日民主政权——路东新一区民主联合政府,并将双方武装合编为东江纵队江南独立大队,由张平任大队长、政委兼路东新一区区长,成为东江纵队活跃在东江南岸的一支重要的军事力量,不时给敌人以重创,立下了不少抗日战功。

5.6 沦陷区苦难生活

彭泽民不仅是著名的政治活动家,还是医德高尚的中医大家。早年旅居马来亚时,用从伯父那里学到的中医技艺,曾为当地矿工等治病。流亡到香港后,跟随广东近代四大名医之一的陈伯坛先生学习中医。彭泽民一生以自己是一名医生为荣,以能为他人解除病痛为乐。在香港,他利用行医所得的报酬,艰难地维系一家人的生活。

1941年12月8日,太平洋战争爆发,日本军队袭击珍珠港,同时也袭击了香港,48架飞机袭击九龙机场,随即取得香港制空权,让驻港英国空军全部陷于瘫痪。12月21日,日军开始发起陆路进攻,英军无力抵抗。12月25日,正是西方人的圣诞节,港英总督杨慕琦率全港驻军向日军投降,香港从此沦陷。

香港沦陷后,彭泽民一家颠沛流离,生活艰难,尽管如此,他仍一如既往地从事抗日救国工作。沦陷前,香港隐蔽着大批从内地避难来港的文化界人士和爱国民主人士,在中共香港地下组织领导下,彭泽民积极参与,依靠东江纵队为主力的抗日游击队,开展了一场闻名中外的秘密大营救,何香凝、柳亚子、茅盾、邹韬奋等文化界人士、爱国民主人士及其家属,约800人历尽艰险,从香港九龙等地区被抢救撤离,并安全转移到抗日根据地或大后方。

　　当时,虽然国共合作抗日形势已形成,但是彭泽民被锁定"党国叛逆""通缉归案严办"并未解除,为抗日救亡奔走呼号和在"皖南事变"中公开谴责国民党,更令反动当局记恨有加,怎能容忍他在大后方安生?加之彭家子女成群,全家老少有十数口之众,最小的还在襁褓中,全依赖彭泽民诊疗所得维持全家生计,也是难以撤退。只能在日军攻击开始时,全家逃往铜锣湾山上的洞中避难。当日本登陆攻打香港时,香港同胞自发奋起抵抗日军进攻,彭泽民又让两个女儿励平、子平再次加入"义勇救护队",在炮火中抢救伤员,她俩曾参加淞沪抗战前线的抗日义勇救护队。

　　日寇占领香港后,在全港范围内搜捕抗日人士,以及曾参与抵抗日军登陆的中国同胞,经常可以看到,被抓捕的大批抵抗分子或无辜百姓,不经审讯就被拉到海边枪毙或砍头。据统计,7天中约有3万人被杀害。彭家住在西环,靠山临海,是香港同胞抵抗最激烈的地区,长长数公里的海岸边,漂浮着数不清的尸体,惨不忍睹。这是日本侵略者又一次犯下对中国同胞大屠杀的罪行。参加义勇救护队的两个女儿幸运地避过搜查,最惊险的一次是排行老九的女儿,在搜捕时正躲在柴火堆里,逃过一劫后在彭泽民策划下迅速返回内地。从这时起,彭家开始陷入饥饿与贫困之中,四个女儿因严重缺乏营养而先后病倒,而出生仅八个月的小女儿洁平,就是在沦陷后不久,因无奶喂养,只得食用椰汁,导致患重疾,一贫如洗的全家,也只能眼睁睁地看着她死去。

　　在血腥镇压过后,日军又在大街小巷内,按名单大肆搜捕爱国民主人士。早已上了日本特务机关黑名单的彭泽民,自然无法逃脱,又因掩护过共产党人脱离虎口,因而很快遭到逮捕。当时,彭泽民已是66岁的老人,备受严刑后,被关进赤柱集中营一个多月,受尽了非人折磨,以致全身浮肿,生命垂危,奄奄一息。在监狱里,酷刑和饥饿把彭泽民摧残得面目全非,妻子翁会巧到监狱看望他,看见他躺在布满苍蝇污物的潮湿地上,心痛如刀割,而彭泽民却显出宁死不屈的壮志和敢为革命献身的精神,使翁会巧感受到革命的力量和信心。最后,经丘哲奔走协助,通过大革命时期结识的日本友人中村农夫出面相助保释,才使得彭泽民出了监狱,死里逃生。

在香港沦陷的3年零8个月期间,彭泽民全家始终未能摆脱日本侵略者的淫威。日本宪兵常以搜查为由,逼令其全家老少在室外马路旁站成一列,按钉在楼梯口上的木制户口牌点名,实际以此"示众",警告周围百姓不得与彭家来往,敢来彭家求诊的人越来越少,生计自然受到严重威胁。以后,宪兵、特务又常接彭泽民外出医诊,借诊病盘问远近活动情节,但都被彭泽民的坚毅、机智应付过去。实际上,这也是一种监视,试图以此发现其他抗日人士,但始终未有所获。

1943年初秋,有一次日军搜查彭泽民家时,发现孙中山20年前书赠彭泽民的"博爱"遗墨。日本驻香港军政厅最高长官矶谷廉介知道后,传话欲以4 000军用票强行"购买"。为防止这一珍贵文物落入敌手,彭泽民冒着生命危险,星夜乘木船渡海至偏僻的荃湾,将它与另外几件文物藏于友人菜园的枯井中,使其幸免被日军掠走。

彭泽民医术高明,医德尤为高尚,平日对患者有求必应,精心诊治,特别对贫苦的劳动人民,概不收诊金,并赠送丸药,关怀备至。那时在香港,作为一代名医,是很容易发家致富的,可是彭泽民这位旨在助人济友的革命名医,却并不富裕,全家长期过的是最俭朴的生活。他进行的革命活动,就是以"国医彭泽民"的公开身份进行的。

日本占领香港以后,彭泽民的生活更加拮据,有时甚至身无分文。1944年之后,则完全靠妻子和年幼子女做苦工、砍柴出售渡难关。即使这样,他既没有想过脱离无钱之苦,也没有想为以后更好的生存去搞些积蓄。相反,彭家在力所能及的情况下,想方设法去帮助志同道合的革命者。

多年来,中共地下党的负责人方方、连贯、谭天度以及许多隐蔽在香港从事秘密活动的中共党员,都是彭泽民夫妻的最好朋友。他们肩负繁重而危险的任务,虽称"老板"或"老板娘",但生活却异常艰苦。

有一次,彭泽民夫妇在连贯的住处,同时又是秘密机关的香港东区的"洋别墅"里,翁会巧注意连贯夫人林琅总是穿着一件褪色旗袍,便送去一块衣料,可是翁会巧送去,她又送回来,反复往还始终不肯收下。翁会巧最后恍然大悟说:"林琅是在党的人,严守党的纪律啊。"当时林

第5章 反蒋日

☆ 1938年，国医彭泽民在香港医寓

琅快临产了，还没有找到接生的医院，她的住家和彭家相距甚远，翁会巧得悉后，万分焦急地亲自跑到西区高坡上的那打素医院，那儿安全隐蔽，找到在医院当护士的远亲，求她无论如何定要帮助这位临时"亲戚"入院生产。终于，连贯的小女儿顺利诞生了。出院时，翁会巧亲自前往，并抱着用草纸包裹着的新生婴儿，送母女安全回家，既高兴又心酸地流下眼泪。还有一次，谭天度爱人生乳疮，疼痛不已，到彭泽民处问药，翁会巧怕中药效果来得慢，母女受苦，一面安慰她说"您不用着急，我想办法"，一面拿出奶粉给"谭老板"后，立即跑到位于山上全港最大的玛丽医院，找到一位在医院任厨师的熟人，帮助谭夫人入院治疗，很快解除了她的痛苦。

5.7 艰苦磨难越挫越勇

在长达约20年的政治流亡生活中，彭泽民曾经历过三次被捕，被港英当局政治部拘捕一次。港英时期的政治部，直属英国安全局"军情五处"，在1934年成立，纳入警队编制。日本侵略者占领香港期间，先后于1942年、1943年两次逮捕了彭泽民。另外，彭泽民还经历了四次危险，死神从他身边走过。

第一次死神造访，是在日军进攻香港时，彭泽民正住在北角山上一座茅屋避难，日军炮火密集轰击英军在山上设置的各个炮台，战火正酣的夜里，一颗炮弹突然落在彭家茅屋旁的另一间茅草屋上，屋里老少四口人悉数身亡。虽然彭泽民一家躲避的茅草屋几近倒塌，但一家老小却安然无恙。

第二次死神造访，是彭泽民到九龙出诊时，在返家的渡海小轮中，遇上盟军飞机轰炸港湾里锚泊的日本军舰。距小轮不到百米远处的一艘日舰中弹正倾覆下沉，日本士兵向码头拼命游去，试图逃命，岸上日军不许小轮靠岸，以做人肉盾牌。此时空袭尚未停止，盟军飞机不停地轮番低空扫射、投弹，小轮周围也不停地掀起浪花水柱，如果稍有偏斜，全船人员必会葬身鱼腹了。彭泽民却十分镇定，要大家不要惊慌，让驾驶员将船开向东方水面较窄的湾仔处，远离日本军舰密集的上环海面，终于在湾仔一小型码头顺利靠岸登陆，这是十分惊险的一幕。

第三次死神造访，是在1943年4月，彭泽民又被列为"重要政治犯"，再次遭香港日本宪兵部逮捕，囚禁于香港赤柱集中营，在监狱里受尽非人待遇，但他仍凛然不屈，顽强支撑着。对此，中共香港地下党对彭泽民崇高的民族气节给予了高度评价。贺诗一首：

> 蔓延烽火到香江，
> 日寇凶残似虎狼。
> 刺刺血腥魔掌下，
> 几人事敌几人降。

> 我公义烈独非凡，
> 誓将气节斗蛮番。
> 身陷网罹荆棘里，
> 抗声骂贼单常山。

1944年10月，彭泽民67岁，在《生日述怀》一诗中，他记述了在日本侵略者统治下生活的困苦和环境的恶劣：

> 行年六十七，
> 光阴流水疾。
> 体力已渐衰，
> 事功应作毕。
> 奈何遭事变，
> 竭尽谋生术。
> 斗米十余金，
> 担柴银百一。
> 饔飧将不继，
> 俯仰心战栗。
> 亲朋音讯疏，
> 子女垂踪失。
> 避地费图谋，
> 归途皆阻窒。
> 倚杖瞻天涯，
> 挑灯坐斗室。
> 危巢苟复安，
> 藐躬非所恤。
> 寸衷若悬针，
> 解去知何日？

第四次死神擦肩而过，发生在1946年11月。当时，蒋介石反动集团在国内进行反人民内战的同时，不停地迫害一切爱国民主人士，

更对共产党员大开杀戒。在一次出门活动时,彭泽民在电车上,被国民党特务推落到马路上,磕断了两颗门牙,左臂摔成了粉碎性骨折,经抢救医治和来自家乡骨科医师的悉心照料,数月后,才得以痊愈。每一次遇险,彭泽民都像一名战士那样,勇敢地藐视危险,坦然地面对死神。

第6章 拥中共

中国抗日战争全面爆发,始于1937年7月7日的"卢沟桥事变",止于1945年8月15日的日本无条件投降。至此,中国人民艰苦卓绝、气壮山河的抗日战争,取得了最后胜利,世界反法西斯战争也胜利结束。抗战胜利后,全国人民盼望休养生息,建设中国,但是国民党反动派却冒天下之大不韪,悍然发动内战,妄图短时间内消灭共产党。由此,中国革命进入解放战争时期。这一时期,中国人民解放军在中国共产党的领导下,为推翻国民党统治、解放全中国而进行了一系列人民战争,开始了一场事关中国前途命运的大决战。

6.1 奋笔疾书反内战

抗战胜利后,遭受日寇残酷蹂躏的祖国,已是山河破碎,满目疮痍,哀鸿遍野,民不聊生。为了拯救饥馑中的同胞和重建祖国,素有爱国光荣传统的泰国华侨,在"反日大同盟"的基础上,组织暹罗华侨各界建国救乡联合总会。1945年12月18日,"暹华建救总会"正式成立,由蚁美厚担任总会会长,宋庆龄、何香凝、彭泽民等都先后担任过"暹华建救总会"名誉会长。当时泰国每个府都有"暹华建救总会"的分会,正式会员达10万人,实际上是10万户。"暹华建救总会"成立后,与国内宋庆龄领导的中国福利基金委员会,香港何香凝、彭泽民、蔡廷锴领导的华南救济协会以及陈嘉庚领导的新加坡"南侨总会",紧密联系和配合,共同进行建国救乡工作。

除此之外,彭泽民还致力于爱国民主运动,曾任"反战大同盟"的常委。他反对内战,呼吁和平团结,成为南方民主运动的领袖之一。由于"皖南事变"的发生,国共两党合作遭到破坏,抗日民族统一战线危机四伏,国共两党之外一些主张抗日的政党和人士,迫切希望各党各派联合起来,为团结抗日而斗争。于是,1941年3月19日,中国民主政团同盟顺应而生,在重庆正式成立。参加中国民主政团同盟的有中国青年党、国家社会党、中华民族解放行动委员会、中华职业教育社、乡村建设协会的成员及其他人士,公推黄炎培为中央委员会主席,黄炎培辞去主席职务后,推举张澜任主席。10月10日,在香港的民盟机关报《光明报》,发表了《中国民主政团同盟成立宣言》和《中国民主政团同盟对时局主张纲领》,主张"贯彻抗日主张,实践民主精神,加强国内团结",并积极组织成员参加国民党统治区的民主宪政运动。

1944年9月,中国民主政团同盟在重庆召开全国代表会议,决定将名称改为"中国民主同盟",由团体会员制改为个人申请参加。同年10月,发表《对抗战最后阶段的政治主张》,响应中国共产党提出的建立民主联合政府的号召。1946年元旦,彭泽民和丘哲等建立了中国民主同盟南方总支部,彭泽民为南方总支部主任委员,负责海外及华南地区事务。

1946年初,在重庆召开的政协会议上,民盟与中国共产党默契配合,互相支持,一起邀请了34位国内有声望的学者名流,组成政协代表团顾问团,为民盟与中共代表团制定提案提供咨询,彭泽民受聘为民盟顾问团华侨问题顾问。为此,彭泽民发表了《致华侨书》,发动华侨配合全国人民,共同制止内战,挽救和平。1月10日,彭泽民代表解委会对时局发表谈话,对国民党政府"直到今天还没有实践释放政治犯及保障民主自由的诺言"表示抗议,"希望全国人民团结起来,热情地展开民主运动,以促进政治民主化"。

为争取中间阶级、阶层,团结知识分子和国民党中反蒋力量,争取和平民主,反对内战,拥护共产党提出成立联合政府的主张,解委会广东组织和民盟南方总支部在港机构,在中共南方局的支持下,由彭泽民等人出面募捐经费,于1946年3月1日,在香港创办了《人民报》,丘哲任发行人,李伯球任社长,该报为日报,设国内新闻版、国际新闻版、副刊版、地方新闻版,发行量3 000余份。从创办到8月间被国民党反动派武装封闭,《人民报》存续约半年时间。在这半年时间里,该报瞄准巩固世界和平、促进中国真正的民主政治之实现、普遍改善人民生活、争取言论自由等目标,在对宣传反对蒋介石发动内战、反对独裁、争取民主、成立联合政府、号召爱国同胞团结一致、建立和平民主的新中国等方面,都起到了积极作用。

在此背景下,国内一度出现和平呼声相当之猛烈,促使国共两党开始了又一轮的谈判。这其中,中共要求释放叶挺,也是谈判中最重要的一个诉求。在各方压力下,蒋介石政权不得已,于1946年3月4日释放了叶挺。但在4月8日乘机返回延安时,叶挺、王若飞等因飞机失事遇难,彭泽民不胜悲痛。继南昌起义、广州起义失败后,叶挺外受国民党反动派追缉,内受"立三路线"严厉谴责,追究他两次起义失败责任,背负沉重的压力,辗转流亡欧洲十年。但叶挺、彭泽民之间的情谊始终未断,不时信件往来,直至日本全面侵华战争爆发,叶挺将军毅然自欧洲返回祖国,担负救国重任。叶挺从欧洲返回国内上任新四军军长,途经香港密访彭泽民时,送他一盆雨伞草。当彭泽民闻听叶挺将军一家四口随机遇难,他悲痛不已。将军过港返国时送来的那盆雨伞草如今绿草犹存,但斯人已逝,睹物伤情,赋七绝一首:

谁云木草尽无情?
对此情根百感生。
何必春王多雨露,
纵依泉石亦繁荣。

在蒋介石准备发动内战、妄图在短时间内消灭共产党的危急时刻,彭泽民于1946年5月底接到周恩来的亲笔信,这封信是周恩来率领中国共产党代表团从重庆飞抵南京梅园新村后写成的。

信中说:"泽民先生惠鉴:久违雅教,驰系时深。自日寇投降以后,举世和平民主之局大体已定,而前途曲折,困难尚多。目前,东北在当局武力统一方针之下已演成大战,全国内战危机严重已极,人民权利自由到处遭受极大之剥夺。扭转危局,端赖全国民主力量之一致努力,庶可促使当局改变政策,和平民主乃有实现之望。时局如此,至望先生与华南民盟暨憬然、贤初诸先生大声疾呼,号召社会人士共同反对内战,力挽狂澜,无任企盼。恩来与敝党代表团已于五月三日迁抵南京,寓国府路梅园新村十七号,尚祈不时赐教,以匡不逮,是所至祷。专白。祗颂。时绥！周恩来敬启　五月二十三日。"

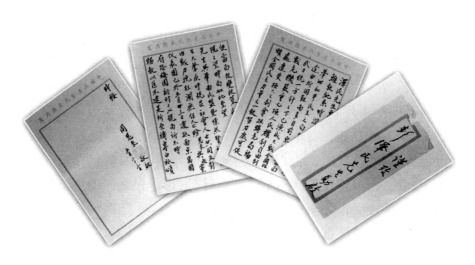

☆ 1946年5月23日,周恩来写给彭泽民的亲笔信

彭泽民反复研读周恩来的来信,深知其分量之重,感到责任重大,他大声呼喊一句:"国家兴亡,匹夫有责！"从此,他把全部精力投入揭露蒋介石发动内战的阴谋,批判蒋介石发动内战的罪恶。彭泽民常常深夜伏案工作,奋笔疾书,一连在《华商报》上发表38篇文章,还参加各种会议公开发表演说,不断揭露蒋介石发动内战的罪行,谴责内战,反对独裁,要求民主,多次把蒋介石骂个痛快。

1946年6月23日,全面内战爆发前三天,彭泽民、何香凝、蔡廷锴等联合港澳各界民主人士共98人,同时发出三份"万分"电报:一份致美国总统杜鲁门及国会参众两院,严正要求美国政府"迅速采取公正有效步骤,停止一切足以助长中国内战措施,恢复中国和平"。一份致国内外报馆、通讯社、杂志社、舆论界并转各国基督教会及各宗教团体、慈善救济机关,"呼吁和平,停止内战,无论任何争执均应以和平谈判解决",

并希望他们向美国总统呼吁"以公正合理的态度调解中国纷争,勿再继续作单方面的军事援助以助长内战火焰"。一份致蒋介石、毛泽东及民盟、青年党及无党无派社会贤达,指出:"时局险恶,祸起萧墙,国脉奄奄,民不堪命。""全国人民渴望和平,咸盼国共两党相忍为国,其他党派与社会贤达竭诚斡旋,共促谈判于成,以为民望而固国本。"

两天后,即6月25日,彭泽民、郭冠杰等在港解委会中委,邀李济深一道,致电美国国会参众两院,反对美国贷款,指出:"任何国家有助长中国内战的行动,皆足以引起中国人民的极大反感。现在,在国民党独裁派控制下的政府,又迫切地要求你们予以大量的借款了,我们希望你们断然拒绝,因为在目前情况之下,无论以何种方式接济中国都变成助长内战的资料。这样的债务,中国人民绝不能承认,必将实现的民主联合政府,绝对不负清偿之责。"紧接着,彭泽民以个人的名义发表《斥蒋介石告国人书》《纪念廖仲恺先生》等文章,谴责蒋介石发动内战。

7月22日,宋庆龄发表《对时局主张》后,彭泽民立即撰文《孙夫人〈对时局主张〉代表了全中国人》予以响应,要求国民党立即接受宋庆龄的主张,实行停战,恢复政治协商会议,组成各党各派的联合政府。10月10日,彭泽民怀着悲愤的心情发表了《侨胞应如何祝国庆》一文,大声疾呼,立即停战,实行民主!

由于彭泽民与共产党的密切合作,蒋介石反动政府对他恨之入骨,11月的某天,国民党特务将他从行驶的有轨电车上推下去,彭泽民当场摔掉两颗门牙,导致右臂骨折。彭泽民极其愤怒,但毫无惧色,70岁的他,以乐观的革命精神赋诗自勉:

老来何必伤迟春,
古木春归又出芽;
世界沧桑问几许?
认清猿鹤与虫沙。

6.2 第四次干部会议

抗战胜利后,从1945年秋开始,解委会一方面在民盟中发挥作用,一方面开始组织恢复工作。1946年5月8日,章伯钧自重庆飞抵上海,与王寄一等商议筹措办公用房,以便设立中央机关,最终确定为愚园路联安坊十一号楼房。中央机关迁回上海后,开始对各地方组织进行恢复整顿,部分地区建立了临委会新的领导机构。

1946年10月11日,国民党军队攻占张家口,达到了它向解放区全面进攻的高潮。蒋介石为表面的胜利冲昏头脑,当即悍然下令,召开由国民党一党包办的"中华民国国民大会",追随他的只有民盟中先后分裂出去的中国青年党、中国民主社会党。国民党一党包办的"国民大会",于11月15日至12月25日举行,制定了《中华民国宪法》。"制宪国大"召开后,面对国共和谈破裂、民主建国无望、国民党政治经济危机加深、全国爱国民主运动高涨和中共已作出"打倒蒋介石"决策等一系列形势的变化,解委会预感到中国新的革命高潮即将到来。

为了适应革命形势的发展,担负起历史赋予的使命,1947年初,解委会中央决定召开第四次全国干部会议,以分析形势,总结经验,进行改组,制定新的行动方针,便于更有效地领导全党开展斗争。会议召开前,在上海举行了为期十天的预备会议。章伯钧在参加完民盟二中全会后,即主持召开了第四次全国干部会议的预备会,讨论了新形势下党的名称问题、党章、党纲及党的行动方针等重大问题,并起草了大会的各种文件。

在预备会上,与会者对党的名称和今后的路线问题争论激烈。关于党名,有的主张不改,有的主张改,多数代表认为,抗战胜利后国内已转为民主革命,党的名称也应随之改动,并提出了"工农民主党""平民党""中国民主党""社会主义民主党"等十来个名称,具体改为哪个,很难确定。于是,去请教周恩来,周恩来很谦虚,没有马上回答,只是说,这可是个重要问题,最好广泛深入地在党内进行讨论,再做决定。

固请之下,周恩来说:"依我个人见解,对'工农民主党'这个名称稍作改动,更名为'农工民主党'较为妥当,因为邓演达先生很重视中国的农民问题,在北伐前,他就是中国农民解放运动的倡导人之一,建党之初就提出'建立以农工为中心的平民政治'的主张,在他的其他很多论文中,也多次这样提出过,建立农工平民政权是邓演达先生政治思想的核心,是你们党的光辉的历史传统,以'农工民主党'为你们新的党名,不是顺理成章的吗?"周恩来还声明,这是他作为朋友,个人提出来的意见,究竟怎么改,还是应该让大家讨论,让大家来定。

经反复协商和讨论,代表们接受了周恩来的建议,改党名为"中国农工民主党"。这是因为:根据邓演达的政治主张与革命的基本精神,党多年来的奋斗都是代表农工平民的利益;农民问题是中国民主革命的核心问题,农民是中国革命最广大的主力军,工人是中国革命最先进的阶级,必须把农民的革命要求和工人的最先进的革命意识与力量结合起来,作为整个革命的中心;农工民主与各被压迫阶层的民主是分不开的,农工民主不是农工民主专政,而是农民、工人与其他平民的联合民主,它表明中国的民主革命,不是欧美式的资产阶级的民主革命,而是进步的以社会主义为归宿的民主革命。预备会议还对走"中间道路"的思想进行了激烈的争论和批评,最后统一了认识,只有跟着共产党走才有革命的前途。

将解委会改为中国农工民主党完全符合彭泽民之意。早在1945年底到1946年初,彭泽民曾数次在他家中召集广东和香港同志十数人讨论党名改称问题。1946年4月30日,彭泽民代表解委会向香港《华商报》发表谈话,他认为:根据邓演达主张农工平民民主革命的基本精神,根据本党20年奋斗和全国革命战友的实践所证明的农工平民民主联合的正确路线,在理论基础、政治影响、群众基础、组织基础和干部发展等诸多方面,本党都已准备成熟,可以名副其实地发展而成为"中国农工民主党"……彻底完成民主革命,向着社会主义发展。

1947年2月3日,中华民族解放行动委员会第四次全国干部会议在上海愚园路联安坊十一号举行。出席会议的有章伯钧、丘哲、李士豪、李伯球、张云川、王深林、郭则沉、王一帆、韩卓儒等40余人。会议由章伯钧作《党务报告》;会议决定正式采用"党"名,将解委会改名为"中

国农工民主党",简称农工党;会议通过了《中国农工民主党党章》《关于党的纲领、路线和基本方针的决定》以及《中国农工民主党第四次全国干部会议宣言》;会议选举了新的中央执行委员会和中央监察委员会。

当选为中央执行委员会委员的有25人:章伯钧、丘哲、郭冠杰、张云川、李伯球、王一帆、王深林、李士豪、罗任一、杨清源、杨逸棠、郭则沉、庄明远、季方、严信民、何世琨、曾伟、杨子恒、连瑞琦、郭翘然、云应霖、黄农、黄琪翔、黄朋豪、汤仁溥;当选为中央执行委员会候补委员的有9人:丘辰、黄桐华、何仲昆、李健生(女)、徐哲、张耀明、张觉初、任谦、安问石。当选为中央监察委员会委员的有10人:彭泽民、韩卓儒、陈卓凡、唐午园、王寄一、欧阳平、杨建平、王人旋、李如苍、陈琪瑗;当选为中央监察委员会委员的有5人:黄慎之、叶粤秀、朱镜堂、祖世康、刘之谋。

2月15日,中央召开了第一次执监委联席会议,会上进行了组织分工:推选章伯钧、丘哲、罗任一、李伯球、王一帆、张云川、王深林、郭则沉、李士豪9人为中央执行委员会常委。章伯钧为执行委员会主席,彭泽民为监察委员会主席,丘哲为执监委联席会议秘书长,王深林为组织部部长,李伯球为宣传部部长。

第四次全国干部会议通过的《宣言》,简述了农工党的奋斗经过和主要政治目标。党的奋斗历程是:本党创立于1927年,经过三个艰苦奋斗时期,即1930年成立中国国民党临时行动委员会,在福建人民革命失败后于1935年成立中华民族解放行动委员会,1938年召开第三次全国干部会议。主要政治目标是:国人所乞求之和平统一与民主建设,必有赖于农工平民之继续前进,尤须农工平民自有其坚强之政治组织,以为与全国民主力量共同争取胜利之武器,本党所负使命端于此。《宣言》重申了四条声明:本党完全同意民主同盟的政治纲领及其时局对策,本党所组织农工平民群众当与全国工农联合斗争求解放,现阶段中国经济改造首须实现耕者有其田,改善农民生活,拒抗外国势力干预中国民族解放运动。

第四次全国干部会议,是农工党历史上的一次重要会议,被称作是一次"改造党、健全党、扩大党"的会议。会议总结并肯定和高度评价了农工党的历史,更改了党名,选举了新的领导机构,根据新的斗争形势的需要,提出组织、宣传及党的行动方针。会议决定扩大农工党的组织基础,同时加强同中共、民盟、国民党民主派及其他民主党派的联合与合作,参加中国共产党领导的人民民主统一战线。会议再次明确提出以社会主义为农工党的奋斗目标,加强与中共的全面合作,指出了农工党在新时期的斗争方向。第四次全国干部会议确定:党没有单独组织武装斗争的必要,党的基本方针是进行和平的民主斗争。会议指明了在新的历史条件下的奋斗航向:继续跟着中国共产党,把民主革命进行到底。

中华民族解放行动委员会正式改名为中国农工民主党后,彭泽民除了被推为该党中央监委主席外,还兼"中国民主同盟"南方总支部主任,同连贯同志一道领导"华南救济总会"。彭泽民不仅领导着香港乃至华南地区农工党组织展开了新的斗争,而且在香港的家中还建立农工党的联络中心,农工党的成员经常在彭泽民家召开会议,策划、组织和指挥各种革命行动。

6.3 支援解放战争

1946年12月1日,是朱德60岁生日,中共中央在延安举行了祝寿活动。同延安一样,各解放区军民以不同形式表达了共同的祝贺,在国民党统治区的共产党人和进步人士,也纷纷庆贺朱德的六十寿辰。

11月30日晚,在千里之外的香港,中共中央华南分局设宴祝贺朱德六十寿辰,赴会的有何香凝、彭泽民、陈铭枢等60多人,外宾侯利嘉副主教、路透社记者威尔逊也应邀出席。宴会由中共华南分局书记方方致辞,略述朱德生平事迹,继由彭泽民代表来宾致祝词,最后由何香凝起草祝寿电文:"延安朱总司令玉阶先生勋鉴:欣逢六秩荣寿,普海同钦,同人等躬逢盛会,遥申庆祝之诚,谨电驰贺,并祝民主胜利。"

此次祝寿活动,正值解放战争中的一个重要时刻,国民党向陕北、山东发动了重点进攻。中共中央在紧张的备战气氛中,祝贺朱德六十寿辰,期望通过对军队最高领导人的祝寿活动,将中共军队的命运同中国人民的命运联系在一起,鼓舞人民的斗志,增强人民胜利的信心。

　　解放战争时期,彭泽民以邓演达为榜样,始终站在民主与独裁、和平与内战激烈斗争的前列。每当邓演达先生忌辰,农工党中央驻港办事处都会设灵堂,悼念祭祀,中共地下党负责人和各党派驻港民主人士都会前来吊唁。彭泽民面对邓演达遗像泣不成声,涕泗横流,他勉励大家,学习邓演达先烈的革命精神,继承邓演达烈士遗志,反对独裁,争取民主。仅在1946年、1947年两年,他在香港《华商报》上发表的声明、专论、纪念文章和记者访谈就有40余篇,通电14次,他旗帜鲜明地反对内战,高瞻远瞩地鞭挞时弊,敢于为人民说话。

　　1946年11月29日,在《中华论坛》杂志上,彭泽民发表了为邓先生殉难15周年纪念而作的《邓演达先生的基本精神》,系统总结了邓演达的基本精神。彭泽民认为:时势造英雄,英雄也创造时势。在那个奔腾澎湃的革命时代,才能产生大智大勇革命领袖邓演达,而邓演达在北伐革命的大时代中,领导广大农工平民大众,以狂飙突进之势,掀起了空前的革命高潮。彭泽民从邓演达的预见、理论、行动、实践和其人生轨迹中,发掘和寻找出邓演达的基本精神,即农工平民民主主义,它是反帝反封建的,包括农工平民政权的建立、国家社会主义的发展和社会主义道路三个阶段。彭泽民进一步阐述:农工平民民主主义是透彻了解中国社会性质和特质的产物,也是推动和改造中国社会的方针和方法;是正确估计了中国各阶级力量关系与革命动力的产物,也是运用和组织革命力量的方针和方法;是继承和发展孙中山先生的革命传统,并联合了世界革命思潮的一种结晶体;它是有现实的客观基础的,今天依然使我们迫切地要促其实现的包括平民政权、对外政策、经济政策等具体举措。彭泽民坚信:邓演达的基本精神与今天反对一党专制、反对一党"国大"、反对内战、反对独裁卖国政府、反对美帝国主义的精神是完全一致的,和今天中国人民坚持政协决议、坚持和平民主、坚持建立联合政府以及发动组织农工民主力量以压迫反动集团等是一致的。彭泽民呼吁:要缩短中国民主运动的行程,必须加紧发展农工平民联合组织的力量。

　　1947年,在邓演达忌日来临之时,为纪念其殉难16周年,彭泽民在香港《华商报》上,发表《邓演达先生殉难十六周年感言》,文章说:"邓择生同志被独裁者和法西斯集团杀害,忽忽又十六年矣,今日法西斯毒焰未消,造成内战,烽烟弥漫,哀鸿遍野,追念前人,缅怀国事,曷胜悲愤。""盗匪横行,天下同愤,是非所在,马鹿分明,历史之铁轮从无感情,时代渣滓,势必清除,群起覆秦之竿,共歼害民之贼,愿民主人士、全国同胞团结一起,汇合一切革命力量,促使独裁统治早日崩溃,是国家民族之厚幸。"1948年11月29日,发文《邓择生同志十七周年纪念》,讲述了北伐战争时期发生在武汉的一段史实,以示纪念。

1947年,大批民主人士云集香港,民主运动一波接一波,反内战、反独裁的斗争声浪高涨,同国内民众"反内战""反饥饿"的斗争遥相呼应。重新正名的中国农工民主党,因有彭泽民长期在香港坚持斗争的影响和经验,有中共的信任和支持及长期合作关系,党员和党内干部力量较强,特别是章伯钧、黄琪翔等领导人均在香港,领导层坚强有力。因此,在香港当时的进步民主运动中,表现最为活跃,并有相当影响。

彭泽民在港继续行医,以自己不多的收入,接济本党及其他党派有困难的同志。除参加本党领导工作外,彭泽民更多时间从事有利于民主党派、民主人士团结协作的工作。他还利用广泛的社会关系,四处奔走募捐筹款,支持革命活动,受华南人民解放军前身东江纵队之托,为东江纵队推销根据地生产的海盐,以筹措军费,这项任务从1943年开始,一直延续到解放战争中。他还出面建立"华南救济会",每年以赈济水灾名义筹款,支持东江纵队在华南作战。"华南救济会"是中共地下党在港的一个外围组织,彭泽民和中共地下党领导人连贯,一道领导该会业务,并掌握银行账户。在长期的斗争中,中共地下党领导人方方、连贯、谭天度、章汉夫等,与彭泽民结为朋友。1947年夏天,在一次狂风暴雨中,章汉夫为了甩掉跟踪的特务,在大街小巷中转绕,不幸被一根从高处掉下来的大竹竿击穿头部,血流满面,跑到彭泽民家,彭泽民马上给他上药包扎,安排他暂在家治伤避险。此后,彭泽民还嘱咐妻子翁会巧常到章家换药,直至章汉夫伤愈。

彭泽民还同一批民主人士一道,创办汉华中学、南光中学等,其中南光中学是为了纪念被蒋介石杀害的张炎将军而设立的。两校安置了大批从内地撤离到香港的青年学生和进步人士,与后来相继成立的培侨中学、香岛中学成为港九地区有名的进步学校。

1946年,著名教育家陈其瑷自美国返港,一直住在彭泽民家。抗战胜利后,国民党政府发动全面内战,被迫转移到香港的爱国民主人士和文化界进步人士日益增多,加之南洋方面政治动荡,许多华侨学生青年来港,需要读书学习,掌握技能。在中共广东区委、港粤工委负责人及在港的民主党派和进步人士的指导协助下,陈其瑷筹办香港达德学院,彭泽民不遗余力予以支持协助,许多著名民主人士都曾在该院讲课或演讲,达德学院成为香港颇具影响力的重要民主阵地。

学校之所以被命名为达德学院,是取"智、仁、勇者,天下之达德也"之义。达德学院董事会成立后,李济深被选为董事长,陈其瑷被董事会聘为达德学院院长。达德学院以香港屯门新墟的蔡廷锴将军的别墅为校舍,于1946年10月20日正式开学。按高等院校本科的要求,学院设置政治、经济、文哲3个系。1947年秋,增设新闻专修班、预备班。学生主要来自南方各省,大部分是追求进步的青年,海外华侨子弟占十分之一,全院学生近千人。学院名师荟萃,聚集了一大批高层次的文化人,所以学校的风气非常高尚与纯正,教学水准极高,师生的精神面貌及整体素质也都是一流的。

学校有着理论联系实际的优良学风,注重实践、学用结合,学生学到的理论和知识,很快就可以运用到革命运动及实际工作中去。为了让学生了解国内革命斗争及民主运动情况,学院还经常聘请由内地来港的民主党派领袖、无党派人士和著名学者来校作形势报告、讲学或作学术报告。这样的教育体制和方法,使达德学院学生的思想空前活跃、政治觉悟显著提高。1949年3月,港英当局封闭了达德学院,在其存在的两年半里,达德学院先后培养七八百名优秀学生,他们绝大多数完成了学业,大批学员奔赴解放区,参加革命工作。因此,达德学院为中国革命与建设事业培养了一批人才。

6.4 为恢复民盟而战斗

1946年1月10日至31日,政协会议在重庆召开,参加者有国民党代表 8 人,共产党代表 7 人,民主同盟代表 9 人,青年党代表 5 人,无党派人士 9 人,共 38 人。这次政治协商会议经过激烈的斗争,通过了《和平建国纲领》、关于军事问题的协议、关于国民大会的协议、关于宪章问题的协议、关于改组政府的协议等 5 项决议。在这次政协会议上,民盟和中共默契配合,互相支持,一起邀请了 34 位国内有声望的学者名流,组成政协代表团顾问团,为民盟和中共政协代表团制定提案,提供咨询。彭泽民受聘为华侨问题方面的顾问。

1947 年 4 月,民盟南方总支部改组,彭泽民被选为民盟南方总支部主委,办公地点在香港湾仔。民盟南方总支部除领导海外民盟组织外,还领导两广、福建、港澳等地民盟地方组织工作,也曾指导台胞盟员的活动,主办机关刊物《光明报》。这段时间,彭泽民除担任农工党中央监委主席、民盟南方总支部主任委员外,还担任民盟中央常委,直接参与民盟领导工作。

10 月 27 日,国民党当局宣布民主同盟"为非法团体""严加取缔其一切活动",民盟在上海总部被迫宣布解散,民盟领导人转赴香港,各民主党派和民主人士纷纷谴责国民党当局的法西斯暴行。彭泽民等领导的民盟南方总支部发表《为民盟横遭摧残郑重声明》,指出:民盟是一个非武装的公开合法政团,一向以主张和平为公开之号召,对南京政府抱"与人为善"之心,对于南京政府的高压政策,"横逆之加,处以忍让",今它"以不苟同国民党之内战政策,竟遭南京非法解散",是完全违背政协决议,违背全国人民公意的。并严正指出:国民党当局的这种暴力政策,"只会促进本盟在海内外的发展,更加强民主人士的团结"。并坚定表示:为了中国实现真正的和平、民主,将再接再厉,继续奋斗!

1948 年元旦,彭泽民撰写了《祝民主胜利的元旦》,后发表在《时代批评》第九十七期。彭泽民写道:今天将是民主胜利的元旦,这话,或者是我自己夸大的吧?自有其说:当民主同盟发轫之始,固为适合民主团结抗战救国之需要,但在今日其获得国人同情拥护之情绪,更不知扩大了几千百倍!南京反动政府,虽宣布民盟为非法,以为可以遏止民盟活动,然不知民主同盟是依据国人公意所构成,匹夫之志,且不可夺,何况人民公意?彼欲遏止民主运动者,只见其心劳日拙了。看日来观察家

的批评和今日战况的报道,可以知民主胜利已经在望。更有说者,民主同盟创始时,不特国际上未闻声响,即国内亦未及周知。至今已大得国际友人之赞同,国内外民盟团体之组合,有如风起云涌,而彼独裁者,犹强欲图谋解散,多见其不知自量也,吾故曰:今年的元旦,将为民主胜利的元旦。

1月5日至19日,民盟在香港召开一届三中全会,成立临时总部,公开宣布同中国共产党携手合作,为彻底摧毁国民党反动政府,实现民主、和平、独立、统一的新中国而奋斗。这是民盟历史的重大转折点。南方总支部由总部领导,彭泽民不遗余力配合工作。彭泽民曾在人民救国会担任过重要的工作,也曾积极协助在香港筹办达德学院的工作,和他联系的人比较多。彭泽民在香港的家,地处偏僻,空间狭窄,家里没有任何现代家具陈设,招待客人也只有青菜豆腐,然而却是他的老同志、老朋友乐于聚会之所、藏身之处。陈其瑗和章伯钧夫妇及他们两个女儿都先后长时间住在彭家。彭泽民家里常备着多张木板拼床和军用帆布床,随时接待来往的同志。

自遭国民党特务暗算后,大家对彭泽民的工作环境和安全格外关心。刚从印度返回香港并参加农工党组织的林继铭,主动担任彭泽民的安全保卫工作,林继铭的身段、相貌、衣着加之兼通晓英语,看起来极像一位英国探长,他每日准时在彭泽民家出现,叼着烟斗,作低头看报状,吓退许多陌生人,避免了特务流氓的再度干扰。彭泽民受伤后,林继铭让自己懂武艺、能治跌打损伤的侄子,在彭泽民出门时紧随左右,既保护他的安全,也为农工党及其他党派同志联络时提供安全保障。更值得一提的是,农工党党员施堪(音)冒着生命危险住在山上,用超短波每日准时收录延安新华电台广播的内容,送到彭泽民手中;中共地下党经常到彭泽民住处联络传递中共中央有关精神,彭泽民因之能及时收到中共的信息,使得农工党在港九地区的民主运动开展得更为活跃。

时国民党政府明令,通缉137名爱国民主人士。在周恩来的安排下,许多民主人士撤至香港。在中国共产党的鼓励、支持和帮助下,彭泽民在香港积极去做有利于民主党派、民主人士的团结协作工作。彭泽民除了担任中国农工民主党中央监察委员会主席工作外,还积极参与、协助其他民主党派的工作。

☆ 1948年被国民党政府通缉的137名爱国民主人士中的5名在香港合影
（前排右起：彭泽民、邓初民；后排右起：易礼容、陈其瑗、宋云彬）

1947年秋,彭泽民按周恩来指示精神,积极联络在港九地区聚合的国民党民主派,积极开展筹建国民党革命委员会工作,自始至终参加了有关问题商讨,积极投入中国国民党革命委员会筹组和成立大会工作之中。彭泽民与李济深、何香凝、柳亚子、李章达、陈其瑗6人联名写《上孙夫人书》,彭泽民受委托执笔,恳请宋庆龄领导工作。民革正式成立时,彭泽民考虑到自己已经担任农工、民盟和华南救济协会等多项领导工作,恳请免入民革领导机构,获大家谅解。

1948年1月1日,中国国民党革命委员会正式成立,推选宋庆龄为名誉主席,李济深为主席,何香凝、冯玉祥、李章达、谭平山等为中央常务委员,并发表成立宣言,主张推翻国民党的独裁统治,实现中国的独立、民主与和平。"民革"的成立,使国民党各派爱国民主力量联合起来,共同争取民主革命的胜利。

6.5　人生七十古来稀

1947年11月3日,何香凝、蔡廷锴、冯裕芳、陈其瑗、方方、李朗如、陈汝棠、萧俊英、陈树渠、张文等,共同发起港九各界民主人士庆祝彭泽民70岁生日。这是彭泽民有生以来,第一次受到如此隆重的尊崇,这也是一次在港民主人士的团结盛会。

这次"祝寿会"设在陈树渠先生的别墅内,是中共利用祝寿会形式,宣传、动员港九各界民主人士参加统一战线,开展反对帝国主义和以蒋介石为首的国民党反动派的斗争,是为建立新中国奋斗的一次誓师大会。在港的李济深、马叙伦、朱蕴山、陈其瑗、郭沫若等71位民主人士欢聚一堂,香港中共地下党组织的负责人方方、章汉夫、连贯、许涤新、尹林平、冯乃超、刘宁一、胡乔木等,一起到会祝贺,共同庆祝彭泽民七十华诞。古稀之年的彭泽民,红颜皓首,精神矍铄,兴奋异常。包括方方、连贯等负责人在内的14位中共党员,用大红绸布联名给彭泽民七十寿诞撰写了祝词:

五岭之南有彭老,
品地真纯气节高,
少具热心从革命,
誓驱鞑虏真英豪。
离乡别井往南洋,
仆仆风尘底事忙,
唤起侨胞齐救国,
追随孙氏有主张。
满室虽倾志未懈,
三民主义更高唱,
北洋军阀势嚣张,
海外归来作部长。
握发吐哺勤政事,

鞠躬尽瘁邦人仰，
谦和恳挚见胸襟，
朴素庄严明志向。
国事伤心竟转非，
孙氏三策弃如遗，
投降分裂翻全局，
革命大功一篑亏。
党徒如是商何言，
风雨鸡鸣亦枉然，
惆怅狂澜非易挽，
飘然远引到南天。
心怀祖国总依依，
每念苍生泪眼低，
余绪小抒怜此日，
不为良相为良医。
蔓延烽火到香江，
日寇凶残似虎狼，
刺刺血腥魔掌下，
几人事敌几人降。
我公义烈独非凡，
誓将气节斗蛮番，
身陷网罗荆棘里，
抗声骂贼学常山。
法西流毒最堪憎，
覆辙相寻何未醒，
姜桂老来辛愈烈，
斗争气概胜年青。
内战独裁人厌恶，
和平民主众追求，
再接再厉无反顾，

不达目的誓不休。
钟灵毓秀诞此公,
人瑞由来自不同,
道貌岸然须发白,
目光如炬气如虹。
人生七十古来稀,
德劭年高更足奇,
历久弥坚松柏节,
人人应学此良师。
声应气求岂等闲,
志同道合倍相关。
一瓣虔心欣祝颂,
愿公高寿似南山。

  在这篇祝词上签名的中共党员,除到会的8位外还有谭天度、龚澍、夏衍、饶蒲特、李维之、黄作梅6位同志。中国共产党从来不会忘记对革命、对人民作过贡献的人,给他们以极大的鼓励、崇高的评价。14位共产党人,在大红绸贺幛写着的贺词中,对彭泽民在反对日本侵略战争中表现的革命气节,给予了崇高的评价,这首祝贺词在各界民主人士中引起很大的反响,使正处于黎明前黑暗中的民主人士振奋精神,团结了更广泛的港九各界人士,使革命的队伍像浩瀚长江,波涛滚滚,一浪接一浪,去争取光明,更坚定地在中国共产党的领导下,为新中国诞生共同奋斗。
  何香凝、柳亚子等一批民主人士,和彭泽民是志同道合的老朋友,过从甚密。在彭家孩子们的脑海里,留下一幅幅很深刻的历史画卷:郭沫若、于立群、茅盾、翦伯赞、王却尘夫妇一起来彭家聚会,他们无所顾忌地开怀畅谈,兴高采烈地依次为孩子们在纪念册上题词,循循善诱。郭沫若写道"对好人要能和气,对坏人要有火气",茅盾写道"能自我批评始能前进",郭沫若夫人于立群写道"事事都要追求真理"。1947年12月,柳亚子也书赠彭泽民一首诗:

> 南天一柱属彭老,
> 金石盟心那抵坚?
> 曹贼称尊徐母愤,
> 梁鸿举案孟光贤。
> 议场自昔称三怪,
> 友谊于今恰廿年。
> 鄘坞渐台来日近,
> 中原同著祖生鞭。

1948年1月2日,在港民主党派及文化界人士在金陵大酒家召开大会,举行元旦团拜典礼活动,并欢迎马叙伦自上海来港,参加者108人,气氛热烈。柳亚子、沈钧儒、王燕叟、李济深、谭平山、陈劭先、朱蕴山、王却尘、陈其尤、方方同坐一席,柳亚子即席赋诗,概括了这次团结盛会。彭泽民将之记录下来:

> 从容揖让礼文优,
> 团拜应为团结谋。
> 国共同盟成鼎足,
> 致公民进亦千秋。
> 马融更喜南来健,
> 李广能为东道不?
> 早遗首都移海峤,
> 金陵王气黯然收。

柳亚子的诗记载了大批民主人士、各民主党派聚集在香港,与共产党合作战斗、团结反蒋的盛况,并指出蒋介石国民党政府已陷入十分孤立处境。

6.6 响应"五一号召"

1948年上半年,解放战争顺利发展,胜利不断,时局已发生根本改

变,国民党反革命政权彻底垮台已成定局,建立新中国已成为全国人民的急切愿望。3月下旬,毛泽东、周恩来、任弼时等率中共中央机关从陕北出发,经晋绥解放区,进驻晋察冀解放区的阜平县城南庄镇。

4月25日,毛泽东致电在西柏坡的刘少奇、朱德、周恩来等人,通知他们即将在城南庄镇召开书记处会议,会议主要议题之一是"邀请港、沪、平、津等地各中间党派及民众团体的代表人物到解放区,商讨关于召开人民代表大会,并成立临时中央政府问题"。4月27日,毛泽东致信晋察冀中央局城市工作部部长刘仁,信中说这个准备邀请各民主党派和人民团体来解放区召开的会议,名称拟定为"政治协商会议"。

4月下旬,中央前委和中央工委会在城南庄镇会合,毛泽东、周恩来、刘少奇、朱德、任弼时等同志均聚于此,准备召开第一次书记处扩大会议。此刻,时任新华通讯社社长的廖承志从河北省涉县发来一封电报,电报内容令与会的五大书记忍俊不禁:"五一节快到了,中央有什么屁要放?"廖承志生性幽默,平常就喜欢开玩笑,因毛泽东同志平素爱说"有话就说,有屁就放",还经常对人说"不让人说话不行,屁放了,肚子就舒服了"。于是,这个"屁"字就被廖承志信手拈来引用了。有了廖承志问"屁"的引子,在城南庄低矮的民房里,在诙谐欢快的气氛中,"五一"口号迅速形成,在海内外引起了极大反响。

五一节前夕,中共中央组织起草文件,拟通过新华社发布政治主张。这个文件名称为"中国共产党发布一九四八年'五一'劳动节口号",简称"五一"口号、"五一号召"。经周恩来、任弼时、毛泽东审阅、修改,再向全国播发。当这份初稿送到毛泽东案头时,他那宏大的建国方略激荡于心,对"五一"口号初稿作了重大修改。蕴含中国共产党建国思想、影响中国历史进程的"五一"口号,因毛泽东的修改而闪烁着更加辉煌的光芒。毛泽东共作了27处修改,一字一句,皆有深意。从毛泽东字斟句酌的修改中,可以看出他对"五一"口号的重视程度,含义最为突出的有4处,其中,经修改的第五条在我国统一战线史上具有里程碑意义。

4月30日至5月7日,中共中央在城南庄镇召开了中央前委和中央工委会合以后的第一次书记处扩大会议,史称"城南庄会议"。出席会议的有毛泽东、刘少奇、朱德、周恩来、任弼时等。会议共有八项议题,第一项是研究"邀请港、沪、平、津等地各中间党派及民众团体的代表人物来解放区,商讨关于召开人民代表大会并成立临时中央政府问题"。会议对经毛泽东修改后的"中国共产党发布一九四八年'五一'劳动节口号"进行了热烈讨论。周恩来指出,"五一"口号提出召开新政协,从形式上看是恢复1946年1月政协的名称,但性质和内容都不同了。周恩来专门强调:"五一"口号不是宣传口号,而是行动口号,这是今天形势发展的趋势,是全国人民的要求。刘少奇指出,目前召开新政协的国际国内形势已经成熟,我们先提政协这个口号,可以起号召作用,团结一切可以团结的力量。会议经过认真讨论,决定以中共中央名义发布"五一"口号。至此,具有重大意义和深远影响的"五一"口号正式诞生。

4月30日晚上,新华社正式对外发布"五一"口号,同一时间,新华广播电台也进行了全文播放。新华社的电讯稿是针对全国各大报纸的,第一个刊登"五一"口号与广大读者见面的是《晋察冀日报》,该报于1937年在太行山深处阜平县马兰村创刊,是中共中央晋察冀分局的机关报。时任晋察冀日报社社长兼总编辑邓拓有这样一段回忆:4月30日,邓拓接到紧急通知,要他赶到城南庄参加一个紧急会议。当时晋察冀日报社驻在新房村,离城南庄镇只有两里路。邓拓见到毛泽东主席后,主席紧紧地握住他的手,兴奋之情溢于言表,亲自把《纪念"五一"国际劳动节口号》手稿交给邓拓,让他拿去打印。为了慎重起见,在《纪念"五一"国际劳动节口号》打出清样后,邓拓又交送主席审阅。4月30日深夜,主席亲自审改后,于5月1日在《晋察冀日报》第一版头条位置发表,共23条,口号上方还端端正正地印了毛泽东的侧身头像。

同一天,香港《华商报》也根据新华社电讯稿,全文刊登了"五一"口号。《华商报》是抗战期间中共在香港创办的报纸。抗战胜利后,到港人士中除了文化界,还有遭受国民党当局迫害的大批民主人士。《华商报》迅速成为民主力量在香港的喉舌,也是解放区以外能直接传播中共中央声音的唯一一张报纸。"五一"口号,第一时间经《华商报》在香港

发表后,立即引起民主人士和社会各界的高度关注和热议。也是在5月1日这一天,《新台湾丛刊》第6辑在香港出版,并发表了"五一"口号,它成为第一份发表"五一"口号的刊物,也是最先对"五一"口号发表评论的报刊。该刊开卷首篇就标明"新华社陕北三十日电"的新华社电讯稿,标题为《纪念五一劳动节中共中央重要宣言 从速召开民主党派团体会议商讨进行召集人民代表大会》;第二篇题为《一个响亮的号召》,对"五一"口号进行评论。5月2日,《人民日报》头版头条全文发表《中共中央纪念"五一"劳动节口号》。"五一号召"是中国共产党建立新中国的宣言书、动员令。

中共中央纪念"五一"劳动节口号

(一)今年的五一劳动节,是中国人民走向全国胜利的日子。向中国人民的解放者中国人民解放军全体将士致敬!庆祝各路人民解放军的伟大胜利!

(二)今年的五一劳动节,是中国人民死敌蒋介石走向灭亡的日子,蒋介石做伪总统,就是他快要上断头台的预兆。打到南京去,活捉伪总统蒋介石!

(三)今年的五一劳动节,是中国劳动人民和一切被压迫人民的觉悟空前成熟的日子。庆祝全解放区和全国工人阶级的团结!庆祝全解放区和全国农民的土地改革工作的胜利和开展!庆祝全国青年和全国知识分子争自由运动的前进!

(四)全国劳动人民团结起来,联合全国知识分子、自由资产阶级、各民主党派、社会贤达和其他爱国分子,巩固与扩大反对帝国主义、反对封建主义、反对官僚资本主义的统一战线,为着打倒蒋介石,建立新中国而共同奋斗!

(五)各民主党派、各人民团体、各社会贤达迅速召开政治协商会议,讨论并实现召集人民代表大会,成立民主联合政府!

(六)一切为着前线的胜利。解放区的职工,拿更多更好的枪炮弹药和其他军用品供给前线!解放区的后方工作人员,更好的组织支援前线的工作!

（七）向解放区努力生产军火的职工致敬！向解放区努力恢复工矿、交通的职工致敬！向解放区努力改进技术的工程师、技师致敬！向解放区一切努力后方勤务工作和后方机关工作的人员致敬！向解放区一切工业部门和后方勤务部门的劳动英雄、人民功臣、模范工作者致敬！

（八）解放区的职工和经济工作者，坚定不移地贯彻发展生产、繁荣经济、公私兼顾、劳资两利的工运政策和工业政策！

（九）解放区的职工，为增加工业品的产量、提高工业品的质量、减低工业品的成本而奋斗！拿更多更好的人民必需品供给市场！

（十）解放区的职工，发扬新的劳动态度，爱护工具，节省原料，遵守劳动纪律，反对一切怠惰、浪费和破坏行为，学习技术，提高生产效率！

（十一）解放区的职工，加强工人阶级的内部团结，加强工人与技术人员的团结，建立尊师爱徒的师徒关系！

（十二）解放区私营企业中的职工，与资本家建立劳资两利的合理关系，为共同发展国民经济而努力！

（十三）解放区的职工会与民主政府合作，保障职工适当的生活水平，举办职工福利事业，克服职工的生活困难。

（十四）解放区和蒋管区的职工联合起来，建立全国工人的统一组织，为全国工人阶级的解放而奋斗！

（十五）向蒋管区为生存和自由而英勇奋斗的职工致敬！欢迎蒋管区的职工到解放区来参加工业建设！

（十六）蒋管区的职工，用行动来援助解放军，不要替蒋介石匪徒制造和运输军用品！在解放军占领城市的时候，自动维持城市秩序，保护公私企业，不许蒋介石匪徒破坏！

（十七）蒋管区的职工，联合被压迫的民族工商业者，打倒官僚资本家的统治，反对美帝国主义者的侵略！

（十八）全国工人阶级和全国人民团结起来，反对美帝国主义者干涉中国内政、侵犯中国主权，反对美帝国主义者扶植日本侵略势力的复活！

（十九）中国工人阶级和各国工人阶级团结起来，反对美帝国主义

者压迫亚洲、欧洲和美洲的民族解放运动、民主运动和职工运动!

（二十）向援助中国人民解放战争和推动中国职工运动的世界各国工人阶级致敬!向拒运拒卸美帝国主义和其他帝国主义援蒋物资的各国工人阶级致敬!向并肩反抗美帝国主义侵略的各国工人阶级和各国人民致敬!

（二十一）中国劳动人民和一切被压迫人民的团结万岁!

（二十二）中国人民解放战争的胜利万岁!

（二十三）中华民族解放万岁!

中共中央发布纪念五一国际劳动节的口号,号召"各民主党派、各人民团体、各社会贤达迅速召开政治协商会议,讨论并实现召集人民代表大会,成立民主联合政府"。"五一号召"是中共统一战线史上的大事,历史也将永远铭记。但极具讽刺意味的是,正值中共中央发布"五一"口号之时,国民党的伪国大也于5月1日在南京闭幕,选举出蒋介石、李宗仁分任总统、副总统职。

在中共中央发布"五一号召"的次日,即5月1日,毛泽东致函中国国民党革命委员会主席李济深和中国民主同盟中央常务委员沈钧儒,以协商的口气提出了召开政治协商会议的具体时间、地点、参会党派和原则、实施步骤等,对中共中央"五一号召"的第五条作了进一步的补充。

信中说:在目前形势下,召集人民代表大会,成立民主联合政府,加强各民主党派、各人民团体的相互合作,并拟订民主联合政府的施政纲领,业已成为必要,时机亦已成熟。国内广大民主人士业已有了此种要求,想二兄必有同感。但欲实现这一步骤,必须先邀集各民主党派、各人民团体的代表开一个会议。在这个会议上,讨论并决定上述问题。此项会议似宜定名为政治协商会议。一切反美帝反蒋党的民主党派、人民团体,均可派代表参加。不属于各民主党派、各人民团体的反美帝、反蒋党的某些社会贤达,亦可被邀参加此项会议。此项会议的决定,必须求得到会各主要民主党派及各人民团体的共同一致,并尽可能求得全体一致。会议的地点,提议在哈尔滨。会议的时间,提议在今年秋季。并提议由中国国民党革命委员会、中国民主同盟中央执行委员会、中国共产党中央委员会于本月内发表三党联合声明,以为号召。

毛泽东的这封信函,表达了共产党对成立民主联合政府、加强同各民主党派和各人民团体、无党派民主人士团结合作的坚定决心和真诚意愿。毛泽东还把代为草拟的三党联合声明,连同此信一起委托中共香港分局领导人交给李济深、沈钧儒。

在中国人民解放军转入战略进攻的形势下,在国民党统治行将崩溃的前夕,中共为建立一个和平民主的新中国,向多年与之风雨同舟、肝胆相照的各民主党派及民主人士发出号召,邀请他们到解放区共商建国大计,极大地鼓舞了在国统区和香港等地同蒋介石反动派进行艰苦斗争的各民主党派和民主人士,他们欢欣鼓舞,积极响应。中共"五一"口号公布后,中共香港分局又与在港各民主党派领导人就此相商,很快即得到各民主党派和无党派民主人士的响应。

5月2日,彭泽民与民革中央主席李济深、民盟中央常委沈钧儒等在港的各民主党派领导人欢聚一堂,集会讨论,兴奋之情溢于言表,同时又无不感慨万分。彭泽民动情地说:"中国的农工平民大众陷于死亡线上,蒋政权已经面临全面崩溃,解救民族危亡,此其时矣!"经过两天的连续讨论,大家一致认为召开新政治协商会议、建立民主联合政府是中国"政治上的必须的途径""民主人士自应起来响应"。历史经验和教训告诉各民主党派,一个和平、民主、团结的新民主主义国家,只能依靠中国共产党的领导才能建立,它符合各党派、民主人士和全国人民的心愿。

5月5日,彭泽民代表农工党,与其他民主党派领导人和无党派人士联合向国内外发出通电,一致响应。通电说,召开政治协商会议,讨论并实现召集成立民主联合政府,"密合人民时势之要求,尤符同仁等之本旨。除电达中共表示同意外,事关国家民族前途,至为重要。全国人士自宜迅速集中意志,研讨办法,以期根绝反动,实现民主"。同日,各民主党派领导人和无党派民主人士代表联合致电毛泽东,表示对中共的号召"曷胜钦企"。电文如下:

中国共产党毛泽东先生,并转解放区全体同胞鉴:

　　南京独裁政府窃权卖国,史无先例。顷复与美国互相勾结,欲以伪装民主,欺蒙世界。人民虽未可欺、名器不容假借,当此解放军队所至,浆食传于道途;武装人民纷起,胜利已可期待。国族重光,大计亟宜早定。同人等盱衡中外,正欲主张,乃读贵党"五一"劳动节口号第五项:"各民主党派、各人民团体、各社会贤达迅速召开政治协商会议,讨论并实现召集人民代表大会,成立民主联合政府!"密合人民时势之要求,尤符同人等之本旨,曷胜钦企,除通电国内各界暨海外侨胞共同策进,完成大业外,特此奉达,即希赐教。

　　李济深、何香凝(中国国民党革命委员会)、沈钧儒、章伯钧(中国民主同盟)、马叙伦、王绍鳌(中国民主促进会)、陈其尤(致公党)、彭泽民(中国农工民主党)、李章达(中国人民救国会)、蔡廷锴(中国国民党民主促进会)、谭平山(三民主义同志联合会)、郭沫若(无党无派)

一九四八年五月五日于香港

　　6月16日,在彭泽民等安排下,农工党又单独在《华商报》上发表《对时局宣言》以示竭诚,认为这是建立各革命阶级的同盟,巩固和扩大爱国民主统一战线的必要步骤,是实现新中国的正确途径。号召全党同志,团结广大群众,与一切民主战友携手前进,共同斗争,有力地帮助和加速人民解放军的胜利。同时,呼吁全国人民,在国家民族存亡的关键时刻,团结起来,扩大民主联合行动,积极为召开新政协,为人民的胜利、为新中国的实现而奋斗。

　　由于交通联络的原因,各民主党派领导人和无党派民主人士代表联合致毛泽东的电文,直到8月1日才为毛泽东见到。由于上述原因,毛泽东于5月7日又致电中共香港分局和上海局,要求他们"用非正式交换意见的态度,和各真诚反美反蒋的民主党派、人民团体及社会知名人士交换意见",并及时将"各方反映电告"。8月1日,毛泽东在收到各民主党派和无党派民主人士的通电后,随即复电对他们的态度"极为钦佩"。提出"革命形势日益展开,一切民主力量亟宜加强团结,共同奋斗,以期早日消灭中国反动势力","为此目的,实有召集各民主党派、各人民团体及无党派民主人士的代表们共同协商的必要";关于会议时机、地点、何人召集、参加者范围、应讨论问题等事项,希望"共同研讨,并以卓见见示"。

从此,农工党同各民主党派、无党派民主人士在共产党的支持帮助下,纷纷发表文章,展开讨论会,举行座谈会,围绕召开新政协的各项问题发表意见、研究办法,批评糊涂认识,草拟各种方案,形成了一个广泛深入的新政协运动的高潮,为结束国民党的反动统治、建立人民民主的新中国而努力。

响应"五一号召",是彭泽民代表农工党第一次明确提出在政治上接受中国共产党的领导,表明与中国共产党团结一致、真诚合作的决心,也标志着农工党与中国共产党的团结合作即将开辟新局面。当时,各民主党派还处于国统区,受到国民党当局的打击和迫害,其公开发表声明或其他革命行动受到很大限制。彭泽民在如此危险严峻的形势下,毅然率先公开响应"五一号召",这需要清晰的政治决断、坚定的政治信念和莫大的政治勇气,但也正是这样的胆魄和远见,体现出彭泽民对中国未来发展之路的高度认同,也为即将北上参加政协会议奠定必要的政治基础。

6.7 北上解放区

为了保存革命力量,在周恩来的直接领导和安排部署下,从1946年下半年起,一部分民主人士、文化界进步人士和中共干部陆续撤到香港,并以香港为基地,继续扩大对内对外工作。与此同时,遵照周恩来的指示,钱之光带领包括祝华、徐德明等在内的小分队,由延安辗转到达大连,此时大连根据雅尔塔条约实行国际化,由苏军进驻设防。钱之光在大连创建了中华贸易总公司,探索大连到香港的海上通道。经过几次试航,建立了这个通道。他们租用外国船只往返于大连、朝鲜的罗津和香港之间,运出大豆等土特产品,带回需要的物资和器材。为了与中央保持直接联系,中华贸易总公司建立了电台,公司电台的架设和大连至香港海路的建立,为后来接送民主党派代表人物和著名民主人士

进入解放区参加新政协创造了条件。

中共中央在五一发布"五一"劳动节口号,号召全国人民团结起来,巩固与扩大反帝、反封建、反官僚资本主义统一战线,打倒蒋介石建立新中国。同时,号召各民主党派、各人民团体及社会贤达,迅速召开新的政治协商会议,讨论并实现召集人民代表大会,成立民主联合政府。中共中央的号召,立即得到各民主党派、各人民团体、无党派民主人士、少数民族、国外华侨的热烈响应和赞成。当时在香港的各民主党派领导人有李济深、何香凝、沈钧儒、章伯钧、马叙伦、王绍鏊、陈其尤、彭泽民、李章达、蔡廷锴、谭平山,以及无党派民主人士郭沫若等,在5月5日联名致电毛泽东,热烈响应中共中央的号召,并同时发表通电,号召国内各界和海外同胞"共同策进,完成大业"。

5月2日,中共中央电示中共上海局:我党准备邀请各民主党派及重要人民团体的代表来解放区,商讨召开人民代表大会并成立民主联合政府等问题。会议名称拟为"政治协商会议",会议的参加者为一切民主党派及重要人民团体,决议必须由参加会议的每个单位自愿同意,不得强制。开会地点拟在哈尔滨,时间拟在当年秋季,拟邀李济深、冯玉祥、何香凝、李章达、柳亚子、谭平山、沈钧儒、章伯钧、彭泽民、史良、邓初民、沙千里、郭沫若、茅盾、马叙伦、章乃器、张炯伯、陈嘉庚、简玉阶、施复亮、黄炎培、张澜、罗隆基、张东荪、许德珩、吴晗、曾昭抡、符定一、雷洁琼等民主人士,来解放区参加协商。

从此时开始,筹备召开新的政治协商会议,就成为中共当时的重大政治任务。而如何排除各种阻碍,把在解放区以外的民主人士接到解放区来,共商建国大计,保证新政协的胜利召开,也就成为一项紧迫的工作,被提到日程上来。1948年夏,钱之光接到周恩来的电示,要他做好准备,前往香港执行接运任务。8月初,钱之光从大连出发,来到平壤,会见了中国驻朝鲜办事处负责人朱理治,朱理治时任东北局和东北民主联军驻北朝鲜全权代表,负责组建和领导东北局在那里的办事处。通过朱理治帮助,在平壤同苏联的办事机构办理了租船手续,然后便去罗津租用了苏联轮船波尔塔瓦号,开始了特殊使命的远途航行。为了便于公开活动,周恩来安排钱之光以解放区救济总署特派员的名义前往香港。

波尔塔瓦号船上装的是大豆、毛皮、猪鬃等土特产品,还带了一些黄金,准备到香港换回西药、电讯器材、高级纸张以及汽车轮胎等物资。在这次前往香港的航行中,他们遇到过国民党海空军的监视,也遇到过龙卷风。有时国民党飞机在他们船的上空盘旋,并不时呼啸而过,有时还遇到国民党的军舰,也许因为挂有苏联旗帜,飞机军舰均没有对他们采取什么行动,但当时气氛是相当紧张的。

当轮船快到香港时,就看到海面上有许多轮船,船杆上飘着不同国籍的旗帜,香港当局的缉私快艇,也来回穿梭。当时香港当局政治上是倾向国民党的,美蒋特务活动也十分猖狂。钱之光感到要完成这一次任务,将会遇到很多的风险。船到香港时,苏联方面派人乘汽艇到船上来接头。钱之光他们先到设在香港的联和公司商量卸货事宜和布置今后的工作任务,接着就与中共华南分局取得联系。华南分局当时由方方负责,潘汉年也是主要领导人之一,负责统战工作。钱之光向华南分局领导介绍了解放区的情况,传达了中央的指示,华南分局表示也已接到中央的电报。双方一起商量了接送民主人士北上的问题,并作了具体分工。所有行动计划,通过电台随时向中共中央和周恩来汇报,并通知大连方面。在较短的时间里,就做好了第一批民主人士北上的准备工作,中共中央、周恩来同意了他们的行动计划,并指出这是第一批,要绝对秘密,保证安全。

当时,在香港的民主人士很多,他们一直与中共保持着联系。具体联系的,有华南分局、香港工委,也有中共其他方面的同志。经过他们的努力和华南分局、香港工委的密切配合,从 8 月起,在近 9 个月的时间里,在中国革命胜利形势激励下,在中国共产党诚挚态度和民主政策感召下,经中共中央及各地地下党组织认真细致的组织安排,远在香港和国统区的各民主党派领导人和无党派民主人士,不畏艰险纷纷踏上去解放区的征程,准备参加新政协。在周恩来极其周密稳妥的安排下,钱之光等多次南下香港,同香港华南分局方方、潘汉年等负责人一起,先后接送四批民主人士北上。

11 月 5 日,周恩来致电香港分局,要求在 12 月里,将尚在香港和上海的李济深、郭沫若、马叙伦、彭泽民、李章达、马寅初、孙起孟、茅盾、张炯伯、陈嘉庚等几十名准备参加政协的各方代表护送到解放区,并对进入解放区的路线和安全措施进行周密布置。中共接送第三批北上的民主人士最多,有李济深、茅盾夫妇、朱蕴山、章乃器、彭泽民、邓初民、洪深、翦伯赞、施复亮、梅龚彬、孙起孟、吴茂荪、李民欣等。由于国民党革命委员会主席李济深先生就是这一批北上的,中共中央极为关心,周恩来的电示也更加具体、周密。经过慎重考虑,最后确定民主人士走的时间,安排在圣诞节后第二天深夜。因为香港每到圣诞节要放假,这是他们行动的有利时机。

按预定计划,这次上船是在12月26日晚上。为了安全,避人耳目,所要走的人,事前都不知道与谁人同船,各走各的路。有的从家里转到朋友家上船,有的在旅馆开个房间停留半天再上船,有的还搬了家,把要带的行李放在原来住处,另行派人搬上船。民主人士不随身携带行李,看不出要出门旅行的迹象,到达了约定地点,由中共的同志护送上船。

李济深动身的那天晚上,为了迷惑外界,还特地参加了香港大英银行华人经理邓文钊先生的宴请。为了掩人耳目,席后还带了酒菜,乘上中共事先准备好的小艇,装着泛舟游览的样子,一个多小时后才靠拢登上租借的苏联货船"阿尔丹"号。上船后,钱之光将李济深和朱蕴山、李民欣安排在船长室,以避免海关检查。这一次接走的人,有的西服革履,扮成经理模样;有的则是长袍马褂或普通衣着,装成商人,当作坐船到东北做生意的,所以口袋里还装一套货单。大家都事先准备了一套话,以便应付检查。

年逾七旬的彭泽民已是香港名中医,此时的他生活稳定,收入颇丰,海外众多子侄亲朋都期望他能"功成身退,安享晚年"。当中共香港地下组织向他转达毛泽东主席邀请他北上参加筹备新政协会议时,他毅然答应了。12月26日,漆黑无月之夜,在中共香港地下党的精心安排下,彭泽民脱下了穿着数十年的中式大褂、布鞋、布袜,西装革履,由周而复陪同,悄悄离开了家,离开了妻子和6个尚未成年的儿女,与李济深、朱蕴山、茅盾、柳亚子等分乘驳船,秘密登上停泊在港外的苏联货船

"阿尔丹"号。

香港中共党组织虽处地下,然而对彭泽民一家爱护有加,多年来常登门看望慰问,并及时转达党中央各项指导信息和商量工作。中共组织在秘密安排彭泽民北上东北后,地下党每月按时发五百港元给他的妻子翁会巧,以维持彭家生活不受影响。翌年12月,又安排翁会巧再度返港,接6个子女上京,彭家一行7人,每人购置一份防寒衣物,连同船票的所有花费,全部由中共地下党组织支付。临行前,中共组织还派专人护送他们登上停在外海的轮船,直至安顿妥当后才离去。

彭泽民对热望中的新中国,可谓是"捧着一颗心而来",而中共对待民主人士的态度和做法,也使他备感温暖。彭泽民与其他民主人士,从香港到东北或华北解放区,中间隔着大片国统区,被国民党严密封锁,陆上交通极不安全。因此,只能冒着被港英政府和美蒋海空军干扰、破坏的风险,走海路。这是一场体现了人心向背的大转移、长迁徙,船上生活条件简陋,常常遭遇风险,但他们都甘愿冒着生命危险,克服各种困难,以乐观的心态,一路吟咏一路歌,历经长途颠簸北上解放区。

在北上途中,大家一直兴奋聊天,类似《十日谈》,每个人都讲自己的经历和故事。李济深讲他参加北伐以及后来与蒋介石决裂的经过,彭泽民讲兴中会、同盟会的成立以及南洋吉隆坡分会成立的经过和发展,邓初民讲他从小家庭贫苦和求学过程十分曲折,朱蕴山讲他祖父参加太平天国革命的往事以及他所知道的徐锡麟的事迹,李泽霖谈民国二年二次革命的经过,茅盾讲他在新疆的经历以及盛世才的暴政、杜重远的被杀。聊天中,他们深深体会到,从人生经历到时政评论,今天北上解放区之举,不仅是水到渠成,更显同仇敌忾、人心向背。

尽管在启程前,很多人面对未知的征程内心是忐忑的,但毕竟北上是参与新中国筹建,决定国家未来的前途,各位民主人士都乐意去完成这项前所未有的光荣使命。彭泽民心情非常好,他不但收到周恩来的邀请电报,又在中共精心安排下乘船北上,这些都让他感受到中共方面的真诚之心,让他觉得此行是向着希望前行的,是奔赴光明的最后一段路程。

事情又很不凑巧,这趟船航行很不顺利,起航后第10天,还没有到

达大连。原来"阿尔丹"号轮船在途经青岛海面时,遇上逆风,其中一个引擎坏了,停止了工作,轮船每小时只能航行6海里,最后经过12个昼夜的艰难航行,于1949年1月7日安全抵达大连。旅途中,轮船还经历惊涛骇浪,但人们安然若素。为此,彭泽民有一首诗《戊子除夕在舟行中》,记载了当时一些情况:

航行三日逢除夕,
客思悠悠薄送年。
海面狂涛姑且渡,
春风将近到吾船。

彭泽民等民主人士到达东北不久,中共负责接待的同志就送去了獭皮帽、皮靴、貂绒大衣。他们刚从温暖的南方来到寒冷的北方,正需要防寒的服装,收到这些东西,他们十分激动,有的人还拿出钱来要付款。接待的同志解释说:"解放区是供给制,衣、帽、鞋都是送给你们的,这是周恩来同志指示我们办的。"他们连声称道:"恩来先生想得真周到,吃、穿、住、行都给我们安排了,真是太感谢了!"中共中央派李富春、张闻天并邀请"民革"的中常委朱学范等专程迎接,入住在大连最高级的大和旅馆,并在关东酒楼举行了丰盛的欢迎宴会。

踏上东北的土地,获得身心解放和自由后,彭泽民回顾往昔,展望未来,心情激动,喜悦之情溢于言表,特赋诗七绝一首:

廿年空有还乡梦,
今日公车入国门。
几经羁縻终解脱,
布衣今日也称尊。

1月14日,毛泽东发表《关于时局的声明》,提出八项和平条件。彭泽民与章伯钧以农工党中央负责人名义,于次日发表谈话,响应毛泽东《关于时局的声明》,庄严宣布:"愿在中国共产党领导下,献其绵薄""革命必须贯彻到底"。

1月22日,彭泽民与李济深、沈钧儒、马叙伦、郭沫若、谭平山等到达解放区的各民主党派、人民团体及无党派民主人士共55人,联合发表题为《我们对时局的意见》。他们感慨万千地描述了北上见闻:"我们首先获得的印象,更使我们充分欣慰,这里充满着民主自由的空气,蓬勃向上的精神,生产建设发展猛进,社会秩序有条不紊。工农商学各界,都能站在自己的岗位上努力,支援前线,中共党员尤能以身作则,发扬高度自我牺牲的英勇精神,为民前锋,不辞劳瘁。"他们表示"愿在中共领导下,献其绵薄、共策进行,以期中国人民民主革命之迅速成功,独立、自由、和平、幸福的新中国之早日实现"。《我们对时局的意见》,表示坚决拥护毛泽东的声明,庄严宣布接受中国共产党的领导,将革命进行到底。这就为筹备召开新政协会议作了政治上和思想上的准备。从此,民主党派开始了一个新的里程。

1月24日,彭泽民与章伯钧、丘哲联合发表《为南京政府制造和平阴谋的书面谈话》,《谈话》指出:蒋介石元旦发表的声明、"行政院"宣告无条件停战的决议等一系列的欺骗行动,是蒋美一贯串演的伎俩,中国人民绝不会再上当。中国共产党毛泽东先生提出的八项和平主张,是全国人民的共同要求,是实现中国永久和平之唯一的办法。

1月31日,北平和平解放。2月1日,李济深、沈钧儒、马叙伦、郭沫若、彭泽民等56人,致电毛泽东和朱德:"同人等已先后进入解放区,叠奉捷音,不胜振奋,窃愿竭力追随,加紧团结,为中国之建设奋斗到底。谨电驰贺,并致慰劳。"以此庆祝北平和平解放和人民解放军的伟大胜利,进一步表示愿意追随中共,加紧团结,为实现最后的胜利和中国的建设奋斗到底。

2月23日,彭泽民等35位民主人士,乘坐"天津解放"号专列离开沈阳,第二日到达天津,2月25日中午,列车抵达北平。在专列通过万里长城时,彭泽民心潮澎湃,赋诗曰:

北上商新政,

成群士气张。

为求前进捷,

亟盼入关忙。
忽报长城站,
欢呼似浪狂。
廿年思故园,
今日见金汤。
旗帜红光接,
秧歌锦簇彰。
览兹山海镇,
尤其兵甲强。
远近风声播,
军民意志扬。
翻身非个体,
解放彻乡邦。

1949年2月26日,人民解放军平津前线司令部、北平市军事管制委员会、中共北平市委、北平市人民政府,在中南海怀仁堂举行大会,热烈欢迎由东北、华北来北平以及留在北平的各民主党派、各团体的代表。大会由叶剑英主持,林彪、彭真致欢迎辞。彭泽民与李济深、沈钧儒等14名民主人士发表演说,对中国共产党和毛泽东28年来领导的中国革命表示敬意,对人民解放军的英勇善战和解放战争的胜利表示祝贺,主张彻底实现毛泽东1月14日所宣布的八项和平条件,表示坚决在中国共产党的领导下,贯彻反对帝国主义、封建主义和官僚资本主义的人民民主革命主张。最后,董必武发表了总结讲话。

第7章 鞠 尽 瘁

1948年秋,人民解放战争进入夺取全国胜利的决定性阶段。从1948年9月12日开始,至1949年1月31日结束,历时4个月零19天,辽沈、淮海、平津三大战役相继取得胜利,为中国革命在全国的胜利奠定了基础。随着解放战争的胜利发展,建立新中国的任务被提上了历史日程。为此,中国共产党在河北平山县西柏坡专门召开了党的七届二中全会,会议作出了各项政策决定,用于指导夺取全国革命的最终胜利和新中国的建设事业。会后,毛泽东率领中共中央机关,离开中国革命的最后一个农村指挥部——西柏坡,向北平出发。

7.1 参加新政协建国

1948年10月8日,周恩来电告东北局:组织已到或将到哈尔滨的民主人士沈钧儒、谭平山、章伯钧、蔡廷锴、王绍鏊、朱学范、李德全等举行座谈,征求意见,以达到沟通思想、统一思想认识的目的。10月21日和23日,高岗、李富春、高崇民等代表中共中央,与到达哈尔滨的沈钧儒、谭平山、蔡廷锴、章伯钧、王绍鏊、朱学范、李德全,在马迭尔宾馆会谈,讨论中共中央关于召开新政协的章程草案的初步意见。

10月30日,中共中央再将哈尔滨的补充意见,转告在港的李济深以及民盟、农工党等其他党派负责人。中共中央致电中共上海局和香港分局,将经过中共代表高岗、李富春与在哈尔滨的8位民主党派代表人士协商讨论并修改过的《关于召开新的政治协商会议诸问题(草案)》

文件转发给他们。电文中说:"请你们接到该项文件后,即抄送民革李济深、何香凝,民盟周新民,民建马叙伦,致公党陈其尤,救国会李章达、沈志远,第三党彭泽民,民建章乃器、孙起孟及无党派民主人士郭沫若等11人,并由潘汉年、连贯分别征询他们的意见。"在征求意见时,彭泽民提出"华侨民主人士中各阶层都有代表参加筹备会则更好"。同时,附议"华南各省游击区人民武装有数万人,有斗争历史(如琼崖、东江等)似应列为一个单位"等建议。

经过多次电报往返,反复协商,于11月25日,中共代表高岗、李富春与在哈尔滨的民主人士对新政协会议的召集等问题,达成了如下协议:新政协筹备会由23个单位的代表组成;筹备会的任务为负责邀请参加新政协的各方代表人物、起草文件和召集新政协正式会议;筹备会组织条例由中共起草,俟筹备会开会时正式通过;筹备会会址预定在哈尔滨。11月26日,中共中央致电中共上海局等,将在哈尔滨达成的《关于召开新的政治协商会议诸问题的协议》和协商讨论的各项意见转告他们,请他们据此转告各有关方面。

1948年10月底,从香港北上的第二批民主人士郭沫若、马叙伦等人,在安东改乘小船登陆上岸,由于此时沈阳已经解放,便乘火车于12月6到达沈阳。已到达哈尔滨的民主人士,也于12月19日乘火车,到沈阳与第二批民主人士会合。由香港启程的第三批民主人士李济深、彭泽民等人取道大连,于1949年1月10日到达沈阳。在沈阳期间,民主人士在东北局的安排下,多次外出参观访问,包括参观沈阳农村、瞻仰在抚顺的人民英雄纪念碑等,使民主人士对祖国的锦绣河山,特别是对东北地区丰富资源有了进一步的了解。

1月31日,北平和平解放,中共中央决定新政协筹备在北平举行。林伯渠代表中共中央,前往沈阳迎接民主人士。2月23日,民主人士乘坐"天津解放"号专列离开沈阳,第二日到达天津,2月25日中午列车抵达北平。随着沈阳和河北李家庄的民主人士全部到达北平,2月26日,中国人民解放军平津前线司令部、北平市军事管制委员会、北平市人民政府、中国共产党北平市委员会,在中南海怀仁堂举行了盛大的欢迎会,热烈欢迎各界民主人士汇聚北平。3月25日,毛泽东、周恩来、刘少奇等中共中央领导人,从西柏坡进入北平,并在西苑机场举行隆重的阅兵式,彭泽民同各民主党派领导人和无党派民主人士前往欢迎,场面热烈隆重。

☆ 1949年3月,彭泽民拜会刚到达北平的朱德时的合影

3月26日,中共中央通知南京政府,以毛泽东1月14日发表的《关于时局的声明》所提出的八项条件为基础,将于4月1日在北平举行和谈。当日,南京政府派出由张治中为首席代表与邵力子、刘斐、章士钊、黄绍竑、李蒸组成的南京和谈代表团抵达北平。中共首席代表为周恩来,代表是林伯渠、叶剑英、林彪、李维汉,后来又加派聂荣臻为代表。双方在北平进行了20天的和平谈判。

4月14日,受周恩来之托,李维汉向在北平的部分民主人士报告第一次谈判的经过,介绍了南京代表团对《国内和平协定》草案的意见,并

广泛征求民主人士的意见。沈钧儒、马叙伦、黄炎培、谭平山、彭泽民、蔡廷锴等人先后发了言。他们的意见很集中,认为中共已作出了不小的让步,《国内和平协定》草案之宽大,已出乎意料,在渡江接收国民党反动政权、改编其军队及战犯这些根本问题上,不应该再让步。最后,李维汉将接受了南京政府代表团20余条意见后,修改过的《国内和平协定》修正案稿,向大家宣读,大家均表同意。

由于国民党南京政府拒绝在《国内和平协定》上签字,和谈失败。4月20日晚和21日,中国人民解放军第二、第三野战军,遵照中央军委的命令和总前委的《京沪杭战役实施纲要》,先后发起渡江行动。4月23日,在中共南京地下组织的大力支持下,第三野战军第八兵团三十四军、三十五军顺利地解放了南京,国民党南京政府垮台。南京解放的消息传来,彭泽民欣喜异常,赋诗祝捷:

> 雄师崛起震遐陬,
> 举世欢腾仰亚洲。
> 叛逆蠢思延伪统,
> 幺么蛆集肆奸筹。
> 一闻壮士方飞渡,
> 三竭残军若溃丘。
> 不信强梁甘冒矢,
> 等如插旗卖人头。

按照农工党于1948年9月2日至11日在香港举行的中央扩大会议的精神:改变对国民党的斗争方式,由和平的民主的斗争转向武装的军事的斗争。近一年来,为了配合中国人民解放战争,加速人民解放战争的胜利进程,农工党在香港与中国共产党有关负责人建立了联系,开始了在中国共产党领导下的新军事运动,在国统区发动人民参加革命的武装组织,在东南和西南一些地区运用自身的特点和社会关系,积极开展反蒋军事斗争,取得了一些战绩,为中国人民解放事业作出了不可磨灭的历史贡献。

6月6日,章伯钧、彭泽民致电农工党江西省委,指示:"在蒋匪区域之武装组织,由负责同志向中国人民解放军接洽协助杀敌。"并强调指出:"现本党政治方针完全接受中国共产党领导。"在解放工作完成以后,即遵照"全国各民主党派均经一致决定,凡有武装部队统交人民解放军改编"的原则办理。中共中央对农工党的武装非常重视,6月17日,中共中央作出《对江西农工党及其武装问题的指示》。其中指出:"农工民主党在江西的地方组织颇多,在赣南与我地下组织有合作关系。望慎重处理与该党有关的问题。要注意发挥该党武装配合的作用。在完成了战斗任务的地方,按商定原则,交人民解放军整编,其中农工党员之适宜于部队工作者,仍留部队工作。"

6月11日,毛泽东在北京香山双清别墅召集各民主党派负责人,研究新政协筹备情况,彭泽民出席了会议。6月15日到19日,彭泽民又代表农工党出席了在中南海勤政殿举行的新政协协商会议筹备会。新政协筹备会第一次全体会议在北平召开,成立以毛泽东为主任的政协筹备会常务委员会,负责起草《共同纲领》,拟定政府方案等,全面开展筹建新中国政权的工作。在这次会议上,彭泽民作了一个发言,在会议结束的翌日,彭泽民发言以《彭泽民同志为祝新政协召开而发表的谈话》为标题,发表在《北平解放报》上,谈话对新政协的召开充满了期待。

彭泽民在谈话中表明:这一次的新政协会议与过去的旧政协会议,是根本不相同的。旧政协是反革命的伪国民党秉承美帝国主义的意志勉强召开的。它的目的在于欺骗人民,制止人民要求解放的高潮,无疑是代表豪门买办、官僚资本的反革命行动,其结果当然成为一场骗局。这一次新政协与旧政协刚刚相反,它是基于全国人民自动的要求,由真正代表全国各阶层、各职业团体的人士和各民主党派及海外华侨,在新民主主义的共同信念下所召集的。在建设新中国的过程中,由毛泽东先生为首的中国共产党的正确领导,在以工农无产阶级的利益为主体外,还要照顾各阶层的利益。所以,相信这次新政协一定可以获得伟大的成功,而且将要成为中国新历史的开端,这是我们感到最愉快最兴奋的。

7月1日,中国的各民主党派,从没有像今天这样步调一致,联名给中共发了致敬电,祝贺中共28周年诞辰。中国国民党革命委员会李济

深、中国民主同盟沈钧儒和章伯钧、民主建国会黄炎培、中国民主促进会马叙伦、中国农工民主党彭泽民、中国人民救国会李章达、三民主义同志联合会谭平山、中国国民党民主促进会蔡廷锴、中国致公党陈其尤联名致敬电,电文如下:

中国共产党中央委员会诸位先生:

当此人民革命接近全国胜利的今天,欣逢贵党诞生二十八周年纪念,我们兴奋愉快的心情,简直非语言文字所能状其万一。

四万七千五百万人挣脱数千年封建专制的枷锁,洗刷一百年帝国主义欺凌的耻辱,这是一件痛快无比的大事;而这一大事之快要完成,三百余万共产党员在毛主席领导下艰苦奋斗,实为其最主要的因素。假使中国人民没有共产党,就不知道黑暗的日子何时始能终了,贵党之诞生,实为新中国出现的信号,中国人民为贵党之诞生而狂欢,正是理所当然。

我们充分相信,中国人民必然永远地团结在贵党领导之下,人民民主的工业化的中国必然建造成功,而贵党又必然与中国人民同寿同荣。

8月17日,新政协筹备会就新政协代表名单,分别访问各单位负责人李济深、蔡廷锴、谭平山、陈琪瑗、沈钧儒、陈叔通、章伯钧、彭泽民、黄炎培、郭沫若、茅盾、马叙伦等12人,征求他们的意见。次日,新政协筹备会各单位首席代表,在中南海勤政殿座谈,讨论参加新政协代表名单问题。彭泽民等民主人士对名单充分发表意见,中国共产党和政协筹备会高度重视这些意见。

9月21日至30日,中国人民政治协商会议第一届全体会议,在北京中南海怀仁堂胜利召开,有45个单位、662名代表参会,其中,民主党派有12个单位、116名正式代表和19名候补代表参会。代表农工党参加会议的正式代表10人,分别是彭泽民、郭冠杰、李士豪、何世琨、杨逸棠、张云川、郭则沉、王深林、严信民、杨子恒;候补代表两人:王一帆、李健生(女);还有代表华东、华南、西北解放区的代表季方、李伯球、韩兆鹗3人,特邀代表黄琪翔、邓昊明等出席会议。章伯钧、丘哲作为民盟代表出席会议。会议六个分组委员会的委员中,郭冠杰为政协组织法草案整理委员会委员,严信民为共同纲领草案整理委员会委员,王深林为政府组织法草案整理委员会委员,彭泽民为宣言起草委员会委员,李士豪为国旗国徽国都纪年方案审查委员会委员,直接参加了筹建新中国的实际工作。

会议期间,章伯钧、彭泽民为主席团成员。以彭泽民为首席代表的中国农工民主党代表团,出席了在中南海怀仁堂举行的中国人民政治协商会议第一届全体会议。彭泽民为大会主席团常务成员、宣言起草委员会委员。此次会议,由毛泽东致开幕词,会上发言的有刘少奇、宋庆龄、彭泽民等委员,最后朱德总司令致闭幕词。作为农工党的首席代表,彭泽民在会上发言,首先表达了拥护中国共产党和毛泽东主席的诚意,高度评价了《中国人民政治协商会议共同纲领》,表示接受政协会议通过的《共同纲领》《中国人民政治协商会议组织法》《中华人民共和国中央人民政府组织法》三大文件,努力参加实现《共同纲领》的工作,接受中国共产党的领导,与中国共产党长期合作。

☆ 1949年9月24日,中国农工民主党首席代表彭泽民代表农工党,在中国人民政治协商会议第一届全体会议上发言

中国农工民主党首席代表彭泽民讲话(发言)

(一九四九年九月二十四日)

主席,各位代表先生:

这几天我们听了毛主席、刘少奇先生、宋庆龄先生、张澜先生及各位代表的讲话,又听到周恩来先生、董必武先生及谭平山先生关于《共同纲领》《政治协商会议组织法》及《中央人民政府组织法》的报告,深深感觉到,这次会议是象征了中国人民的大团结,是一个无比伟大的会议。不仅在中国历史上未曾有,就是世界史上也是创举。特别是英、法、美的资产阶级革命,绝不可能有如此波澜壮阔的场面。这伟大场面之所以能在中国出现,自然不能不归功于中国共产党二十几年来的艰苦奋斗,不能不归功于英勇善战的人民解放军,尤其我们不能一刻忘记的,是伟大人民领袖毛主席英明远见的领导。因此,我们不仅要在文字、口头上号召全国人民拥护共产党、拥护毛主席,尤其要在行动、工作及态度作风上表示我们拥护的诚意。

现在我再代表中国农工民主党就这三个大会文件说几句话:

第一,刘少奇先生说,《共同纲领》是中共最低的纲领,是要一字一句对中国人民负责,使其彻底实现的。我们对这些话表示充分的信任,相信中共是有此诚意,有此决心,并有此力量,使这建国纲领不折不扣、百分之百的兑现的。孙中山先生的革命的三民主义,十三年国民党改组宣言,以至1930年邓演达先生宣布的我党的基本政治主张、政纲和政策的要点,不仅全部包括在这个纲领里面,而且使之向前发展,更加提高,并作出更具体、更恰当、更切合实际的决定。因此,我们全党的同志,从此以后,要立下宏愿,要永远跟随着共产党,做毛主席的学生,努力参加实现《共同纲领》的工作,并且把我们一同带到社会主义的道路上去。

第二,说到政治协商会议组织法,我完全承认这是中国人民民主统一战线的组织形式。这是中国革命过程中必须采取的政策,也是走向革命胜利的最好的保证。这政策不是软弱缺乏勇气的资产阶级所能执行、所能贯彻的。固然他们有时也利用一下,但终不免为民族败类蒋介石所背叛。因此,这统一战线组织政策,只有在无产阶级、在共产党,尤其在像列宁、斯大林、毛泽东这样忠于人民事业,为革命服务的天才领袖领导之下,才能认真地贯彻执行。这说明这个政策之实施,必须有阶级性的保证。孙中山先生在1924年就同意了联合战线的主张,但终为蒋介石及其反动集团所破坏,革命因之也就失败了。蒋介石后来在抗战中又拿来利用,但不旋踵又亲手破坏了,这就造成了中国人民的深重的灾难。中国共产党二十年来就坚持着这个政策,毛主席更将其发扬光大,这就造成今天的胜利。刘少奇先生说:不仅在新民主主义时期,就是走向社会主义还愿与大家一道。我们坚决拥护这种看法,并愿促成其实现。我党曾经提出过反日的联合战线和抗战的统一战线;自参加福建人民政府、一直到后来的参加民盟,响应"五一"号召,都是为了统一战线的工作,这工作无疑的就成了我党努力的中心,也即是接受了中国共产党的领导。现在更要提醒一句,就是今天的统一战线,并不是如外面人所说那样,是短命的,临时性质的。我想,大家听过了刘少奇先生的讲话,就不应该有所怀疑了。至于共同纲领中的土地革命、国家资本主义经济建设和彻底的联俄等等,都符合我们平日主张,我们必须彻底拥护的。但是,我们在这里必须郑重补充说明的,那就是在我党成立的初期,因为对革命理论认识的不足,因而对于革命阵线上的友党——中国共产党没有做到应当采取亲密合作的政策,这是一个严重的错误,莫大的遗憾。现在值得我们引为庆幸的,也就是我们站在革命进步的立场上,我们能够发现错误,自我改正,所以我们的党特别在抗日战争开始以后,就能够决心地接受了中共的领导,保证了我们的革命的纯洁性。

第三,关于中央人民政府的组织法,我们认为这是根据马列主义的国家制度理论和毛泽东思想相结合的产物,是民主集中制的人民自己负责的政权。在本质上与欧美三权分立的旧民主的国家制度,绝无相同之点。在性质上是与苏联的社会主义国家制度相接近,但在形式的具体表现上有所不同,我们认为人民民主专政的政府组织,是适合中国人民需要、是中国革命彻底胜利和建设成功的保证。同时,也只有在这种保证之下,建设新中国共同纲领的一字一句,才能无保留地得到实现。

综合起来,这三种历史性、创造性的文件,是中国人民共同遵守的建国的方针，在逻辑上是一脉相承，是互相关联的，是缺一不可的。在筹备期间，各党派、各民主人士的许多意见虽多被采用，但基本上不能不承认这是中国共产党、是毛主席创作的，是中共、是毛主席根据马列主义指导理论和中国历史、社会实际情况以及数十年来的奋斗经验相结合制造出来的。

最后，我们愿协同全国人民、各民主党派、各社会阶层、各少数民族及海外华侨一德一心，接受这三大文件，并促成其彻底实现。谨祝人民政治协商会议完满成功！

中华人民共和国万岁！

全国人民大团结万岁！

中国共产党万岁！

毛主席万岁！

在9月30日举行的两项选举中，彭泽民当选为中央人民政府委员会委员，还被选为政务院政治法律委员会副主任。在这些永载史册的影像中，也永远地留下了彭泽民的身影。

☆ 1949年9月30日，人民政协第一届全体会议选出的中央人民政府主席、副主席及全体委员合影。站在毛泽东主席身后的彭泽民（二排右七）当选为中央人民政府委员会委员

10月1日下午二时,中央人民政府委员会在北京中南海勤政殿举行首次会议。中央人民政府主席毛泽东,副主席朱德、刘少奇、宋庆龄、李济深、张澜、高岗,以及周恩来等56名中央人民政府委员会委员宣布就职。会议一致决议,宣布中华人民共和国中央人民政府成立,接受《中国人民政治协商会议共同纲领》为施政方针。会议同时决议,向各国政府宣布,中华人民共和国中央人民政府为中国唯一合法政府,愿与遵守平等、互利及互相尊重领土主权原则的任何外国政府建立外交关系。会议结束后,中央人民政府委员会主席、副主席及各位委员集体出发,乘车前往天安门城楼出席开国大典。

下午三时,中央人民政府主席、副主席、委员在天安门城楼就位,中央人民政府委员会秘书长林伯渠宣布典礼开始,毛泽东主席亲手升起第一面五星红旗,伟大的中华人民共和国光荣诞生。毛泽东主席向全世界庄严宣告中华人民共和国中央人民政府成立。彭泽民作为中央人民政府委员会委员,全程参加中央人民政府委员会第一次会议和开国大典,见证中华人民共和国中央人民政府光荣成立。

中华人民共和国的成立,标志着抗战胜利后全国人民的和平建国愿望,在中国共产党的领导下实现了。农工党等民主党派,在新生的人民政权中所拥有的地位和作用,是农工党等民主党派在与中国共产党长期合作的共同斗争中形成的,是对农工党等民主党派历史的公正评价和肯定;也表明了农工党等民主党派,结束了受尽压迫和屈辱的在野党地位的历史,成为在中国共产党领导下,参加执掌人民政权的新型政党,踏上了与中国共产党肝胆相照、建设新国家的崭新的历史发展道路。以此为标志,中国农工民主党历经艰难曲折,从同中国共产党合作到逐步接受中国共产党的领导,从走上新民主主义道路,到进而走上社会主义道路,成为中国共产党领导的多党合作事业中,致力于中国特色社会主义事业的参政党。

7.2 政协"双周座谈会"

新中国建立不久,许多重大问题、重要工作和重大部署,需要在各

党派、各阶级、各界人士中取得共识,以便在认识一致的基础上,步伐整齐地共同向前推进。设立双周座谈会的目的,主要是为了沟通思想,对时事政策、统一战线工作交换意见。1950年3月,双周座谈会,由各民主党派、无党派民主人士联合发起,是以参加政协全国委员会的中国共产党、各民主党派、各人民团体所推派的代表及政协全国委员会常务委员为主体的时事政治座谈会。双周座谈会,是全国政协最早进行政治协商的一种形式,在巩固新生的人民民主政权的斗争中,发挥过重要作用。

最初参加双周座谈会的单位和代表:中国共产党的代表林伯渠、李维汉、徐冰,中国国民党革命委员会李济深、张治中、王昆仑、邵力子,中国民主同盟沈钧儒、史良、胡愈之,中国民主建国会黄炎培、章乃器、李烛尘,无党派民主人士郭沫若、陈叔通、张奚若、沈雁冰、马寅初,中国民主促进会马叙伦、王绍鏊、周建人、许广平,中国农工民主党章伯钧、彭泽民、黄琪翔、季方,九三学社许德珩、梁希,中国致公党陈其尤,台湾民主自治同盟李纯青。各人民团体的代表有廖承志、吴茂荪、曹孟君、沈兹九、袁翰青、陈翰笙、张志让、于树德、沙千里、许涤新、庄希泉。

1950年9月21日,双周座谈会第八次会议通过《双周座谈会暂行组织办法》。双周座谈会每两周举行一次,由各党派和无党派民主人士轮流主持,并推定林伯渠、李济深、沈钧儒、黄炎培、陈叔通、马叙伦、章伯钧、许德珩、廖承志9人组成主席团,经常研究座谈会的问题。主席团第一次会议,又推定林伯渠为主席团总主席。座谈会讨论的题目预先拟定,由各单位代表根据议题搜集意见,准备发言。座谈会一般采取报告与讨论相结合的方式进行,有时推定专人先作中心发言,有时邀请专人先作报告,然后进行讨论。根据情况还邀请有关部门的负责同志参加座谈。

7.3　第五次干部会议

中华人民共和国成立,彻底改变了中国一百多年来的半封建半殖民地的社会性质,建立了人民民主专政的人民共和国,这个政权是以工农联盟为基础、以工人阶级为领导的,由中国工人阶级、农民阶级、小资产阶级、民族资产阶级及其他爱国民主分子组成的人民民主统一战线政权。在新的历史条件和历史任务下,中国共产党对各民主党派,采取了"坚持团结合作和帮助他们进步"的基本方针。农工党作为多党合作中的一个参政党,在中国共产党的领导下,开始了新的历程。

1949年10月,农工党中央机关,从香港迁到北京辛寺胡同十四号,后改为辛安里六十六号。10月25日到11月9日,农工党在北京举行了第四届第二次执监委联席会议,这是农工党在新中国成立后召开的第一次会议。

10月26日,章伯钧在会上先作了一个讲话,讲话内容表现情绪低沉,有伤感,有包袱。他说:"这次会议与其说是决定方针的会议,不如说是自我教育的会议。二十年来,我党在组织上可以说失败了!在政治上,也可以说是总算没有走错路,没有向蒋介石投降、屈服,始终是跟着中国人民走。在工作上,总算有一部分表现,这完全是大家牺牲和辛苦得来的。"他认为"中国将来要从多党到一党,我党就要呜呼哀哉了",因此,给会议定下了"无非争取光荣的晚节而已"的基调。

10月27日,章伯钧还给会议传达了中国人民政治协商会议精神,作了《关于人民政协的报告》。在这次会议上,何仲眠作了整理党务报告,王深林作了组织部工作报告,严信民作了宣传部工作报告。

10月29日,章伯钧在这次会议上作了《政治报告》,实际上是一个关于《政治报告》提纲的说明。《政治报告》前一部分,系统回顾了20年来所开过的四次全国性干部会议的特点,分析每次会议的国内外形势、国共两党关系和农工党的处境,推演了农工党党名的更迭、政治主张的完善和政治任务的变化;在政策上,确认第二次干部会议后,所采取"接受中共领导,参加并支持民主同盟;根本放弃军事运动,积极从事民主运动,恢复各地党组织"道路的正确性。《政治报告》的后一部分表示:拥护人民政协的召开,拥护政协的有关决议,诚心诚意接受共产党领导,和民主同盟团结在一起。并对各级组织和党员个人提出了要求,希望大家加紧学习,提高自己,根据《共同纲领》,参加各方面工作。

到这次联席会议为止,根据上海、南京、安徽、浙江、江苏、江西、湖南、湖北、广东、广西、福建、四川(不含成都)、北京(含天津)、山东、香港等95个省市和地区组织以及国外支部的报告,全党约有两万名党员,其中农民、工人、学生占相当比重。经过按农工党中央决定所作的初步整党,准予登记的有7 476人(未含成都)。第二次执监委联席会议的举行,标志着农工党在民主革命阶段的艰难曲折历程的结束,也为随即召开的第五次全国干部会议作了充分的准备。

农工党第四届第二次执监委联席会议情况表明,农工党内部出现了严重的思想分歧:一种意见是少部分但说话有分量的人提出的,力主农工党"光荣结束",取消组织,认为新中国成立后农工党已没有继续存在的意义和必要,这种意见被认为是"代表进步的意见";持另一种意见的人数较多,不愿意取消组织,但不敢理直气壮地力争,只是情绪消沉,等待会议最后作出"光荣结束"的决定。当了解到这一情况后,为了开好五干会,周恩来于11月12日上午,邀请章伯钧、彭泽民、季方、郭则沉举行座谈,对农工党的前途、任务和作用交流意见。下午,周恩来邀集全体代表在北京饭店召开座谈,并作了一个重要讲话。

周恩来的讲话坦直中肯,且情真意切。他首先对农工党22年的历史和其创始人邓演达作了很高的评价,也联系中共历史上的错误,指出了农工党历史上的错误和缺点。周恩来说:"农工民主党不同于中共以外别的党派者,它是唯一具有革命传统基础的党,但是一直没有很好地发扬过自己的事业。农工民主党是一个政党,1927年以后断断续续存在了22年才有今天这样一个会议的举行,当然不能不考虑到党的历史性发展,借以确定今后的前途。诸位要很认真很严肃地对待这个问题。通过冷静的分析,达到正确的结论。"

周恩来接着说:"伯钧先生有一个情绪,以为反正就要结束了,何必反复检讨呢。其实即使要结束,也要好好地检讨一下,才对得起22年奋斗的历史和关心你们的社会人士,更何况就我看来,农工民主党还不是应该结束的时候呢。"周恩来鼓励大家说:"大革命的失败到来,不少人动摇了,一部分人牺牲了,只有少数人撑下来了。农工民主党也是一样,邓先生倒了下去,几个人撑下来了。这就是我们革命的又一特点,这就是不惧不屈的革命传统,农工党如果没有这种精神,也许早就不存在了,更不要说加入今天胜利的革命行列。"

周恩来最后说:"关于今后任何做法,我看了你们的几个结论,又觉得消极了一点,总觉得不妥。我以为农工民主党还有它的历史任务,不能让它无疾而终。一个革命政党不必害怕自己消灭,但是农工民主党还没有到这个时候,不应该消极。"周恩来语重心长、肝胆照人的讲话,听者无不心悦诚服,感激振奋,这是对全体与会人员的一次深刻生动的统战理论和政策教育,促进了与会同志在思想认识上的提高和统一,为开好五干会议打下了良好基础。这又一次说明,不论是在革命十分艰难的岁月里,还是在革命取得胜利的今天,中国共产党总是在农工党最需要的时候,给予无私的关怀和支持,充分体现了中国共产党同农工党长期合作的真诚愿望。

为了总结过去的经验和教训,确定今后的工作和方向,11月14日至26日,中国农工民主党在北京召开了第五次全国干部会议,出席会议的有中央执监委员、候补执监委员、各地组织的代表和中央指定的人员章伯钧、彭泽民、黄琪翔、季方等99人。会议传达并学习了全国政协一届一次会议的有关文件。会议围绕总结建党以来的成绩和教训、听取省市级组织关于党务工作的报告,提出新的方针任务,与会代表进行了深入而热烈的讨论。

中共中央对农工党五干会议高度重视。毛泽东、朱德、周恩来等中共中央领导先后接见参会人员,参加座谈或到会讲话。11月16日,朱德亲自到会并讲话,讲话提出在中国革命过程中,农工党作出很大的贡献,同中国共产党很亲近,"可以说是第一个朋友,多少年来患难与共,这是很难得的"。讲话还指出:"我们是长期合作的朋友,在共同纲领之下,要一起从新民主主义走向社会主义。"11月27日,毛泽东在五干会议闭幕后接见参会人员,接受农工党与会干部献旗,热情勉励大家团结进步,农工党同志受到极大鼓舞,深感振奋。

第五次干部会议通过了一系列报告、决定和宣言等文献。选举了由委员章伯钧、黄琪翔、季方、丘哲、郭冠杰、李伯球、张云川、王深林、李士豪、罗任一、杨清源、王一帆、杨逸棠、郭则沉、庄明远、严信民、何世琨、杨子恒、连瑞琦、郭翘然、云应霖、黄农、黄朋豪23人和候补委员丘辰、黄桐华、张觉初、何仲珉、李健生（女）、张耀明、徐哲7人组成的中央执行委员会，选举了由委员彭泽民、韩卓儒、陈卓凡、唐午园、王寄一、欧阳平、王人旋、李如苍8人和候补委员黄慎之、叶粤秀、朱镜堂3人组成的中央监察委员会。会议推选章伯钧为执行委员会主席，彭泽民为监察委员会主席，黄琪翔为执监会议秘书长。

12月17日，农工党举行五届一次中央执监委会议，推选章伯钧、彭泽民、黄琪翔、季方、郭翘然、郭则沉、严信民、王深林、李士豪、何仲珉10人组成中央工作委员会。决定章伯钧为中央工作委员会主任委员，黄琪翔为副主任委员，季方为人事处处长，郭则沉为学习指导处处长，何仲珉为秘书处处长。

农工党第五次全国干部会议，在通过《中国农工民主党第五次全国干部会议宣言》后，于1949年11月26日在人民首都北京圆满闭幕！《宣言》首先感谢中国共产党和人民领袖毛泽东给予会议贤明的指导。然后，归纳了会议的主要任务：对于过去奋斗的经验予以适当的检讨，对于今后全党努力的方向予以正确的决定。经过反复认真地讨论，会议通过了关于政治与党务的多项决议，《宣言》认为全党同志今后的工作和行动将以之为准绳，并力求其贯彻落实。

《宣言》认为在这样一个伟大的历史阶段，有必要对本党22年来奋斗的经过作有意义的总结：

1930年，第一次全国干部会议在邓演达同志亲自领导下，集会于上海，竖起推翻蒋匪为首的国民党反动统治的旗帜，确立反帝反封建和土地革命的政治纲领，而创立本党，不幸未二年邓演达同志遂以身殉。

1935年，我们于香港召开第二次干部会议，这是在福建人民政府失败后，日本帝国主义正积极侵略华北，蒋匪帮反集中全力，进攻工农红军，妄图消灭中国共产党，中国民族危机正到了最严重的关头。我们会议通过了《临时行动纲领》，重新恢复党的组织，响应中共的"八一"号召，呼吁建立抗日联合阵线，主张对日作战，宣布联俄政策。

1937年，抗日战争全面爆发，宁沪相继沦陷，抗战转入第二期，我们召开第三次全国干部会议于武汉，决定了"抗战时期的政治主张"，以坚持团结、实现民主为保证抗战必胜的基本条件。由于这一信念的确立，我们终能战胜蒋匪帮所加给我们的种种压迫,而忠诚地接受了中共的领导,参加民主同盟,使本党在民主阵线中成为坚强奋斗的一员。

1947年,我们于上海召开第四次全国干部会议,正式改定党名为中国农工民主党。我们主要的奋斗任务,是促进民主,反对内战,团结群众,以推翻反动的统治和驱逐美帝国主义者在中国的侵略势力。

一般来说,在反帝反封建的中国新民主主义革命之总路线上,我们是朝着进步的方向前进的,我们也尽了相当的历史责任,而且终于正确地走到了工人阶级政党的旗帜下,这正符合中国革命运动发展的法则。同时,我们在过去革命的工作过程中,也曾犯了不少错误,特别遗憾的是在建党初期没有确立与中国共产党合作的决策,直到1933年"福建事变"残酷的事实教训,我们才改正了这一错误的方向。

《宣言》指出,今后在中国共产党领导下,应努力于巩固人民民主专政,努力于加强巩固人民民主统一战线,努力于新民主主义的建设,为彻底实现人民政协共同纲领而坚决奋斗。《宣言》最后号召:全党同志要团结起来,接受马列主义、毛泽东思想,实行自我改造;同时,更要和广大人民群众结合起来,参加各种经济的、文化的、社会的改造和建设事业,以完成本党的使命。

1949年底到1951年秋,农工党按照第五次全国干部会议精神和形势所赋予的任务,经过近两年的重新整顿组织、加强理论学习,以及历经抗美援朝、土地改革、镇反运动等社会实践,整党工作已基本完成,并取得重大成果,中国农工民主党已成为一个在中国共产党领导的、致力于社会主义建设的参政党,为实现人民政协《共同纲领》而努力奋斗。

7.4 为党为民显真情

1951年,在中国共产党建党30周年庆祝大会上,彭泽民代表农工党献词说"没有中国共产党就没有新中国",这就是中国百年来革命历史的总结论。他还代表农工党郑重表示:除了在思想上和政治上要诚心诚意地接受共产党的领导外,还必须要学习它的坚苦卓绝的奋斗历史和忠诚老实的工作作风,然后才能保证我们更好地为人民服务。

庆祝中国共产党三十周年纪念

（一九五一年七月一日）

彭泽民

今年7月1日是中国共产党成立30周年的纪念日，这是中国人民最感到光荣的一天，同时也是世界人类历史上最光荣的一个纪念节日。

近百年来的中国是经过了不少次的革命运动，并且牺牲了无数的革命烈士，但结果都没有取得成功，其根本原因就是由于没有无产阶级和共产党的领导。一直到了1921年中国共产党诞生之后，中国的革命才找到了正确的方向，才改变了中国革命的面目。中国人民在共产党领导下，经过了漫长的曲折的艰苦奋斗，终于胜利地打倒了帝国主义、封建主义和官僚资本主义，推翻了国民党反动的统治，建立了人民自己的政权，永远地解除了被压迫被奴役的枷锁，成为中国的主人。"没有中国共产党就没有新中国"，这就是中国百年来革命历史的总结论。

自从1949年10月中央人民政府成立以来，到现在还未满2年，可是中国已经奇迹似的出现了欣欣向荣的新气象。在中央人民政府的领导下，全国范围的全面统一与亲密的团结是历史上所未曾有过的；财政金融统一与稳定、经济建设的恢复与发展、文化教育的普及与提高、政治外交的成就，无不表现了中国人民的聪明和能力。现在不单工人和农民的生活在开始改善中，其他各阶层人的生活，也同样的比以前好得多了。这些事实又证明了，只有共产党领导下的人民政府才能全心全意为人民服务，才能在短短时期内作了这么多有利于人民的工作。

解放了的中国人民在共产党领导下，不但有把握地将自己国家建设成为一个独立、民主、和平、统一与富强的新中国，而且还有表现的力量，"联合世界上一切爱好和平、自由的国家和人民，首先是联合苏联，各人民民主国家和被压迫民族，站在国际和平民主阵营方面，共同反对帝国主义侵略，以保障世界的持久和平"。这一具体事实的表现，首先就是中苏两国伟大的同盟。其次，由于中国人民志愿军在朝鲜战场的英勇作战，和全国人民热烈无比的抗美援朝运动，有力地打击了美帝国主义的侵略军，保卫世界的和平。中国人民这一伟大的国际主义与爱国主义的行动，是在共产党的领导下而作出的。

以上那些伟大胜利的获得,完全是与毛泽东主席的天才领导和共产党党员的正确的工作作风分不开的。毛主席曾这样告诉我们:"我们的党从它一开始,就是一个以马克思主义的理论为基础的党,这是因为这个主义是全世界无产阶级的最正确最革命的科学思想的结晶。马克思主义的普遍真理一经和中国革命的具体实践相结合,就使中国革命的面目为之一新,产生了新民主主义的整个阶段。在马克思主义的理论思想武装之下的中国共产党,在中国人民中产生了新的工作作风,和人民群众紧密地联系在一起的作风与自我批评的作风。"今天我们来庆祝"七一",除了在思想上和政治上要诚心诚意地接受共产党的领导外,还必须要学习它的坚苦卓绝的奋斗历史和忠诚老实的工作作风,然后才能保证我们更好地为人民服务。

现在中国人民的大革命虽然在共产党领导下已经获得了胜利,但是蒋匪残余尚盘踞在台湾,还未最后肃清,美帝也不甘心失败,仍然在朝鲜挣扎并且积极进行武装日本和西德,以图侵略世界和中国。我们为了保障祖国的安全和世界人类的和平,必须再接再厉地与美帝进行持久的战斗,因此需要进一步地开展和深入抗美援朝运动,捐献更多飞机大炮以支援中国人民志愿军和朝鲜人民军。同时也要继续镇压反革命和完成土地改革,只有这样才能巩固后方的安全及顺利地发展生产建设。

中国共产党万岁!

毛主席万岁!

彭泽民不仅真心向党,而且非常关心人民群众疾苦和国家统一大业。在人民当家做主的政府中任职从政,是彭泽民一生中最开心最幸福的时期。

1950年6月下旬,淮河流域发生连续半个多月时间的暴雨,共和国遭遇首场洪水灾害。据8月2日统计,当时灾民约998万人,其中断粮户581万人,无烧、无食、无住者109万人,均须急救。灾区之广,灾情之重,为百年来所仅见。洪水发生后,华东军政委员会及皖北行署即采取一连串紧急措施。7月11日,华东军政委员会决定,成立皖北淮河灾区视察团和皖北视察委员会,由农林、财政、民政、水利、卫生五部共同组织,并即拨发急救粮3 000万斤与种子粮1 000万斤,前往灾区抢救。7月15日,中央人民政府内务部、农业部、贸易部、中央合作事业管理局,联合电告平原、河北等省,要求他们协助皖北代购晚秋种子。

7月20日,华东军政委员会关于1950年淮河大水受灾情况的紧急电报,被送到了毛泽东主席面前,他看完后当即在电报上批示给周恩来:"除目前防救外,须考虑根治办法,现在开始准备,秋起即组织大规模导淮工程,期以一年完成导淮,免去明年水患。请邀集有关人员讨论:(一)目前防救;(二)根本导淮问题。"7月22日,周恩来即邀集有关人员,初步讨论了工程问题,指示华东军政委员会尽可能于较短期间治好淮河,早日解除沿淮人民痛苦,并责成华东军政委员会和水利部,要于8月底做出初步计划,送中央研究实施的具体步骤。

☆ 1950年8月下旬,彭泽民(左一)率领中央慰问团中南区慰问团,在西平县五沟营视察河南淮河灾区

中央人民政府组织中央灾区慰问团,在团长、政务院政法委员会副主任彭泽民等带领下,携带药品,于8月10日到达蚌埠,然后沿淮河一路向上,到河南慰问。慰问团回京以后,彭泽民及时向中共中央和毛泽东详细汇报灾情和救灾的情况。根据毛泽东在两个月内的连续四次指示要求,治淮前期工作迅速开始。同时,周恩来总理抓紧时间,集中各地的意见,按照8月25日到9月11日在京召开的治淮会议确定的治淮

方针,对治淮计划进行了修改、充实,再组织专家进行反复研究后,于10月14日,由政务院发布《关于治理淮河的决定》。

《决定》制定了上中下游按不同情况实施蓄泄兼筹的方针,新中国水利建设事业的第一个大工程拉开了帷幕。当年11月下旬,规模巨大的治淮工程在中下游相继开工,修建水库,开挖新河,建造船闸,工程量之大,举世罕见。1951年,毛泽东又派以邵力子为团长的中央慰问团,慰问全体治淮员工,并把亲手题写的"一定要把淮河修好"的锦旗,授予各省治淮指挥部。

1952年7月,中央决定派出"东北内蒙古访问团",彭泽民受命代表毛泽东,率东北内蒙古访问团赴东北、内蒙古慰问少数民族。7月9日,东北内蒙古访问团在团长彭泽民,副团长萨空了、朋斯克的率领下,离京前往内蒙古、绥远和东北等少数民族地区访问,历时79天,行程7 000多公里。彭泽民他们深入林海鄂伦春等民族村寨,走访内蒙古草原的蒙古包,送去中央人民政府和毛主席的深切关怀。访问团访问了蒙古、朝鲜、回、满、锡伯、赫哲、吉尔吉斯、鄂伦春、索伦等少数民族,分别举行了50次慰问大会,向60多万各族人民,传达了毛泽东和中央人民政府对各少数民族的关怀,并代表毛主席和中央人民政府,看望慰问各族人民群众。

当时中央民族访问团的主要任务和活动是:对少数民族的上层人物或各界代表人物进行个别访问;根据不同地区、不同民族的具体情况,召开各种座谈会、各民族代表会或民族联谊会;召开群众大会,传达中央人民政府对各兄弟民族的深切关怀,宣传《共同纲领》的民族政策,并为一些少数民族地区举办民族干部短期培训班,协助具备条件的少数民族地区建立自治区或自治县。中央民族访问团的访问工作,在各族人民中产生了相当广泛的影响,对传达党和国家对少数民族同胞的深切关怀、宣传《共同纲领》中的民族政策、贯彻党和国家的民族平等团结政策、密切党和人民政府与各族人民的鱼水情关系、强化少数民族对国家民族政策的充分信任,都起到了重要作用。

新中国成立后,彭泽民担任了中央人民政府委员会委员、政务院政治法律委员会副主任、中侨委委员等多个要职,还担负着中国红十字总

☆ 1952年,彭泽民率领东北内蒙古访问团访问东北和内蒙古少数民族地区。图为他到达内蒙古时接受少先队员献花

会副会长等10多个社会职务。尽管如此,他始终没有脱离华侨这个群体。1949年7月8日,他受中共中央委托,担任中国首个华侨组织——北京市归国华侨联谊会筹委会主任,筹建新北京归国华侨联谊会,即北京市侨联前身。1950年10月,北京市归国华侨联谊会正式挂牌成立,他先后担任第一、第二届北京市归国华侨联谊会主席,第一届全国侨联副主席。1954年召开第一届全国人民代表大会,彭泽民又以华侨代表身份出席并被选为一届人大常委会委员。1956年全国侨联成立后,彭泽民又担任全国侨联副主席。

彭泽民在侨界享有崇高威望,热心侨务工作。他和陈嘉庚、何香凝等侨界领袖一道,一方面,积极维护海外华侨权益,呼吁海外华侨团结一致,鼓励侨胞与当地人民长期友好相处;另一方面,重视和保护归侨侨眷的合法权益,制定了"一视同仁,不得歧视,根据特点、适当照顾"侨务总方针,制定实施了吸引和鼓励华侨回国投资、保护侨汇、创办华侨农场安置归难侨、兴办华侨补习学校等具体政策。彭泽民参与制定的侨务政策、开展的各项侨务工作,加深了海外侨胞对新中国的了解和热爱,促进了海外侨胞的团结,为新中国营造有利的国际环境发挥了独特作用。

☆ 1953年10月，彭泽民（二排左三）与华侨归国观光团全体团员合影

晚年，彭泽民念念不忘台湾早日回归祖国，亟盼祖国统一大业早日实现。1955年他为《华侨日报》题词"为争取和平解放台湾而努力"就表达了他的这一心愿。

7.5 助力抗美援朝

1950年6月25日，朝鲜人民军南进作战，朝鲜战争爆发。6月28日，朝鲜人民军攻占南韩的政治中心汉城，韩国军队在朝鲜的强大攻势下，节节败退。这时，美国驻联合国代表向安理会提交了议案，授权组成"联合国军"，帮助韩国抵抗朝鲜军队的进攻，"联合国军"以美军为主导，其他15个国家也派小部分军队参战。7月5日，美军参加了第一场对朝鲜的战役。9月15日，美军于朝鲜半岛南部西海岸仁川登陆，朝鲜人民军腹背受敌，损失重大，转入战略后退。

1950年10月8日，朝鲜政府请求中国出兵援助。中国政府应朝鲜的请求,作出"抗美援朝、保家卫国"的伟大决策,迅速组成中国人民志愿军入朝参战。10月25日,志愿军打响了进入朝鲜后的第一仗。作为中国农工民主党中央监察委员会主席,彭泽民不顾年迈体弱,积极主动地投入到抗美援朝战争之中去。

1950年9月30日,周恩来代表中国政府就朝鲜问题发表严正声明,警告美国侵略者:"中国人民决不能容忍外国的侵略,也不能听任帝国主义者对自己的邻人肆行侵略而置之不理。"彭泽民代表农工党发表文章,响应周恩来的声明。

1951年1月1日,彭泽民发表《新年献词》,表示:立下决心,从积极反美侵略的战斗中继续扩大和巩固中国人民革命的胜利。2月,世界和平理事会在德国的柏林召开会议,为了使世界听到中国的声音,彭泽民代表中国出席了大会,会议通过了《要求五大国(美、苏、中、英、法)缔结和平公约的宣言》,掀起了世界范围内的和平签名运动,签名人数达6亿多人,其中中国有3亿多人签名。本次会议上,在彭泽民的努力下,中医鼻祖、《本草纲目》著作者李时珍,被推选为世界文化名人。

7月,农工党中央成立了以彭泽民、黄琪翔为正、副主任委员的"抗美援朝捐献委员会",为捐献"中国农工民主党号"飞机1架,开展了全党捐献活动。8月14日,彭泽民致电朝鲜民主主义人民共和国部长会议金日成主席,祝贺朝鲜解放6周年。8月23日,朝鲜民主主义人民共和国内阁首相金日成,复电中国农工民主党中央监察委员会主席彭泽民先生,表示感谢:深深地感谢先生于朝鲜解放6周年纪念日之际所给予的热烈祝贺。10月23日至11月1日中国人民政治协商会议第一届全国委员会第三次会议在北京举行,彭泽民作《为完成抗美援朝增产节约而奋斗》的大会发言。这年,金日成送给毛泽东一些朝鲜香蕉苹果,毛泽东分一部分给彭泽民品尝,还把一张老虎皮送给彭泽民,彭泽民把这张老虎皮视为珍宝,一直珍藏着,舍不得把它陈设出来,生怕沾上一点点尘土,这成了他的传家之宝。

抗美援朝战争爆发后,彭泽民把15岁的儿子彭会东送去参军,儿子复员后,又教育他安心做仓库工人。1952年,侵朝美军在朝鲜和我国东北投掷细菌弹,为向全世界揭露美帝国主义的罪行,中国人民保卫世界

☆ 1951年2月,彭泽民代表中国人民参加在东柏林召开的世界和平理事会。图为彭泽民在会上举手表决

和平委员会和中国红十字总会组织了"美帝国主义细菌战罪行调查团",赴东北各地及朝鲜前线实地调查。作为中国红十字会副会长,古稀之年的彭泽民亲自出征,领导了东北分团的工作,于3月15日到东北鸭绿江沿岸调查。年事已高的彭泽民非常积极地参加调查团的一切活动,他和许多证人谈话,对聚拢而来的居民发表斥责敌人的演讲,每每亲自到现场观察,为保卫祖国、保卫和平不辞辛劳,最后因过度劳累而生了病。

12月17日,彭泽民以中国农工民主党中央委员会副主席身份发表谈话,中国农工民主党坚决拥护我国外交部周恩来部长对于联合国第七届大会通过的关于朝鲜问题的非法决议案所提出的严正的抗议和关于和平解决朝鲜问题的正义要求。

彭泽民说,联合国大会所通过的所谓《朝鲜:联合国朝鲜统一复兴委员会报告》的议程的决议案,它的实质,诚如周恩来外长所指出的:是完全违反了人类的良知、人道的原则、国际的惯例、《日内瓦公约》的条文和朝鲜停战协定草案的规定,承认了美国方面用极端野蛮残暴的方

法所制造出来的所谓战俘"拒绝遣返"的"愿望",并硬要扣留几万朝中战俘作为人质来迫使朝中方面对美国方面屈服。一句话,这个披着印度外衣、以美国"自愿遣返原则"为中心内容的非法决议案,再一次地暴露美国政府决心用暴力来贯彻其强迫扣留战俘以便中止和破坏朝鲜停战谈判,延长和扩大侵朝战争的罪恶阴谋,以及企图把战争不能停止的责任,转嫁到朝中方面的可耻的勾当。美国政府以及支持美国统治集团战争政策的仆从们的这种可耻的打算,可以断言,不仅是徒然,而且必将遭到全世界爱好和平人民的坚决反对和打击。

彭泽民表示,美国政府在战俘遣返问题上所玩弄的花样、在对待战俘问题上所使用的残暴的罪行,完全违反了《日内瓦公约》,是完全违反了人道的原则。而联合国大会在这一问题上,竟置尊严的国际公约于不顾,无理地拒绝朝中方面关于遵守《日内瓦公约》遣返全部战俘的建议和苏联代表维辛斯基先生11月10日和24日所提出的和平解决朝鲜问题的提案,而支持违反国际公约、强迫扣留战俘,旨在破坏远东和世界和平,扩大侵略战争的非法决议案,中国农工民主党对联合国大会的这种堕落行为,表示无比的愤慨。

彭泽民认为,为了维护《联合国宪章》的尊严,为了实现全世界人民的和平愿望,为了不使遣俘问题成为实现朝鲜停战的障碍和借口,我们中国农工民主党,一致坚决拥护我国外交部周恩来部长所提出的正义要求:要求联合国大会立即取消对朝鲜问题的非法决议,责成美国政府立即恢复板门店谈判,并根据《朝鲜停战协定草案》先行全面停战,战俘全部遣返问题交"和平解决朝鲜问题委员会"解决。如果联合国大会拒绝这一正义要求仍一意孤行,那么,由这种行动所引起的严重后果,应由美国政府及一切支持美国统治集团战争政策的人负完全责任。

7.6　第六次干部会议

1951年秋季,农工党各地的整党工作已经基本结束,取得了重大的成绩,组织机构陆续从整理委员会改为工作委员会。为了总结"五干会议"以来的工作,确定党在新形势下的政治任务和发展组织的计划,11

月22日至12月3日,农工党在北京召开了第六次全国干部会议。出席会议的有五届执监委员、候补执监委员、各地推选的和中央特邀的代表章伯钧、彭泽民、黄琪翔、季方、周谷城、徐彬如等82人。会上严信民作了《政治报告》,季方作了《党务报告》,王深林作了《修改党章报告》;通过了关于《政治报告》《党务报告》《党章》《政协一届三次会议的传达报告》和《发展组织》的各项决议;调整了中央领导机构,合并五届中央执行委员会和监察委员会为中央委员会,原中央执监委员为中央委员,候补执监委员为中央候补委员,增选周谷城、徐彬如、刘春、夏康农为中央委员,六届中央委员有章伯钧、彭泽民、黄琪翔、季方、严信民、王深林等33人,中央候补委员有丘辰、李健生(女)等8人。

12月5日举行六届一中全会,推选章伯钧为中央委员会主席,彭泽民为副主席。决定成立中央执行局,选出章伯钧、彭泽民、黄琪翔、季方、刘春、徐彬如、郭冠杰、李伯球、王深林、郭则沉、严信民、何世琨、张云川、王人旋、李士豪15人为中央执行局委员。

农工党"六干会议"的中心任务是"继续抗美援朝,开展增产节约,进行思想改造",并为继续完成镇压反革命和土地改革而努力。会议的《决议》说:"完全接受并一致拥护政协全国委员会的各项报告和决议,并将毛主席在会议中所指出的三大中心工作:继续加强抗美援朝运动,提倡和推动爱国增产节约运动,广泛开展思想改造运动,定为本党当前的三大中心任务,并为完成三项中心任务而奋斗。"

会议通过了《关于发展组织的决议》,说明"本党经过整理,经过抗美援朝、土地改革、镇压反革命三大运动的锻炼,已具备了发展组织的必要条件。决定进一步联系和团结广大的城市小资产阶级,加强马列主义、毛泽东思想的学习,以改造自己,提高政治水平,为完成新民主主义建设并走向社会主义而奋斗"。"发展组织必须从革命的实践中和国家建设的实践中去发现、培养和吸收小资产阶级中的积极分子。发展组织必须与巩固组织相结合。要有计划有重点地在大中城市发展。发展的对象应依据现有基础,基本上以中下级的公教人员、专家、技术人员、小工商业者为主,同时向经济建设部门作试行发展。在军事、情报、外交等单位不发展党员,不进行组织活动"。

7.7 发展中医事业

彭泽民不仅是爱国华侨、孙中山的信徒、共产党的挚友,还是一位乐于助人、受人尊重的济世救民的医生。他早年随伯父学习中医,1927年8月,参加"八一"南昌起义,起义军南下广东遭受失败后,他避走香港,入名医陈伯坛开办的中医专科学校进修6年,毕业后在港挂牌行医,悬壶济世。彭泽民在行医过程中,始终情系革命事业,曾以行医所得收入,支持患难中的革命同志。

1949年10月1日,天安门广场奏响《义勇军进行曲》,五星红旗徐徐升起,历史由此翻开了崭新的一页。根据公开的文献资料,当时我国人均预期寿命只有35岁,人民健康随时随地可能受到各种传染病、地方病的威胁。由于医疗条件差、严重缺乏药品与医疗器械、封建迷信盛行等原因,一旦某地发生疫情,往往无法有效控制,病人死亡率极高。天花、霍乱、鼠疫等多种传染病时有流行,严重危害人民健康,每年死亡人口中近半数死于传染病。面对积贫积弱的社会面貌,尤其是全国人民人均预期寿命不高的现实,党和政府下定决心要让人民过上健康幸福的好日子。

1950年2月27日,为了团结中医,提高现有中医的科学技术水平,中央人民政府卫生部召开中医座谈会。到会的有中医师赵树屏等20人,以及对中医学术素有研究的医师孟昭威等3人,中央人民政府委员彭泽民亦应邀出席指导。会上决议成立北京中医学会筹备委员会,以出席本次座谈会的中西医师为筹备委员。8月2日,在北京召开中国红十字会协商改组会议,通过了中国红十字会改组事宜。会议明确规定,中国红十字会为"中央人民政府领导下的人民卫生救护团体",定名为"中国红十字会"。周恩来总理亲自审阅了改组报告,并亲笔修改了《中国红十字会章程》。成立由27人组成的新理事会,新理事会举行第一次会议,选举李德全为正会长,彭泽民等4位为副会长。

在严重缺医少药的严峻形势之下,新中国成立后的第一届全国卫生工作会议,于1950年8月7日至19日在北京召开,毛泽东主席为这

☆ 1950年,周恩来总理签发的彭泽民为中国红十字会总会副会长的聘任通知书

次会议题词:"团结新老中西各部分医药工作人员,组成巩固的统一战线,为开展伟大的人民卫生工作而奋斗!"会议交流和总结了过去卫生工作的经验,讨论并确定了新中国卫生建设的方针。出席会议的正式代表421人,列席代表161人,其中包括各地区、各军卫生部的负责人和中西医药界学者专家。会议由卫生部部长李德全主持,卫生部副部长兼人民解放军总后勤部卫生部部长贺诚在会上作报告。会议一致同意以"面向工农兵""预防为主""团结中西医"为新中国卫生工作的三大方针。会议认为,中医在中国历史长、数量多、分布普遍,是保障中国人民健康不可缺少的一种力量,必须长时期地加以扶持、保护,让他们学习科学理论,帮助他们总结经验。同时,西医也必须注意中国人民的生活习惯,学习农村中医接近群众的作风,中西医一起在为人民服务的目标下紧密团结尤为重要。这次会议把团结中西医定为卫生工作的重要方针之一,彻底纠正了旧社会遗留下来的轻视、歧视、排斥中医的思想,发展了中国独特的传统道德体系。

新中国成立后,彭泽民就着手在新中国优越的政治环境下振兴中

医中药,发展中医让人民受益。要振兴中医,最重要的是培养人才,为此他亲任北京中医进修学校校长,除亲自授课传授自己长期积累的医疗经验外,还安排学员随他临诊观摩,提高学员的诊治水平。北京中医进修学校是中央卫生部领导的第一个中医进修示范的学校,1950年筹建,1951年开始招收第一届(班)学员。学校办学的目标,是使中医从业人员获得科学诊断医疗方法和科学医学工具使用方法,按照社会发展规律,解放中医并使之走向新的发展道路,配合新民主主义建设,更好地为人民服务。

学校在教育方针上,遵循"面向工农兵""预防为主""团结中西医"三大政策,打破单纯技术观点,提高医学社会性的认识。学校学制26个星期,约半年,分前后两个学期,各13个星期,前期课程以生理学为中心,后期课程以病理学为中心。在课程设置方面,以学习基础医学、预防医学、社会科学为主,前期包括生理学、解剖组织学、解剖生理学、药理学、医史、社会科学等课程,后期包括病理学、细菌学、寄生物学、传染病学、公共卫生、临床技术、社会科学、诊断学等课程,辅之以必要的简易的科学医疗技术,使中医尽量获得新知识,进而批判改造旧医学,以扩大中医服务的范围。每班约招收60人,学员年龄平均在35~45岁,教师除本校外,主要请北大医学院、协和医学院和中央卫生研究院教授、专家兼任。

1953年11月,中华医学会总会为响应毛主席"团结新老中西各部分医药工作人员,组成巩固的统一战线,为开展伟大的人民卫生工作而奋斗"的指示,特组织中华医学会中西医学术交流委员会,借以推动中西医学术交流,提高更好地为人民健康服务的能力,彭泽民全程参与筹组工作。11月18日,在中华医学会总部举行了中西医学术交流委员会成立大会,彭泽民出席了会议,出席人员40余人。

会上,首先由方石珊副理事长报告筹备经过,接着由傅连暲理事长讲话,他强调指出:中医对人民卫生事业所起的作用重大,中西医团结很重要。接着彭泽民等8人也相继发言,一致认为:中西医学术交流委员会,只有在中国共产党和毛主席的领导下才能成立,今后一定要响应毛主席的号召,中西医密切团结在一起,更好地为人民服务。大会通过

☆ 1953年11月,彭泽民(前排右四)参加中华医学会中西医学术交流委员会成立大会留影

了会章,并确定了委员会的任务为"交流中西医临床经验并普及学术,提供医学上的各种研究问题及征集有关参考材料"等。大会选举彭泽民为主任,傅连暲等5人为副主任,中华医学会中西医学术交流委员会由中医、中药、西医、西药和针灸方面的专家46人组成。彭泽民对所有专家都十分尊重,虚心向他们学习请教。这开创了中西医结合的先河,促进了中西医学家的大团结和学术交流。

1954年1月12日下午二时至六时,中国人民政治协商会议全国委员会文化教育组,召开了一次中西医学术交流座谈会,目的在于使中西医学界人士充分地发表意见,互相交流对中西医学的认识和经验,以加强大家在政治上的团结和学术上的合作,进而更好地为国家建设服务,为人民健康服务。会议由文教组组长郑振铎、副组长许广平主持,出席会议的除该组组员外,还有北京市中西医学界代表人士和专家40多人。在这次座谈会上,彭泽民凭借着自己丰富的行医经验,就对待祖国医学遗产方面作了发言,他指出:祖国医学遗产中有不少值得挖掘的东西和研究线索,不仅古代医学文献值得整理研究,而且散存民间的有效单方也很值得我们的重视。因此,西医应以近代科学知识和方法多帮助中

医,整理和吸取中医经验的精华;中医也应无保留地介绍出自己的治疗经验,这样互相交流、互相学习,以求得中西医在学术上的交流,从而丰富医学科学的内容。今后应通过中西医的会诊和临床合作,来加强中西医学术上和工作上的团结合作。

1954年6月,毛泽东主席作出批示:"即时成立中医研究机构,罗致好的中医进行研究,选派好的西医学习中医,共同参加研究工作。"7月17日,彭泽民出席政务院文教委员会和卫生部联合召开的中西医座谈会,钱俊瑞传达了毛泽东、刘少奇关于加强中医工作的指示。第二天,卫生部傅连暲及副部长崔月犁邀约彭泽民讨论中医问题,听取其关于发展中医中药的意见。彭泽民随身带去了自己珍藏多年的中医书珍本——陈伯坛著的《读过伤寒论》和《读过金匮论》,建议重印这两本书。卫生部领导当即拍板,交付人民卫生出版社重印发行,这是新中国首次出版发行的中医系统理论书籍,中央卫生部负责刊行,供更多的人研究。是年冬季,当《读过伤寒论》完成印刷准备发行前,彭泽民在读书后写道:"新中国成立后毛主席号召重视中国医学之丰富遗产,卫生部李德全、傅连暲、贺诚部长复指示中西医药工作者应团结互助,协力发展中国医学,且嘱余出先生(指陈伯坛)所著《读过伤寒论》重刊发行,以供世人得以流传,尤为中国医学灿烂发展之前途而称颂无已。""余既庆先生毕生之学得以流传,尤为中国医学灿烂发展之前途而称颂无已。"

毛泽东早就知道彭泽民对中医很有造诣,新中国成立后,几次同他商谈改进和发展中国医学问题。彭泽民长期从事中医实践,既有丰富的从医经验,也精于张仲景的中医理论,所谈意见,情真意诚,言辞中肯,毛泽东很赞赏。1954年9月,彭泽民出席一届全国人大一次会议,毛泽东在会议期间接见了彭泽民,并与他讨论振兴中医问题。毛泽东说:"中医是我们的国宝,但也不能搞一条腿,要搞两条腿,中西结合。"彭泽民向毛主席阐述自己的观点说:"中医是我国人民几千年来与疾病作斗争的经验积累,有丰富的内容,如果用科学方法加以研究和整理,一定可以发挥更大的作用。今天中国医药人才还很缺乏,团结广大中医的问题更显得重要。"毛泽东对他的见解十分赞同,并希望彭泽民在弘扬祖国医学医药方面带个头。毛主席的嘱咐使彭泽民受到了莫大鼓舞,使他更加积极从事中西医学术交流的工作。

彭泽民按照毛主席的有关指示,积极推动中医药事业发展。他和萧龙友、孔伯华、施今墨、李振三等著名中医、学界名士积极建议,国务院1955年决定,创立国家级中医科研机构——卫生部中医研究院,其基本任务是:继承和发扬祖国医学遗产,促进人民保健事业和丰富现代医学科学,由中西医团结合作,以科学观点和方法,有步骤、有计划、有系统地对中医中药知识和临床经验进行研究和整理,并且培养医学院校讲授中医课程的师资和中医药研究人员。

12月19日,由国务院卫生部直接领导的"中医研究院"正式成立,周恩来总理为研究院题词:"发展祖国医药遗产,为社会主义建设服务。"下设附属医院、内科研究所、外科研究所、针灸研究所、针刺疗法研究所、中药研究所、医史研究室、编审室和中医研究班。中央在决定创建中医研究院之初,原打算委任彭泽民为院长,后考虑他年事已高,又在视察朝鲜战争中美国发动细菌战期间,操劳过度而健康受损,后任命彭泽民为名誉院长,周恩来总理亲笔签署任命书。建院之后,彭泽民始终关注中医研究院的建设与发展,亲自关注处理许多事务。彭泽民是中医界政治地位高、社会影响大、理论与实践兼备、对中医事业发展贡献巨大的中医大家。中医从此更坚实地走上振兴之路。

1955年7月,在全国人大一届二次会议上,彭泽民向大会提交《提倡流通国药及增加国药生产案》(提案第一百八十六号)。提出:"我国药物生产久已旷置,驯至供不应求。许多常用药品,亦每有缺市,这对于治病救人的要旨甚为窒碍。"建议"应当延聘娴熟药品的人才,发动农民广种国药"。同时建议解决好供需矛盾,提出"如何使药物的产量增加,如何使药物交流不至积压,利物济人,尤为当前的急务",为中药产业发展献计献策。国务院很重视彭泽民的提案,责令卫生部会同有关部门研究办理。为此,1956年2月18日,由商业部、农业部、卫生部、林业部、合作总社联合下达了中药110种的当年生产采购意见,请各地结合具体情况积极完成。农业部对中药生产已经做了规划,将根据计划需要与生产可能,扩建或新建药物种植场,逐步将野生药材引为家种,以保证货源,并逐步开展科学研究工作,加强田间技术管理,增加单位

面积产量,以满足人民需要。

1956年10月彭泽民病逝北京,党和政府隆重致哀,全国各城市中医学界也纷纷表示哀悼。许多社会名医像施今墨、陆观虎、宦世安等,纷纷撰文肯定彭泽民在弘扬祖国医学遗产中所作贡献,赞扬他的革命精神和精湛医术,称颂他"不但是一个伟大的中医师,而且是一个伟大的革命家"。宦世安医师在文章中表达了众多中医界人士的心声,他言道:"我们决不负彭院长的期望,继续发扬祖国医学,使它逐渐与现代医学科学合流,成为现代医学科学重要的组成部分。"

彭泽民虽已作古60多年了,但他致力于发展我国中医事业的精神永存。中医学界后来者前仆后继,在党和政府领导和关怀下,祖国的中医药学理论和实践已极大地向前发展。中国农工民主党在团结广大医学界、促进中西医结合、代代相传方面作出了无愧于祖国、无愧于人民的应有贡献。今天,中医、中药理论体系和临床疗效自立于世界现代医学之林,展现了它无限的生命力。长江后浪推前浪,中医学界未来者的脚步将会更加坚定有力,在振兴中医的大道上走得更快更远更坚定。

7.8 力行治病救人

新中国成立后,彭泽民担任中国农工民主党监察委员会主席、中央委员会副主席。此外,他还担任政务院政法委员会副主任、中侨委委员、全国政协常委、中国红十字会副会长、全国侨联副主席、中医研究院名誉院长等10多个领导职务。身为高级领导干部的彭泽民,公务繁重,每天的工作日程都排得满满的,没有多余的时间去诊病,但他仍利用休息时间,以义务诊病代休息。他有句名言:"自己不识做官,只识做事。"他以自己是一名医生为荣,以能为他人解除病痛为乐。

自从进入北平以来,彭泽民一直在繁重的政务活动之余,为许许多多的求医者解除病痛,许多治愈者经常互相推介,登门求诊者络绎不绝,对他的大名北京所有中药店无不知晓,他们常为彭泽民的独特处方、神奇的用药而惊讶不已。彭泽民经常利用上班前后、周末、节假日为机关干部、军人、工人、教授等看病,到农工党中央开会时,通常都是提前到达，为本党机关干部及家属把脉诊病。他的求诊者，更多的是普通干部、战士及其家属，对所有来诊者一律分文不取，也不接受任何礼物，彭泽民总是以为他人解除病痛为乐。前来看病的患者常常挤满他小小的临时诊室，他不辞辛劳地认真地为每位患者诊治，经常为此耽误自己吃午饭。根据1954年记录，彭泽民每个月诊治的病人都在五六百人次。

彭泽民还经常为董必武、谢觉哉、林伯渠、吴玉章、张澜、李济深、何香凝、邓颖超等老朋友诊病，军队领导叶剑英、萧劲光、许光达、王平等也常登门求诊。在长期艰苦的革命战争中，他们积劳成疾，甚至演变成顽疾。如海军司令员萧劲光患"头风症"，头痛不已。初诊时，由两名警卫员搀扶着进来，彭泽民对症下药，妻子翁会巧亲自煎药。来复诊时，萧劲光已行走自如，很快恢复了健康。新中国成立初期，领导干部都实行供给制，没有多少钱买药，彭泽民常用自己的津贴买药，或制成成药赠予他的病人，在他遗物里保留着一些病人的感谢信。谢觉哉信中说"屡蒙赠药，殊感不安""视力已比前有进步了"；贸易部部长叶季壮说"我在照您的药方吃药，最近身体比以前好多了"；中国首任驻捷克斯洛伐克大使曹瑛夫妇，出国前特地送来感谢信，表示衷心感谢。彭泽民对这些老干部能摆脱病魔缠身，走上新的岗位总是感到快慰。

1954年9月，一天上午，叶剑英约彭泽民为其诊病后，又同彭泽民讨论中医工作问题。当日下午，中央人民革命军事委员会办公厅副主任、国防部办公厅副主任朱早观，便亲自上门拜访彭泽民，他说军委拟聘两名中医，请彭泽民推荐。由于一时难以物色朱早观所要的符合政治、医术等条件人选，彭泽民只好先主动担任军委办公厅、总参管理局、军委疗养院及某军医院义务医生。彭泽民每日早上用两小时及下班后时间，专门接待持有这些单位介绍信前来就诊的患者，这些患者的药费还可报销；每周还专门到军委疗养院及某军医院出席会诊。彭泽民自己曾参加过"八一"南昌起义，对解放军将士怀有深厚感情，以独特高超的医术使许多伤病员恢复健康，有些还重新投入战斗。

中央军委一位谭姓女英语翻译，患了严重闭经症，加之工作过度紧张和疲劳，体质十分虚弱，一米六的个儿，体重只有70斤，经彭泽民调治

后很快恢复了健康,不仅工作出色,而且前后生育了一子一女,家庭幸福。时任朱德总司令秘书廖盖隆的爱人李篷茵,重病住进了北京医院,苏联专家束手无策,医院发出了病危通知。听说此事后,朱总司令亲自打来电话请彭泽民去看一看是否还有一线希望。彭泽民立即赶赴医院,用中医中药的急救方法同西医西药的抢救密切配合,作最后努力,终于使病人李篷茵转危为安,摆脱了死神纠缠,后经服中药调理,恢复健康。她病愈之后来到彭泽民面前,深深地鞠躬感谢救命之恩,并要求认作干女儿,说是经党组织特别批准。

彭泽民说:"学中医不容易,我十几岁学医,到 50 多岁以后,治病才真的有把握。"所以,在有生之年,他想为更多的患者服务。到 1956 年秋他再次入院前,当民主革命家张难先生因眼疾登门求治时,彭泽民还与往常一样,详细询问病情,把了脉,察看眼睛和舌头,然后口述汤方,让秘书记下,再一丝不苟地复核。张难先生成了他最后医治的一位病人。

7.9 孙中山忠实信徒

孙中山是中国民主革命伟大的先行者,中国国民党和中华民国的缔造者,三民主义的倡导者,创立"五权宪法"。孙中山首举彻底反帝反封建的旗帜,"起共和而终两千年封建帝制",于 1905 年成立中国同盟会,一直坚持反清革命,谋求共和。1911 年 10 月 10 日,湖北新军中的革命党人暗中联络,发动武昌起义,史称辛亥革命,辛亥革命成功后,孙中山被推举为中华民国临时大总统。1925 年 3 月 12 日,孙中山在北京逝世,1929 年 6 月 1 日,根据生前遗愿,葬于南京紫金山中山陵。孙中山一生著有《建国方略》《建国大纲》《三民主义》等著作,为了改造中国,孙中山耗尽毕生的精力,留下了不可磨灭的革命功勋,也为后继者留下了弥足珍贵的政治遗产。

1955 年 3 月 12 日,中国人民政治协商会议全国委员会,在北京隆重举行孙中山先生逝世 30 周年纪念大会,深切缅怀这位伟大的民主革命先行者。彭泽民和董必武、李济深在大话上分别作了讲话。彭泽民满怀深情的讲话中,不仅回顾了孙中山光辉的一生,也告慰了孙中山,其毕生追求的伟大理想正在中国共产党领导下一步步变成现实。

彭泽民副主席在孙中山先生逝世三十周年纪念会上的讲话
(一九五五年三月十二日)

主席、各位先生、各位同志:

伟大的中国革命先行者孙中山先生,离开我们已经30周年了。30年前的今天,孙先生在北京逝世,当时我得到这个消息的时候,是异常悲痛的。

我在很早的时候就认识孙先生,追随他参加革命,知道他是一个伟大的革命者,终生怀抱着救国救民的志愿。孙先生为了民族的解放和人民的利益,虽然遭受过不少挫折和失败,但他总是不屈不挠地战斗,从不灰心。1924年1月,孙先生在欢迎中国国民党第一次全国代表大会代表的时候,曾说过这样的话:"在国外,每到一个地方总会遇到许多熟人,那些人总是来问我说:'我们看到你这位先生,不知失败过多少次了,为什么还不丧气,总是这么热心呢?这是什么理由呢?'我每次都没有什么好话可以答复,只有这样答复他们说:'我不管革命失败了有多少次,但是我总要希望中国的革命成功,所以便不能不总是这样奋斗。'"孙先生的坚持革命斗争的精神,真是使人非常感动的。今天我们来开会纪念孙先生逝世30周年,追怀这位中国革命的先行者,我想,重提孙先生的这一段话还是很有意义的。他的这种为国为民的奋斗不息的意志,永远值得我们好好地学习。

作为一个伟大的民主主义革命家,孙先生辛勤地奋斗了一生。1905年,为了改变自己国家的命运,他和其他的一些革命同志组织了革命同盟会,进行了反对清政府的斗争。1911年10月,在以孙先生为首的革命派的领导下,爆发了辛亥革命,推翻了清朝的统治,宣告了中国两千多年的封建帝制的结束。辛亥革命失败后,他又进行着反对北洋军阀的斗争。1924年,在苏联和中国共产党的帮助下,孙先生又改组了国民党,提出了反对帝国主义和反对封建主义的口号,制订了联苏、联共、扶助工农三大政策。直到临终的时候,还不断发出了"和平、奋斗、

救中国！"的呼声。

凡是接近过孙先生的人，都知道孙先生是一个态度谦虚、勤于学习和具有不断追求进步的革命精神的人。孙先生最大的一个优点，我的体会是他能随着时代和客观事物的变化而不断进步。正是由于孙先生具备了这种不断追求进步的精神，所以在他的晚年才能从多年奋斗的经验中认识到革命的成功，"必须唤起民众，及联合世界上以平等待我之民族，共同奋斗"；才能把旧三民主义加以发展，成为联苏、联共、扶助工农三大政策的新三民主义；才能改组国民党并与中国共产党建立了反帝反封建的联盟。孙先生在中国近代史上对中国革命的贡献和他的不断追求进步的精神，是我们永远不能忘记的。

在逝世的前一天，孙先生还念念不忘联苏、联共、扶助工农的三大政策。在这里我愿意举出一个动人的例子：3月11日上午，何香凝同志去看孙先生，当孙先生在遗嘱上签字时手已发颤，签完字后连续叫了三次"廖仲恺先生的夫人"，泪流满面。何香凝同志马上体会到唯有廖仲恺先生和孙中山先生的革命精神相吻合，就是说，必须实行联苏、联共、扶助工农的三大政策。所以，何香凝同志不禁痛哭失声地说："先生放心，我们必须实行三大政策，海枯石烂，不会忘记，我愿为三大政策奋斗到底！"当时，孙先生听了这话就紧紧地握着何香凝同志的手说："我谢谢你。"由此可见，孙先生是如何地关心着联苏、联共、扶助工农三大政策的实行。

但是，孙先生逝世还不过两年，1927年当中国国民党和中国共产党联合进行的北伐革命战争，正在走向胜利的时候，蒋介石反动派就背叛了孙先生的三大政策，和帝国主义勾结起来，走上了反革命的道路。为了反对蒋介石反动派这种背叛革命的行为，揭露蒋介石卖国贼的反动面目，我们一部分人另外成立了一个"中国国民党临时行动委员会"的组织——这个组织后来发展成为中国农工民主党，和蒋贼进行斗争。当时，蒋介石反革命集团骂我们这些人是孙中山先生的叛徒，后来，并阴谋杀害了邓演达先生和其他许多的同志。历史是最好的证人，事实已经很清楚，做了孙先生叛徒的不是别人，正是蒋介石反革命集团。孙先生要联苏，他却要反苏，并投靠美帝国主义；孙先生要联共，他却要反共反人民到底；孙先生要扶助工农，他却要把工农踩在脚下，压迫和屠杀劳动人民。孙先生地下有知。我想是一定不会饶恕这个卖国贼的。蒋介石卖国贼是中共革命的叛徒，是孙中山先生的叛徒，也是我们中国农工民主党的死敌，我们和他有不共戴天的仇恨。今天，我们在这里纪念孙中山先生，我们保证，一定在毛主席和中国共产党的领导下，坚决解放台湾，消灭蒋贼，不达目的，决不罢休。

同时，我们知道，孙先生在他的一生中，是吃过很多次帝国主义的亏的。他痛恨帝国主义。由此，在他晚年的时候，就做出了一个结论，认为帝国主义和军阀"这两个东西和我们人民的福利是永远不能并立的"。对于美帝国主义，他说过这样的话："他们用少数人即已压制了本洲和本国的多数人，要把那种流毒推广到亚洲，来压制我们九万万的民族，要我们九万万的大多数，做他们少数人的奴隶。这真是非常残酷，真是可恶已极！"现在，美帝国主义正在蛮横无理地干涉我国的内政，公开地霸占我国的领土台湾，企图扩大它在亚洲的侵略，梦想着要我们六亿中国人民做他们少数人的奴隶。今天我们在这里纪念孙先生，我们可以告慰孙先生的是：由于有了毛主席和中国共产党的领导，美帝国主义企图要我们六亿中国人民做他们少数人的奴隶的时代，已经永远一去不复返了！我们可以信心百倍地这样说：美帝国主义的美梦是永远不会实现的。同时，我们保证，我们一定要在毛主席和中国共产党的领导下，更紧密地团结起来，进一步巩固和加强我们和伟大盟邦苏联之间牢不可破的友谊，对美帝国主义的侵略进行最坚决地斗争，把保卫和平的事业担当起来，并进行到底！

各位同志，从孙先生逝世到今天，已经整整30周年了。孙先生逝世的时候，我们这一辈的人还正在中年，当时的中国是一个怎样黑暗的社会，我们这些人是记得很清楚的。现在，30年已经很快地过去了，今天我们站在孙先生的遗像面前回忆一下他在世时的中国的社会，再看一看现在周围的一切新生的气象和我们祖国无限光明幸福的前景，我们这些老年人真不禁热泪盈眶，我们不得不从心坎里感谢我们的领袖——毛主席和我们的领导党——中国共产党。为了纪念孙先生，最后我只有一句话：永远跟着毛主席和中国共产党走，走向社会主义！

孙中山是伟大的民族英雄、伟大的爱国主义者、中国民主革命的伟大先驱,一生以革命为己任,立志救国救民,为中华民族作出了彪炳史册的贡献。时代造就伟大人物,伟大人物又影响时代。孙中山为中国人民和中华民族作出了杰出贡献,在中国人民心中享有崇高威望,受到全体中华儿女的世代景仰。彭泽民既是孙中山革命的追随者,更是孙中山教导的忠实信徒。从1906年8月第一次见到孙中山起,彭泽民又多次拜见孙中山,亲自聆听他的教诲,孙中山成了彭泽民革命的领路人。孙中山去世后,在他全部遗教里所贯穿的爱国主义精神和反抗帝国主义、反抗殖民主义思想意志的号召下,彭泽民继续为中国革命奋斗,终身谋求国家独立、民族解放、人民幸福、世界大同的伟大事业。

7.10　为民族鞠躬尽瘁

彭泽民一生坚持刻苦学习、努力工作、勤奋为民。进入北京以后,他努力学习马列主义理论和毛泽东思想,学习斯大林的《苏联社会主义经济问题》,学习艾思奇著的哲学著作。将他一生所学运用到实际工作中,到生命的最后几年,仍继续坚持实践他"貌曰恭,言曰从,视曰明,听曰聪,思曰睿"的做人做事的标准。

彭泽民是国家高级干部,但从未利用人民赋予的权力谋私利,在子女面前树立了做人的良好模范。彭泽民总是鼓励子女自力更生,遵守法纪,到生产第一线去锻炼。他的生活异常简朴,自己动手种花,美化院落。彭泽民时刻关心爱护人民的财产,客厅铺有地毯,他要求子女脱鞋后,再进入客厅,说:"要爱护地毯,这是公家的东西。"他很注意对自己子女的教育,时常要求并督促子女热爱祖国,热爱人民,热爱社会主义事业,努力为人民服务。

1951年"五一"国际劳动节,彭泽民全家应邀登上天安门城楼观赏节日焰火晚会。孩子们就跟彭泽民说,他们想见毛泽东主席,彭泽民就找了周恩来总理,说孩子们很想见毛主席,周总理马上就答应,领着彭泽民全家就到天安门城楼的大厅。毛主席正坐在那抽着烟,跟一些同志在那里说话,孩子们特别高兴,都走进了大厅。见到后,毛主席马上就站起来,他笑容可掬,亲切地同彭泽民、翁会巧和他们六个子女一一握手、问好,逐个问孩子们的名字,将来想干什么。孩子们从香港回来不久,操着浓重南方口音的普通话抢着回答:"要做劳动模范""要当人民解放军""要争取做共产党员"。毛泽东听罢,连声说"好",拍拍孩子们的肩膀,抚摸着孩子的头,慈祥地笑了。饱经沧桑的彭泽民一家享受着温暖与幸福。

1953年底,彭泽民被任命为"《处理战犯条例》起草委员会"主任,委员会系由中共和各民主党派代表组成,还聘苏联法律专家鲁涅夫为顾问。《处理战犯条例》很快获批,在执行条例处理战犯期间,尤其是在遣送获释日本战犯时,彭泽民曾多次在第一线参加审查和遣送工作,勉励获释日本战犯巩固改造成果,日后为中日人民友好多做有益工作。一些战犯经过改造成为中日友好人士,从事中日友好事业,访华时要求会见彭泽民,表达对中国人民感激之情,有些人还特意带给他日本制作的精致工艺品。

1955年12月,已近80岁高龄的彭泽民,在中南海参加一次最高国务会议时,发生了心肌梗塞,突然晕倒。周恩来总理立即终止报告,指示全力抢救,当即将他送往北京医院。12月22日,彭泽民正式住进了北京医院,12月27、28日病情恶化,脉搏每分钟高达166次,到12月29日凌晨,才开始缓解,四时苏醒。

1956年春出院,彭泽民仍以"一息尚存不容稍懈"的精神,为他人解除痛苦,并奋力参加各类国务活动:欢迎来访的印尼总统苏加诺,参加检阅国庆节盛大的群众游行,出席中华全国归国华侨第一次代表大会,并与各地的华侨代表亲切交谈。彭泽民当选第一届侨联副主席时,笑着说:"我还只有80岁,还想看到繁荣、幸福的共产主义社会在中国实现。"

10月2日,彭泽民因劳累过度,心脏病再次发作,10月15日又住进北京医院,自知时日不多,经常倚枕兴思,夜不安寐。在入院之前,他自感病情严重,但他看到祖国的无限风光,又充满着革命的乐观主义情怀。在病床上,彭泽民在生命最后时刻,写下了"大局方兴,忍言归去?

☆ 1956年,彭泽民在病中,后立者为彭泽民妻子翁会巧

生机活泼,何用悲为!"的自挽联,可以看出,他以十分眷恋的心情,不忍离开光明的社会主义祖国,但他对社会主义祖国的未来,又充满信心。直到生命临终的时刻,彭泽民仍以"博爱"精神面对人生。

  作为一位名医,他自知病情严重,让妻子翁会巧将他扶起来,提笔给毛泽东主席写信,因身体不支,这封信没能终笔,因而也未能寄出。据翁会巧回忆,彭泽民想在信中对毛泽东主席说:邓演达创建的农工党,历经挫折,来之不易,希望在他去世后千万不要迷失方向,拜托毛主席多加关照和指导。

☆ 1956年10月中旬,彭泽民临终前写给毛泽东主席的一封辍笔信

彭泽民于病中写给毛主席的辍笔信

毛主席：

弟在武汉逃归，匿居香港，久违大教，鲜通音问。每闻来往于南北之间同志，传达主席在军书旁迕中，尚且不忘故旧，询及下况。于日寇沦陷香港，贵党一同志在粤东江，犹复不惮崎岖，问道来港，访寻弟迹，眷顾殷殷，此皆出于主席怀爱之深，不遗在远。弟抱病月余，倚枕兴思，感而自疚。窃念庸朽无能，叨承挚谊，残羸日甚，伏枥悲鸣，辜负提挈，报称难期。

然而心有所系，尚欲为主席言者，吾党自邓演达同志遇害，同志者多遭蒋介石迫害，辗转流离，或被戮于淫刑，或瘐死于狴狌。同人虽有党的组织分布于各省，但格在蒋氏之暴虐之下，党人行动，不克公开。同志中有矢志不渝、艰苦奋斗，如……，犹自固守党旨，纠合旧侣，重新组织，虽历经挫折，犹复不避艰险，力争团结，反对独裁……

这封拟委以政治后事的书信,表达了彭泽民对毛泽东主席的无比信赖,对中国共产党领导的多党合作事业的满心牵挂,深切希望中国共产党关怀中国农工民主党,更多引导它坚定地走社会主义道路。信中所言,足见彭泽民为农工党语重心长,鞠躬尽瘁,这也是他几十年风雨奋斗中经过反复对比体察出的结论。彭泽民的心有所系是指什么?他曾对妻子翁会巧吐露说,在他去世之后,希望中国农工党永远不要迷失方向,要永远坚持在中国共产党的领导下,坚定不移地走社会主义道路。这是彭泽民最放心不下的一桩心事,他认为通过给他最信赖的挚友毛泽东的亲笔信,来表达他的这桩心事,是最合适不过的。他显然是在动笔之前,满意地回忆自己一生所走过的道路:由同盟会开始,到现在已起翻天覆地变化的伟大的中国革命和建设事业。遗憾的是,他没能把这封信写完。弥留之际,从彭泽民的自挽诗中可以想见,虽然给毛泽东的信没有写完,但他是怀着欣慰的心情而离去的。

临终前几分钟,彭泽民宽慰地对妻子翁会巧说:"我觉得很好,要感谢北京医院的医生。"再后一会,他喃喃自语"同盟会……同盟会……",眼睛慢慢闭上,两滴浊泪渗了出来,沿着两侧眼角方向缓缓垂下,最后停滞于太阳穴下缘。

1956年10月18日,80岁的彭泽民病逝,中共中央和中央人民政府为他举行高规格的葬礼。中共中央人民政府毛泽东主席送了花圈,刘少奇委员长代表中共中央到灵堂告别,周恩来总理亲自为灵柩执绋,李维汉副委员长宣读悼词。彭泽民是爱国华侨的领袖之一,是一位长期与共产党合作、拥护共产党主张的中共亲密朋友,是坚持反对帝国主义、封建主义、官僚资本主义的民主革命战士,他为祖国的独立、自由和民主事业而奔走呼吁,呕心沥血,功劳卓著。

第 8 章 身 后 事

彭泽民先生逝世后,党和国家为他举行了隆重的悼念仪式。他的灵堂设在中山公园的中山堂内,毛泽东、朱德等党和国家领导人均送了花圈,刘少奇代表中共中央向遗体告别,周恩来率领20位党和国家领导人出席公祭仪式。

8.1 各界公祭彭泽民

1956年11月1日,中国农工民主党中央委员会主办的《前进报》发表通讯——《彭泽民副主席逝世,全党同志和各界人士同声哀悼》:

我党中央委员会副主席彭泽民同志,因患动脉硬化心脏病、心力衰竭并有肺炎等症,经医生诊治无效,于1956年10月18日21时50分在北京逝世。噩耗传来,我党同志和各界人士都深为悲痛。

从10月19日清晨起,北京各民主党派、机关、团体的领导同志和彭泽民同志的生前友好纷纷前往北京医院吊唁。正午12时举行小殓,下午一时移灵中山公园中山堂。在小殓时,面对着彭泽民同志的遗体,回想起这位老人一生所走过的反帝爱国的道路和各种动人的事迹,悲痛的气氛笼罩着全场,许多同志都泣不成声。小殓后,不少人在晚秋的寒风中依然含泪凝视着灵柩,不忍离去。

移灵到中山堂后,彭泽民同志的家属、我党在京中委和全体干部都轮流守灵,前往中山堂吊唁和送花圈的人络绎不绝。在灵堂两旁,摆着毛主席、朱德副主席、刘少奇委员长、周恩来总理、宋庆龄副委员长、章伯钧同志以及各党派、团体、机关等所送的花圈,灵堂四壁挂满挽联、唁词和唁电。

20日下午2时举行大殓。亲视入殓的,有刘少奇、周恩来、林伯渠、李济深、沈钧儒、郭沫若、黄炎培、彭真、李维汉、陈叔通、陈云、邓小平、乌兰夫、李富春、李先念、习仲勋、董必武、何香凝、包尔汉、张治中、傅作义等300多人,我党全体在京中委和彭泽民同志的家属、生前友好也都在场亲观入殓。

22日上午,在先后举行了家祭和党祭后,于10时举行公祭,主祭人是周恩来、李济深、沈钧儒、郭沫若、黄炎培、彭真、李维汉、陈叔通、章伯钧和黄琪翔。参加公祭大会的共900多人。在公祭大会上,李维汉副委员长致悼词,章伯钧同志报告了彭泽民同志的生平事略。公祭后起灵,由周恩来总理和章伯钧等执绋。12时,彭泽民遗体安葬于八宝山。

☆ 1956年10月22日,彭泽民灵柩从中山公园中山堂起灵出殡,移入八宝山革命公墓。图为周恩来(右)、章伯钧(左)执绋前导

彭泽民同志一生热爱人民和革命事业。新中国成立后,他虽然年事已高并且担任了许多重要职务,仍然从百忙中抽出时间给许多人治病,挽救了不少人的生命。他对于同志们的爱护和关怀,使许多人想起来都深深感动。彭泽民同志的遗体安放在中山堂的几天中,不少身受

到他的爱护和关怀的人远道前来吊唁,在他的灵柩前痛哭不止。

彭泽民同志长眠地下了,但是他一生的光辉的业绩,却永远留在我们的记忆中。

8.2 李维汉致悼词

全国人民代表大会常务委员会副委员长李维汉致彭泽民先生的悼词说:

各位先生,各位同志:

我们怀着沉痛的心情哀悼彭泽民先生。他的逝世,是我们的一个损失。

彭泽民先生早年曾侨居马来亚,目睹当时外国帝国主义侵略中国,而腐败的清代王朝,竟一再签订丧权辱国的卖国条约。先生爱国心切,激于义愤,响应孙中山先生的爱国主张,就在当地参加了同盟会,并任该会书记。他和许多爱国侨胞一起,参加了当时的民族独立的斗争。

辛亥革命的结果,几千年的封建帝制虽然推翻了,但却没有完成它的历史任务。帝国主义仍然利用中国的封建势力,在中国的领土上横行霸道,奴役剥削中国人民,甚至得寸进尺地在中国扩张特权,使中国沦为半殖民地的国家。中国人民,不甘受外国帝国主义的侵略,继续不懈地进行着反帝反封建的斗争。彭泽民先生在辛亥革命以后,先后参加了孙中山先生所组织的国民党、中华革命党和中国国民党。

1925年到1927年的大革命,被当时的反动势力所叛变,中国的民主运动不得不多走一段迂回曲折的道路。彭泽民先生秉着他的反帝爱国的赤诚,紧紧地跟着广大人民继续进行反帝爱国的活动。在大革命时期,彭泽民先生曾被选回国出席中国国民党第二届全国代表大会。回国后,曾当选为国民党中央执行委员及海外部部长、国民党政府委员等。但当他看清楚了当时蒋介石篡夺人民革命果实并向帝国主义投降、违反人民反帝爱国意愿的时候,便毅然参加"八一"南昌起义,以后又追随革命军回到广东。先生的爱国行动,为当时的反动势力所仇视,终至被"开除"国民党党籍,后到香港渡过了20余年的政治流亡生活。

彭泽民先生在流亡期间,仍然进行反帝爱国的活动,对中国的革命运动作出有益的贡献。他在香港曾与邓演达、章伯钧诸先生共同组织农工民主党,并留在香港负责党务。他还参与十九路军各将领在福建成立的"人民政府",极力反对卖国内战,主张和革命红军合作。以后他又参加中国民主同盟并参与民盟中央的领导工作。所有这些活动,都是为着反帝、爱国。

中国人民反帝反封建的斗争,在中国共产党领导下胜利完成了。中华人民共和国的诞生,标志着中国民主主义革命的彻底胜利,给国内人民和海外侨胞莫大的鼓舞。一向爱国的彭泽民先生,也于1949年回国出席中国人民政治协商会议,并任中央人民政府委员、中央政治法律委员会副主任、中央侨务委员会委员等职,和祖国人民一起共同为社会主义的建设事业而努力。

几年来,彭泽民先生目睹全国人民在中国共产党领导下,进行了一系列的社会改革,恢复了中国在过去战争中所受的创伤,取得了辉煌的成就,并且继续努力消灭贫困、落后,要把祖国建设为伟大的社会主义工业强国,更加觉得祖国的可爱,他的爱国主义和社会主义的热诚也更加旺盛。

美帝国主义侵占我国的领土台湾,使八百万台湾人民不能和大陆同胞一起过幸福的生活,彭泽民先生极为愤恨。他曾经发表不少文章反对美帝国主义侵占台湾、分裂中国的罪行。他坚决拥护政府和平解放台湾的政策,并为和平解放台湾贡献了自己的力量。

彭泽民先生一生所走的道路,反映了爱国华侨所走的道路,他的愿望也就是爱国华侨的愿望,他始终如一的爱国精神,成为爱国华侨的一个榜样。他热诚于爱国事业和祖国社会主义建设事业,证明了国外广大华侨是热爱祖国、团结在祖国周围、和祖国人民一起为和平解放台湾、完成祖国统一、建设社会主义祖国而奋斗到底的。

现在彭泽民先生和我们永别了。他一生反帝爱国的事迹,永远留在我们的记忆中。

安息吧!彭泽民先生!

8.3 诔词与生平事略

彭泽民逝世后,中国农工民主党中央委员会为他写了诔词,并于11月1日在《前进报》上公开发表:

> 卓哉善人,与德为邻。
> 既正既直,乃爱乃仁。
> 始随导师,矢志革命。
> 清社既移,未睹培政。
> 改弦易辙,反帝反封。
> 联苏联共,扶助农工。
> 既展新图,应召归国。
> 实践躬行,尽忠竭力。
> 挽救革命,起义南昌。
> 挺身急赴,奔走不遑。
> 凶焰遮天,奋抗坚守。
> 不折不挠,持之以久。
> 抗日胜利,解放战兴。
> 响应号召,浮海北行。
> 新国宏开,所志已遂。
> 乐观建成,社会主义。
> 如何一旦,丧我耋英。
> 济济群耄,遽失典型。
> 穆穆清风,谦谦厚德。
> 嘉言懿行,永垂矜式。

1956年10月22日上午十时,在公祭彭泽民同志的大会上,中国农工民主党中央委员会主席章伯钧报告了彭泽民同志的生平事略:

彭泽民同志一八七七年出生于广东四会县贫农家庭,幼年曾随伯

父学医，在佛山跟父亲做手工业。二十五岁往马来亚吉隆坡，在矿场任职工。一九○五年孙中山先生在南洋组织同盟会，彭泽民同志为吉隆坡分会负责人之一。

他们以基督教青年益赛会作为同盟会的外围组织，积极展开活动，和华侨中的保皇党进行斗争。孙中山先生从日本前往南洋视察，他就在吉隆坡第一次见到了孙先生。泽民同志对宣传革命主张、团结华侨、为革命募捐、组织同志参加国内革命起义等工作，无不积极进行。南洋广大华侨和孙中山先生、廖仲恺先生都很推重他。

一九二六年彭泽民同志代表马来亚华侨参加了国民党第二次代表大会。当选为国民党中央委员兼海外部部长，并任国民政府委员。

一九二六年北伐军达长江流域，国民政府北迁武汉。泽民同志与许多革命的同志坚持孙中山先生的三大政策，与反动派进行不妥协的斗争。

武汉政府解体后，泽民同志参加了伟大的南昌"八一"起义。随军南下，到广东揭阳时，军事失利，泽民同志遂离开部队到了香港。

在香港，泽民同志团结一部分革命力量，继续进行斗争。一九三○年八月，中国国民党临时行动委员会成立，泽民同志被选为中央委员。

泽民同志在香港居住期间，生活异常艰苦，受到蒋介石和香港殖民政府的监视和武装搜查。在日本帝国主义者侵略香港时期，曾两次被捕下狱，遭受毒打。但他并没有在这种威胁和贫困之下低头，依然坚贞不移地继续进行反蒋、反帝的斗争。在这个时候，为维持生活继续革命，乃进一步学习中医。他在行医期间，经常热情地无代价地为劳动人民看病，赠送药物，和他们建立了深厚的感情和关系，因而获得了他们的扶助。

一九三三年泽民同志参加了福建人民政府的反蒋运动。一九三五年中国国民党临时行动委员会改组为中华民族解放行动委员会，泽民同志继续被选为中央委员，积极推进团结抗日运动。一九三七年抗日战争爆发后，泽民同志在香港发表了抗日救国的八项主张。一九三八年泽民同志自香港到达武汉，以期共赴国难。因受蒋介石、汪精卫的排挤，又回到了香港创办《抗战华侨》期刊，向海外华侨进行团结抗日的爱国宣传。以后他又参加民主同盟,在香港进行工作。

日本投降后,泽民同志呼吁和平团结、实现民主,反对内战,在香港积极展开团结民主人士的活动,担任民主同盟南方总支部的主任委员。

一九四七年中华民族解放行动委员会改组为中国农工民主党,泽民同志被选为中央监察委员会主席。

东北解放后,泽民同志离港回国。一九四九年代表中国农工民主党参加中国人民政治协商会议,被选为中国人民政治协商会议全国委员会常务委员和中华人民共和国中央人民政府委员,又兼政治法律委员会副主任委员。同时,还担任中国民主同盟中央常务委员、中华全国归国华侨联合会副主席、中国红十字会副会长、中医研究院名誉院长等职务。一九五一年中国农工民主党举行第六次全国干部会议被选为中央委员会副主席,一九五四年被选为全国人民代表大会代表并被选为全国人民代表大会常务委员会委员。

中华人民共和国成立后,在中国共产党和毛主席的领导下,泽民同志以兴奋愉快的精神和勤恳的服务态度,为祖国的社会主义改造和社会主义建设事业而努力。他待人诚恳、谦虚,生活朴素。他虽然年事已高,仍然好学不倦。他曾赴德国参加世界和平理事会议,参加河南、安徽灾情慰问,内蒙古兄弟民族慰问和东北美帝国主义散放细菌罪行调查等工作。

一九五三年秋间,泽民同志开始患冠状动脉硬化症,经自行医治,未获痊愈。一九五五年复发,入北京医院疗治。本年十月二日起又发,十五日再入医院,经多方医治无效,于十八日下午九时五十分逝世。

8.4 新华社连发逝讯

彭泽民先生于10月18日逝世,翌日,新华社连发两则消息:一则是《彭泽民委员逝世》,一则是《彭泽民委员治丧委员会》。

【新华社北京十九日电】 中华人民共和国全国人民代表大会常务委员会委员、中国人民政治协商会议全国委员会常务委员、中国农工民主党副主席、中国民主同盟中央常务委员、中华全国归国华侨联合会副

主席、中国红十字会副会长、中医研究院名誉院长彭泽民,患动脉硬化性心脏病、心力衰竭并有肺炎等症,经医生诊治无效,于一九五六年十月十八日下午九时五十分在北京逝世。

彭泽民委员系广东省四会县人,享年八十岁。

【新华社北京十九日电】 彭泽民委员治丧委员会在十月十九日成立,名单如下:

林伯渠	李济深	沈钧儒	章伯钧	习仲勋	方 方	王一帆
王深林	丘 哲	史 良	何世琨	何香凝	李伯球	李维汉
李德全	邢西萍	严信民	周士第	季 方	陈汝棠	陈其尤
陈叔通	陈其瑗	罗隆基	柳亚子	马叙伦	高崇民	张云川
张 苏	许德珩	郭沫若	彭 真	黄炎培	黄琪翔	杨逸棠
董必武	廖承志	蔡廷锴	谢雪红			

彭泽民委员治丧委员会成立后,即发《彭泽民委员逝世讣告》。

10月20日,新华社就彭泽民遗体在北京中山堂入殓发表通讯:

中华人民共和国全国人民代表大会常务委员会委员、中国人民政治协商会议全国委员会常务委员、中国农工民主党副主席、中国民主同盟中央常务委员、中华全国归国华侨联合会副主席、中国红十字会副会长、中医研究院名誉院长彭泽民遗体20日下午二时在中山公园中山堂入殓。

来视入殓的,有全国人民代表大会常务委员会委员长刘少奇,全国人民代表大会常务委员会副委员长林伯渠、李济深、沈钧儒、郭沫若、黄炎培、彭真、李维汉、陈叔通和委员,国务院副总理陈云、邓小平、乌兰夫、李富春、李先念,秘书长习仲勋,中国人民政治协商会议全国委员会副主席董必武、何香凝、包尔汉和常务委员、中国农工民主党主席章伯钧和在北京(农工党)中央委员,国防委员会副主席张治中、傅作义,以及彭泽民生前友好等。

入殓的时候,彭泽民委员的夫人和子女们在旁守灵。

10月22日,新华社发表《北京各界人民公祭彭泽民委员》通讯:

【新华社北京十九日电】 北京各界人民今天上午公祭中华人民共

和国全国人民代表大会常务委员会委员、中国人民政治协商会议全国委员会常务委员、中国农工民主党副主席、中国民主同盟中央常务委员、中华全国归国华侨联合会副主席、中国红十字会副会长、中医研究院名誉院长彭泽民。

公祭大会在中山公园中山堂举行。在彭泽民委员的灵柩前面，摆着毛泽东主席、朱德副主席、刘少奇委员长、周恩来总理送的花圈。灵柩两旁还有全国人民代表大会常务委员会副委员长、国务院副总理、中国人民政治协商会议全国委员会副主席以及各民主党派、各机关和人民团体送的花圈。中山堂内四壁挂满了挽联。

公祭大会由中国共产党中央委员会副主席、国务院总理、中国人民政治协商会议全国委员会主席周恩来，中国人民政治协商会议全国委员会副主席、中国农工民主党主席章伯钧，全国人民代表大会常务委员会副委员长、中国国民党革命委员会主席李济深，全国人民代表大会常务委员会副委员长、中国民主同盟主席沈钧儒，全国人民代表大会常务委员会副委员长郭沫若，全国人民代表大会常务委员会副委员长、中国民主建国会主任委员黄炎培，全国人民代表大会常务委员会副委员长彭真、李维汉，全国人民代表大会常务委员会副委员长、中华全国工商业联合会主任委员陈叔通，中国农工民主党秘书长黄琪翔主祭。

参加公祭大会的有国务院副总理乌兰夫、秘书长习仲勋，全国人民代表大会常务委员会部分委员，中国人民政治协商会议全国委员会副主席何香凝和部分常务委员，最高人民法院副院长，最高人民检察院副院长，各民主党派和各人民团体负责人，中国农工民主党在京中央委员，华侨事务委员会、中国红十字会和中医研究院的代表以及彭泽民委员的亲戚和生前友好。

参加公祭大会的共有九百人。

公祭大会开始时，乐队奏哀乐。主祭人周恩来向彭泽民委员灵柩献花圈。

全国人民代表大会常务委员会副委员长李维汉致悼词。

中国农工民主党主席章伯钧在公祭大会上介绍了彭泽民委员生平事略。

章伯钧讲话后,开始起灵。执绋的有周恩来总理和其他参加公祭的人员。

中午十二时,彭泽民委员在八宝山革命公墓安葬。

8.5 彭泽民先生墓碑文

彭泽民同志墓碑文:

彭泽民先生,1877年生于广东四会县。早年侨居马来亚,目睹当时清廷腐败无能,中国人民备受帝国主义的侵略,激发了爱国热情,响应孙中山先生的革命主张,在当地参加了同盟会,团结侨胞,共同参加民族独立斗争。

辛亥革命历史任务没有完成,帝国主义仍然利用中国封建势力,奴役中国人民。先生又先后参加了孙中山先生所组织的国民党、中华革命党和中国国民党,继续不懈地进行反帝反封建的斗争。

1925年至1927年大革命时期,先生被选回国出席中国国民党第二次全国代表大会,当选为国民党中央执行委员、海外部部长、国民政府委员。北伐军进抵长江流域,蒋介石背叛革命投降帝国主义,先生毅然参加了"八一"南昌起义,随革命军到广东。后转香港,参加了邓演达先生所组织的中国国民党临时行动委员会,即现在的农工民主党并负责香港党务。

先生于1933年参加福建人民政府,1935年响应中国共产党"八一"宣言,坚持了反对内战、一致对外、团结抗日的主张,1948年又响应中国共产党发出的"五一"宣言,宣布接受共产党领导,为全国解放的彻底胜利而奋斗。所有这些活动完全出于先生反帝爱国的一贯主张。

中华人民共和国成立,先生回国出席中国人民政治协商会议,并任中央人民政府委员、中央政治法律委员会副主任、中央华侨事务委员会委员。1954年被选为全国人民代表大会代表和人大常务委员会委员。先生怀以兴奋的心情,为社会主义建设事业而努力。不幸于1956年10月18日病故于北京医院,享年80岁。先生一生百折不回的反帝爱国的精神,是永远可以做爱国华侨的榜样的。

彭泽民先生永垂不朽！

1995年5月,彭泽民妻子、农工党老党员翁会巧以95岁高龄离开人世,她虽然不是国家干部,更没有什么级别,但她有着同彭泽民先生一道为革命成败相随的非凡经历,最终获中共中央统战部批准,其骨灰埋在八宝山革命公墓内,与彭泽民先生的墓碑在同一行上,首尾相望,相伴永远。翁会巧墓碑上刻有子女为她作的挽诗,可说是她一生的光辉写照：

喜从革命走,
始视敌人仇。
哀乏兴国技,
乐为人民牛。

彭泽民年谱

彭泽民先生,是孙中山的忠实信徒、中国共产党的挚友。曾担任中国国民党中央执行委员会委员、国民党中央海外部部长,中国农工民主党主要领导人,农工党出席中国人民政治协商会议第一届全体会议首席代表,中华人民共和国中央人民政府委员、政法委员会副主任,是我国著名的华侨领袖和中医大师。

一八七七年(清光绪三年,一岁)

左宗棠奏于新疆设行省改郡县,清光绪帝允之。

11月7日 清光绪三年十月初三日,彭泽民生于广东四会清塘镇白沙村。原名泽文,字锦泉,号镛希。父彭鸣翰,初为佃农,后以糊纸盒为业。

一八七八年(清光绪四年,二岁)

清廷以新疆收复,命左宗棠统筹新疆方略。

一八七九年(清光绪五年,三岁)

日本侵占琉球,废琉球国王,改置为冲绳县。
孙中山随母赴檀香山,系统地接受西式近代教育。

一八八〇年(清光绪六年,四岁)

美国旧金山华侨致公党大厦成立,以推翻清王朝、建立共和为号召。

一八八一年(清光绪七年,五岁)

慈安太后猝死,两宫太后垂帘听政变为慈禧太后专权。

一八八二年(清光绪八年,六岁)

李鸿章奏请:设立机器织布局于上海,以平衡进出口额,减少逆差。

一八八三年(清光绪九年,七岁)

清廷命李鸿章署理直督,兼署理北洋通商事务大臣,张树声回两广总督本任。

孙中山自檀香山归国,在香港入基督教。

一八八四年(清光绪十年,八岁)

清廷命张之洞署理粤督。

一八八五年(清光绪十一年,九岁)

镇南关大捷,中法停战协定。但法国据越侵华图谋得以逐步实现,侵略势力伸入云南、广西。

是年　彭泽民入村私塾开始读书。

一八八六年(清光绪十二年,十岁)

张之洞在广州设广东缫丝局。

一八八七年(清光绪十三年,十一岁)

中法订立广东、广西、云南中越交界界约。

蒋介石在浙江奉化县溪口镇出生。

一八八八年（清光绪十四年，十二岁）

张之洞设银元局于广东，铸造银币。

一八八九年（清光绪十五年，十三岁）

光绪亲政，慈禧归政。
清廷调张之洞为湖广总督，以李瀚章为两广总督。

一八九〇年（清光绪十六年，十四岁）

张之洞奏请：将其在广东筹设之织布纺纱官局机器迁湖北武昌，设湖北织布局。

一八九一年（清光绪十七年，十五岁）

光绪帝生父醇亲王奕譞卒。

是年　彭泽民始与伯父彭鸣皋研诵中医书籍。

一八九二年（清光绪十八年，十六岁）

孙中山毕业于香港西医书院，随后在澳门、广州等地一面行医，一面结纳反清秘密会社，准备创立革命团体。

是年　彭泽民因家贫而辍学，从此开始参与家庭事务。

一八九三年（清光绪十九年，十七岁）

清廷解除华侨海禁。自今商民在外洋无论久暂，一概允许回国治生置业，并听任经商出洋。
毛泽东出生于湖南省湘潭县韶山冲。

一八九四年(清光绪二十年,十八岁)

孙中山上书李鸿章,李鸿章未予理会。

孙中山在檀香山建立兴中会,以"驱除鞑虏,恢复中华,创立合众政府"作为奋斗纲领。

一八九五年(清光绪二十一年,十九岁)

《马关条约》签订,中国被迫割让辽东半岛、台湾、澎湖等地。

兴中会谋广州起义事败,孙中山等逃亡日本,设兴中会分会于横滨。

一八九六年(清光绪二十二年,二十岁)

孙中山在伦敦被驻英使馆诱捕,其后自著《伦敦蒙难记》。

是年 彭泽民跟随父亲到佛山从事手工业,以经营制作纸盒的小手工作坊为生。

一八九七年(清光绪二十三年,二十一岁)

广东四会县相邻的三水县开埠。

一八九八年(清光绪二十四年,二十二岁)

康有为等在北京组成粤学会,效仿者众,维新变法气氛日浓。但百日维新因戊戌政变而失败。

一八九九年(清光绪二十五年,二十三岁)

康有为等在加拿大创立"保救大清皇帝会",简称保皇会,康有为任会长,设总部于澳门。

兴中会邀哥老会、三合会各首领集会于香港,议定成立兴汉会,举孙中山为总会长。

一九〇〇年(清光绪二十六年,二十四岁)

八国联军侵入北京,慈禧太后仓皇西逃。
孙中山发动广东惠州三洲田起义,打响反清革命第一枪。

一九〇一年(清光绪二十七年,二十五岁)

李鸿章吐血而死,清廷命王文韶署理全权大臣,袁世凯署理直隶总督兼北洋大臣。

是年 彭泽民父亲彭鸣翰病故。

一九〇二年(清光绪二十八年,二十六岁)

孙中山领导的兴中会在吉隆坡主办"中和讲堂",传播革命思想。

是年 彭泽民离乡谋生,漂洋过海,只身去了马来亚吉隆坡,先当杂货店员,后谋得小学教员、锡矿场文员等职。

一九〇三年(清光绪二十九年,二十七岁)

邹容写成中国《人权宣言》——《革命军》,在上海出版传播;陈天华著《猛回头》《警世钟》在日本东京出版发行。
孙中山在东京青山设立革命军事学校。

一九〇四年(清光绪三十年,二十八岁)

资产阶级革命团体——华兴会,在长沙正式成立,黄兴为会长。光复会在上海成立,又称复古会,蔡元培任会长。

一九〇五年(清光绪三十一年,二十九岁)

中国同盟会在日本东京正式成立,由兴中会、华兴会与光复会等联合而成,并创立机关报《民报》。孙中山在其《发刊词》里,首次将同盟会纲领概括为三民主义,即民族主义、民权主义、民生主义。

一九〇六年(清光绪三十二年,三十岁)

孙中山与黄兴、章炳麟等制定同盟会《革命方略》,包括《军政府宣言》等八个文件,备革命党人起义时用。

7月17日　彭泽民出席孙中山在芙蓉召开的华侨座谈会,第一次见到了孙中山。

8月7日　在孙中山的主持下,同盟会吉隆坡分会正式成立。

8月11日　彭泽民加入同盟会吉隆坡分会,被推选为中文书记员。

一九〇七年(清光绪三十三年,三十一岁)

黄冈起义,惠州七女湖之役,防城之役,镇南关战役,孙中山策划的同盟会数次起义,均以失败告终。

《中兴日报》在新加坡出版,为同盟会在南洋宣传革命之主要阵地。

是年　彭泽民所在的同盟会吉隆坡分会,托名"中国青年益赛会"开展活动,积极发展会员。

一九〇八年(清光绪三十四年,三十二岁)

马笃山之役,河口之役,同盟会的起义又均告失败。

湖北新军中革命党人,将"湖北军队同盟会"改组为"群治学社",在新军士兵中宣传革命道理,发展革命力量。

10月　彭泽民陪护孙中山在马来亚半岛开展革命活动。

秋　同盟会吉隆坡分会进行了组织整顿和扩充,彭泽民被推选为副会长、"青年益赛会"总理,开始协助孙中山筹募革命经费。

一九○九年(清宣统元年,三十三岁)

孙武等在湖北武昌设立共进会总部,联络长江中下游各会党,组织统一行动。

一九一○年(宣统二年,三十四岁)

同盟会广州新军起义失败。

湖北新军的"群治学社"改组为"振武学社",入社达240余人,翌年改成文学社。

一九一一年(宣统三年,三十五岁)

同盟会在广州举行武装起义,史称黄花岗起义、广州"三·二九"之役。起义失败后,牺牲烈士葬于城郊红花岗,改名黄花岗,成"黄花岗七十二烈士"。

武昌起义爆发,起义获得成功,诸省市光复,南北开始议和。

是年　彭泽民积极动员华侨捐款支持国内革命,鼓励优秀华侨会员回国参加起义,特别是黄花岗起义。

一九一二年(中华民国一年,三十六岁)

中华民国临时政府在南京正式成立,孙中山就任中华民国临时大总统。南北议和后,袁世凯在北京就任临时总统职,清帝溥仪下诏退位。同盟会、统一共和党、国民公党、国民共进会、共和实进会等,在北京联合成立国民党,推举孙中山为理事长,宋教仁为代理理事长。

是年　彭泽民获中华民国内政部颁发的由孙中山亲笔签名的医师执照。

一九一三年（中华民国二年，三十七岁）

"二次革命"失败，孙中山、黄兴再度逃亡日本。

是年　彭泽民主导的青年益赛会新会所落成，成立国民党吉隆坡支部。

一九一四年（中华民国三年，三十八岁）

中华革命党在日本东京成立，孙中山发表宣言，通告海内外未经解散之国民党组织，一律改组为中华革命党。

一九一五年（中华民国四年，三十九岁）

陈独秀主编的《青年杂志》创刊。

4月　南洋革命党人发生剧烈分化，中华革命党雪兰莪总支部成立，陈占梅与彭泽民担任正、副支部长。

9月24日　孙中山特派朱执信等赴南洋筹措讨伐袁世凯款项，并携带来孙中山委任彭泽民为中华革命党马来亚雪兰莪副支部长的委任状。

一九一六年（中华民国五年，四十岁）

大总统袁世凯病故，副总统黎元洪接任。

是年　彭泽民通过中华革命党组织，在南洋华侨中积极筹措讨袁军饷。

一九一七年（中华民国六年，四十一岁）

护法军政府成立，孙中山在广州就任海陆军大元帅，宣告军政府成立。

5月　彭泽民回国到北京,准备参加第二届参议院补选华侨参议员,因黎元洪被迫下令解散两院,华侨选举会作罢。

6月　彭泽民将筹饷报告交给中华革命党上海总部,以清手续。

7月　雪兰莪中国青年益赛会成立,彭泽民被选为副会长。

一九一八年(中华民国七年,四十二岁)

护法军政府完全为军阀、官僚所控制,成为与北洋军阀相妥协的议和机构。5月4日,孙中山愤辞大元帅职,离广州往上海,护法运动失败。

一九一九年(中华民国八年,四十三岁)

"五四"运动爆发,中国进入新民主主义革命时期。

孙中山改组中华革命党为中国国民党。

11月　中华革命党马来亚雪兰莪总支部改归中国国民党芙蓉总支部后,芙蓉总支部为马来亚联邦唯一党部,该总支部设有阅读报社、学校等。彭泽民被选为总支部副总理。

一九二〇年(中华民国九年,四十四岁)

孙中山为《新青年》的劳动节专号,题"天下为公"四字。

11月1日　经北洋国务总理兼陆军总长靳云鹏呈请,民国大总统徐世昌以《大总统令》的形式,授予彭泽民为陆军步兵中校衔。

是年　虽改归中国国民党芙蓉党部,但原中华革命党马来亚雪兰莪总支部仍沿用中国青年益赛会名称,履行其筹款等党务工作。

一九二一年(中华民国十年,四十五岁)

孙中山在广州任中华民国非常大总统。

中国共产党成立。

年初　中国青年益赛会编辑《益群日报》,彭泽民被聘请为总经理。

一九二二年(中华民国十一年,四十六岁)

孙中山决定改组中国国民党,允许共产党员和青年团员加入国民党。

陈炯明背叛革命,炮攻大元帅府。

是年　彭泽民改组《益群日报》,销量遍及南洋各地。

一九二三年(中华民国十二年,四十七岁)

孙中山发表《中国国民党宣言》,中国国民党公布《党纲》。
孙中山在广州重新组成大元帅府。

3月至8月　受中国国民党芙蓉总支部的委托,彭泽民回国谒见孙中山,孙中山与他交谈了国内政治、军事及南洋党务等方面的问题。

10月底　彭泽民派遣许甦魂为《益群日报》特派记者,驻广州,执行采访报道国内反帝、反封建斗争情况。

一九二四年(中华民国十三年,四十八岁)

中国国民党第一次全国代表大会在广州召开,中国国民党全面改组、实现国共合作以振兴国家,制定了"联俄、联共、扶助农工"三大政策,成为国民党的基本政策。

是年　彭泽民辞去《益群日报》总经理,在吉隆坡广益银行任文牍员。

一九二五年(中华民国十四年,四十九岁)

孙中山在北京逝世。逝世前一天,孙中山亲笔签下了《总理遗嘱》

《致苏联遗书》和《家属医嘱》。

3月　彭泽民组织召开芙蓉总支部悼念孙中山的大会,表示要继承孙中山的遗教,矢志不渝。

8月　彭泽民被选为国民党马来亚芙蓉总支部书记长,并推选为出席中国国民党"二大"代表。

9月　彭泽民几经周折,由海外辗转回到国内。

10月　本月之后,彭泽民在广州等候中国国民党第二次代表大会召开。

一九二六年(中华民国十五年,五十岁)

1月

1日　作为华侨代表,彭泽民出席了在广州开幕的中国国民党第二次全国代表大会。

14日　在国民党第二次全国代表大会上,彭泽民报告了南洋英属地党务。

16日　彭泽民当选为国民党第二届中央执行委员。

22日　在二届一次全会上,彭泽民被任命为外事部部长,即后来的国民党中央海外部部长。

24日　彭泽民、许甦魂主持召开了华侨协会筹备会议,彭泽民当选为筹备委员会主任委员。根据革命形势,筹委会以"华侨协会"名义公开参加社会政治活动。

是月　彭泽民留在国内,毅决全身心投身革命。

2月

5日　彭泽民签发了旨在反击国民党右派进攻的《告海外同志》(第一号)。

6日　彭泽民会见省港罢工委员会领导人苏兆征等代表,商议华侨协会援助事宜。

8日　彭泽民主持国民党中央海外部和华侨协会举行的联席会议,

决定支援省港大罢工。

11日　彭泽民和许甦魂联名向海外各党部、各侨团发出通电,号召华侨在经济上继续援助省港大罢工,誓为之后盾。

25日　广东各界在广州召开援助省港大罢工大会,彭泽民率华侨协会和在穗华侨参加,并作为国民党中央代表,在大会宣读孙中山遗嘱后,发表演讲。

3月

月初　华侨协会在汕头和海口等地建立分会。

上旬　海外部创刊机关报《海外周刊》。

下旬　彭泽民主持召开华侨协会筹备会扩大会议,讨论组织大纲,并正式通过了《华侨协会章程》。

4月

17日　海外部和华侨协会召开大会,欢迎安南和南洋一带因从事革命活动而被驱逐出境的爱国华侨。

26日　彭泽民和许甦魂联名复函海外党务专员,对开展美洲党务提出指导性意见。

27日　国民党中常会召开第二十三次会议,决定在宣传部之下设宣传委员会,以讨论、计划全国宣传事项,并指派汪精卫、彭泽民、毛泽东等7人为委员。

5月

13日　彭泽民出席由毛泽东主持召开的宣传委员会第一次会议,会议通过宣传部所拟国民运动丛书书目。

15日　彭泽民在国民党二届二中全会上,递交了《请迅速出师北伐案》。

22日　国民党中央二届二中全会通过《整理党务案》后,彭泽民与何香凝、柳亚子等公开反对,提出强烈抗议。

27日　彭泽民与许甦魂联名,电请各地侨团和国民党党部力促国民党北伐。

△　海外部发布了《阻止反动派之反宣传》的通告。

6月

6日,在彭泽民主持下,华侨协会选举产生了临时中央执行委员会和常务委员会，华侨协会的组织机构正式建立。

7月

4日至6日　彭泽民参加国民党第二届中央执行委员会临时全体会议，讨论出师北伐等事项，彭泽民等7人被补选为中央候补常务委员。

9日　彭泽民出席在广州隆重举办的国民革命军北伐誓师阅兵典礼。

10日　由海外部和华侨协会联合发起的"华侨援助北伐战争代表大会"在广州举行，决定建立"华侨北伐后援会"，在海外各地设立分会，选举彭泽民等7人为执行委员。

16日　彭泽民签发了《海外部通告华侨组织北伐后援会》，指示海外各总支部、分支部立即行动，"创造民国之光荣、伟大事业，赞助国民革命军出师北伐，以期中国之真正统一、民族之自由平等"，并亲任北伐华侨后援会筹款部部长。

25日，海外部和华侨协会召开大会，欢迎被驱逐回国的40多位新加坡华侨。会后，彭泽民安排他们到黄埔军校学习。

8月

18日　"罢工支持周委员会"召开公众团体代表会议，彭泽民等作为华侨协会代表出席了会议。

21日　彭泽民代表国民党中央，接见了参加广东省"农民协会"扩大会议的请愿代表，接受了请愿书，并向游行群众发表演讲。

24日　彭泽民主持召开华侨协会援助省港罢工动员大会，成立"华侨援助省港罢工总会"，统一领导援助罢工斗争。

10月

月初，彭泽民向国民党中央第六十五次常务会议，提出创办华侨运动讲习所的建议，得到国民党中央同意，并决定由他担任所长。

上旬　国民党中央海外部和华侨协会联合发起"华侨恳亲大会"，邀请海外著名侨领和华侨代表回国观光和视察。彭泽民任恳亲大会筹备委员会主任。

11月

月初　华侨运动讲习所在广州华皋大道正式开学，招收学员80名。

翌年二月结束,只举办了一期。

12日　华侨恳亲大会隆重开幕,彭泽民主持会议并致欢迎词。

19日　黄埔军校《黄埔日刊》刊载《官长政治教育计划》,彭泽民的《华侨与革命运动》被列入其中。

12月

11日　彭泽民夫妇与何香凝、鲍罗廷夫人、廖梦醒等,随国民党中央党部和国民政府北迁人员,离穗北上,途经韶关、南雄、大庾、赣州、吉安等地。

31日　彭泽民等到达江西南昌,蒋介石出面接待。

一九二七年(中华民国十六年,五十一岁)

1月

11日　彭泽民等抵达江西九江,出席群众欢迎大会并讲话。

12日　彭泽民等随蒋介石抵达武昌。

13日　彭泽民借参加群众欢迎大会之际,从武昌过江到了汉口,离开蒋介石,寻找一小旅社租房而居。

26日　彭泽民出席武汉国民党中央联席会议。

2月

7日　彭泽民出席国民党中央党部、国民政府委员联席会议。

9日　彭泽民出席了国民党中央召集的高级干部会议,被增选为武汉国民党中央政治委员会委员。

21日　彭泽民出席中国国民党中央执行委员会及国民政府委员联席会议扩大会议。

23日　武汉国民党中央常务委员会增选彭泽民等5位为政治委员。

3月

10日至17日　彭泽民出席了在武汉召开的国民党二届三中全会,继续当选为中央执委、国民政府委员和中央海外部部长。

12日　彭泽民与林祖涵等4位执委前往汉阳参加纪念孙中山先生逝世两周年纪念大会,由邓演达致电汉阳兵工厂厂长兼陆军部汉阳兵工专门学校校长邓演存派船往来接送。

4月

12日　蒋介石在上海发动反革命政变。18日在南京另组国民政府,彭泽民被列入通缉名单。

22日　彭泽民与毛泽东、林伯渠等40名中央执委、国民政府委员、军事委员会委员联名发表讨蒋通电。

△　华侨协会临时执行委员会第九次全体会议,以彭泽民、许甦魂在汉口设立"伪华侨协会"为借口,将他开除会籍,并撤销汉口所谓"伪华侨协会"。

24日　国民党中央军事政治学校各期学生,召集武汉各界在阅马场举行讨蒋大会,彭泽民在大会上发表演讲。

5月

3日　彭泽民应邀到湖北省党部作政治报告。

13日　彭泽民与许甦魂以中央海外部的名义,签发《海外部紧急通告》,号召海外华侨声讨蒋介石。

19日　武汉三镇分别举行声讨夏斗寅大会,彭泽民出席武昌方面的大会,并作演讲。

6月　彭泽民规劝汪精卫执行孙中山三大政策。

7月

3日　彭泽民主持召开华侨协会第二次代表大会,会议通过五项提案。

14日晚　武汉国民党中央政治委员会主席团召开"分共"秘密会议。彭泽民发言,坚决反对"分共",但无力挽回局势。

△　深夜十二点,彭泽民找到了林伯渠和吴玉章,向他们通报了"分共"会议情况。

15日　上午,彭泽民通知海外部的共产党人和爱国青年迅速转移,并给每人发一百大洋作为旅费。

△　下午,彭泽民参加国民党中央执委会第二届常务委员会第二

十次扩大会议——正式"分共"会议。

月底　彭泽民经九江抵达南昌,参与南昌起义的准备工作。

8月

1日　南昌起义爆发。上午9时,前敌委员会召开了国民党执委、各省区特别市和海外各党部代表联席会议。彭泽民出席了会议,并被选为革命委员会委员。

△　彭泽民与宋庆龄等18人,联名发表《中央委员会宣言》,痛斥蒋汪背叛革命。

2日　彭泽民参加了南昌市各界庆祝起义胜利和革命委员会成立的群众大会,并与其他委员一起,宣誓就职。

5日　彭泽民偕同夫人邓冠梅随叶挺起义部队,撤出南昌,向广东进军。

9月

15日　国民党中央执监委会在南京召开"联席会议",以"附逆有据"为由,给邓演达、彭泽民等"永远开除党籍、通缉归案严办"的处罚。

下旬　彭泽民在广州的家被抄,全家老少8口人逃往香港避难。

10月

3日　彭泽民参与周恩来在揭阳县流沙镇主持召开的前委会议,决定部分领导人撤退至香港等地。

7日　彭泽民夫妇同叶挺等一道前往香港。

一九二八年(中华民国十七年,五十二岁)

年初　彭泽民给在德国的邓演达写信,恳切地认为:"第三党的组织是必要的容易成功的。"为继续孙中山曾经的主张,邓演达认可新党以中华革命党为名号。

6月

23日　港英警察局以"窝藏共产党"的罪名,查抄彭泽民家,并将他拘捕审讯,后经多方营救,彭泽民被保释出狱。

是年　彭泽民在香港名医陈伯坛开办的中医专科学校进修中医。

一九二九年(中华民国十八年,五十三岁)

是年　彭泽民继续在陈伯坛医校学习。

一九三〇年(中华民国十九年,五十四岁)

5月　彭泽民与从欧洲回国的邓演达会晤,商讨组党问题。
8月
9日　中国国民党临时行动委员会(临委会)在上海举行第一次全国干部会议。彭泽民没能出席,但仍被选为临委会中央负责人之一。
　　是年　彭泽民在香港建立了临委会南方干事会,任干事会主任。
　　是年　彭泽民继续在陈伯坛医校学习。

一九三一年(中华民国二十年,五十五岁)

7月　彭泽民被港英当局无理传讯,并拘捕入狱,邓演达即驰函慰问。
8月　临委会总干事邓演达在上海被捕。彭泽民闻讯,即奔赴上海,与宋庆龄等商讨营救,但没有结果。
　　是年　彭泽民继续在陈伯坛医校学习。

一九三二年(中华民国二十一年,五十六岁)

是年　彭泽民继续在陈伯坛医校学习。

一九三三年(中华民国二十二年,五十七岁)

11月

19日 彭泽民应邀到福州参加抗日反蒋活动,翌年初"福建事变"失败后,返回香港。

是年 彭泽民从陈伯坛中医专科学校毕业,建立了医馆,取得了居留与行医合法权,开始了以自己真实姓名的悬壶行医。

一九三四年(中华民国二十三年,五十八岁)

3月

21日 彭泽民和黄琪翔、章伯均等临委会领导人,在香港举行临时会议,决定恢复组织,按邓演达的主张继续战斗。

是年 彭泽民继续在香港悬壶行医。

一九三五(中华民国二十四年,五十九岁)

11月

1日 彭泽民参加在香港九龙大埔道召开的临委会第一次临时代表大会,即第二次全国干部会议,会议决定将临委会改名为中华民族解放行动委员会(解委会)。彭泽民被选为中央执行委员会委员、中央监察委员会书记。

是年 彭泽民继续在香港悬壶行医。

一九三六年(中华民国二十五年,六十岁)

2月 解委会发表《组织反日阵线提议宣言》,响应中共建立抗日民

族统一战线的主张。

是年夏 彭泽民四处奔走,全力营救彭湃之子彭仕禄出狱。

10月 解委会中央总书记黄琪翔由德国回国途经香港时,与章伯钧、彭泽湘、彭泽民、丘哲、郭冠杰等会晤,讨论研究对时局的意见,一致认为,当前首要问题是推动联合,进行抗战。决定党的方针由"反蒋抗日"向"逼蒋抗日"转变。

是年 彭泽民继续在香港悬壶行医,主笔《民众之友》中的《卫生常识》栏目,发表《防止病的传染方法》和《献给瘾君子》等文章。

一九三七年(中华民国二十六年,六十一岁)

6月

15日 彭泽民代表解委会发出了《致全国各界领袖书》,提出实现抗日民主政治的四条意见。

7月

10日 彭泽民与章伯钧联名致电蒋介石、国民党中央,提出抗日救国的"八大政治主张"。

中旬 致电南京国民政府,提出提前召集国民代表大会等主张。

10月 彭泽民在香港家中会晤从欧洲回国抗日的叶挺。

12月 解委会中央机关从香港跑马地迁到汉口华中里62号。解委会负责人黄琪翔、彭泽民、章伯钧、彭泽湘等人,会聚汉口。

是年冬 彭泽民联络冯玉祥、李烈钧、李公朴、王造时等,极力谋求实行民主改革,发展抗日力量,遭到蒋介石、汪精卫的不满和排斥,只得重返香港。

是年 彭泽民继续在香港悬壶行医,自愿担任香港广生行药厂等四厂的义务医生。

一九三八年(中华民国二十七年,六十二岁)

2月

1日 创办《抗张行动》旬刊机关报,彭泽民在创刊号上发表《怎样动员华侨》一文,主张予华侨以参加政治的机会,鼓励他们在各自旅居地区成立"抗战后援会"。

是月 解委会以章伯钧、彭泽民为代表,与中共领导人周恩来、王明在汉口举行两党会谈,表示今后要密切合作,共赴国难。

3月

1日 解委会第二次临时代表会议,即第三次全国干部会议,在汉口璇宫饭店召开。会议通过的《中华民族解放行动委员会抗战时期的政治主张》,决定中央负责人均暂时不定职位名称。

11日 彭泽民在香港创办了《抗战华侨》杂志,向海外侨胞宣传抗日救国思想,发动华侨和港澳同胞捐款捐物,支援新四军等抗日部队。

6月 《抗战行动》第六期加附编者按,特载一年前的彭泽民先生《致全国各界领袖书》全文。

10月 彭泽民领导成立"大鹏人民自卫总队",在广九铁路东、大鹏湾、大亚湾一带打击日寇,配合中共的敌后抗日斗争。

是年 彭泽民继续在香港悬壶行医。

一九三九年(中华民国二十八年,六十三岁)

1月

2日 彭泽民与章伯钧等以解委会名义,发表《声讨汪兆铭通敌卖国》通电,声讨汪逆卖国求荣行为。

是年 彭泽民继续在香港悬壶行医。

一九四○年(中华民国二十九年,六十四岁)

1月

20日 彭泽民与宋庆龄、柳亚子、何香凝联名发表给蒋介石及国民党中央执监委员的公开信,谴责国民党发动内战。

3月 各抗日民主党派,在重庆成立中国民主政团同盟,因解委会是发起团体之一,彭泽民因之参加了民主同盟。

10月

10日 解委会中央向全党发出《整党通知》和发表了《怎样做一个第三党党员——告全党同志书》。

12月 日军在香港登陆,彭泽民一家从此颠沛流离。

是年 彭泽民继续在香港悬壶行医。

一九四一年(中华民国三十年,六十五岁)

1月

12日 皖南事变发生后,彭泽民与宋庆龄、何香凝、柳亚子联名致函蒋介石暨国民党中央执行委员及监察委员,愤怒谴责他们的背信弃义。

7月 彭泽民和何香凝、柳亚子磋商建立"国民党民主促进会",并派梅龚彬、李章达赴广西与李济深联系。

是年 彭泽民继续在香港悬壶行医。

一九四二年(中华民国三十一年,六十六岁)

是年 彭泽民继续在香港悬壶行医。

一九四三年(中华民国三十二年,六十七岁)

4月 彭泽民被列为"重要政治犯",再次遭日本宪兵部逮捕,囚禁在赤柱集中营一个多月,受尽非人折磨。

是年 彭泽民继续在香港悬壶行医,两遭日本宪兵逮捕。

一九四四年(中华民国三十三年,六十八岁)

是年 彭泽民继续在香港悬壶行医。

一九四五年(中华民国三十四年,六十九岁)

11月
12日 彭泽民和章伯钧等发表对时局宣言,呼吁停止内战。

12月
18日 "暹华建救总会"正式成立,由蚁美厚担任总会会长,宋庆龄、何香凝、彭泽民等都先后担任名誉会长。

是年 彭泽民继续在香港悬壶行医。

一九四六年(中华民国三十五年,七十岁)

1月
1日 中国民主同盟南方总支部成立并发表宣言,彭泽民为主任委员。

月初 彭泽民发表《致侨领书》,发动华侨共同制止内战。

10日 彭泽民对《华商报》记者发表对时局的谈话。

23日　与何香凝、丘哲、李章达联名致电政协会议,呼吁停止内战,保护民权。

2月

18日　彭泽民与何香凝等21人联名致电郭沫若、李公朴和施复亮,对他们于2月10日出席重庆各界庆祝政协会议成功的集会时遭暴徒凶殴,表示亲切慰问。

4月

13日　彭泽民与何香凝、丘哲联名致电周恩来,对叶挺、王若飞、秦邦宪、邓发等坠机殉难,表示沉痛的哀悼。

5月

7日　彭泽民对记者发表谈话,谴责国民党特务毁劫《华商报》和兄弟图书公司的暴行。

23日　中共代表团由重庆迁往南京梅园新村后,周恩来致函彭泽民,阐述了国内形势,请彭泽民等号召社会人士共同反对内战。

6月

23日　彭泽民与何香凝等98人联名致电蒋介石、毛泽东,指出"全国人民渴望和平,咸盼国共两党相忍为国,其他党派与社会贤达,竭力斡旋,共底谈判于成,以慰民望而固国本"!

△　又与何香凝等98人联名致电美国总统杜鲁门,谴责美国当局帮助国民党政府发动内战的行为。

25日　彭泽民与其他民主党派负责人,为反对美国贷款支持蒋介石发动全面内战,致电美国总统杜鲁门、国务卿马歇尔和参、众两院。

30日　彭泽民与何香凝等百余人分别致电蒋介石、毛泽东和马歇尔,呼吁各方要以"和平为怀,相忍为国""化干戈为玉帛,出斯民于水火"。

7月

14日　彭泽民与何香凝等15人联名致电李公朴夫人张曼筠,对李公朴被国民党特务残害,表示慰唁。

17日　彭泽民与何香凝等29人联名电慰闻一多家属,对国民党特务刺杀闻一多表示极大的义愤。

28日　彭泽民与何香凝等44人致电全国同胞,"望全国同胞,一致督促政府,本中山先生之遗教,遵政治协商之决议,立化干戈,与民休息"。

8月　港九各界召开追悼李公朴、闻一多、陶行知大会,彭泽民在会上发表演讲。

9月

16日　彭泽民在《人民报·临时版》和《中华论坛》上分别发表《孙夫人〈对时局主张〉代表了全中国人》,表示赞同宋庆龄22日发表《对时局主张》的政治立场。

10月

10日　彭泽民怀着悲愤的心情发表了《侨胞应如何祝国庆》一文,大声疾呼,立即停战,实行民主!

11月

29日　彭泽民在《中华论坛》第二卷(七、八期)发表《邓演达先生的基本精神——为邓先生殉难十五周年纪念而作》。

30日　彭泽民与何香凝等60余人联名致电朱德,祝贺他60大寿。

是月　国民党特务将彭泽民从行驶的有轨电车上推了下去,彭泽民当场摔掉两颗门牙,左臂骨折。

是年　彭泽民继续在香港悬壶行医。

一九四七年(中华民国三十六年,七十一岁)

1月

1日　彭泽民与何香凝等9人联名致电宋庆龄、毛泽东、张澜、李济深等,否认国民党伪"国大"所通过的所谓宪法。

△　彭泽民与何香凝等9人联名致电北京大学员生,声援为"沈崇

事件"而发起的抗议美军暴行运动,声讨美军暴行。

△ 彭泽民与何香凝等9人联名致电司徒永觉夫人及美国民主人士,呼吁援助民主运动的开展。

△ 彭泽民在《华商报》上发表元旦献词:"团结,坚决,警惕。"

6日至10日 民盟在上海举行一届二中全会,彭泽民任民盟华侨委员会主任。

2月

3日 解委会在上海召开第四次代表会议,将解委会改名为中国农工民主党,彭泽民当选为中央执行委员、中央监察委员会书记,成为该党主要负责人之一。

4月

下旬 彭泽民与李济深、何香凝、蔡廷锴等,就国民党政府改组一事联合发表声明,谴责国民党以"行宪"之名,保一党专政之实。

△ 中国农工民主党留港中委彭泽民、郭冠杰、李伯球等在《华商报》就国民党"改组政府"发表意见,提出严厉的批评和警告。

是月 民盟南方总支部改组,彭泽民又被选为民盟南方总支部主委(任),领导海外民盟组织和两广、福建、港澳等地民盟地方组织工作。

5月 彭泽民以主任委员身份在《光明报》上发表书面谈话,就民盟性质、政府改组、国际形势等问题,申明民盟南总支部态度。

6月

1日 彭泽民在港九各界反内战大同盟宣传部编《反内战》上发表《爱国的侨胞起来,一致响应学生反内战运动》一文。

7月

19日 彭泽民以民盟南总支部主任身份,公开发表于7月11日关于国民党独裁派发布《全国总动员令》的谈话,揭露和批评蒋介石一意孤行内战到底的独裁统治真面目,号召全国人民为和平、自由、民主而奋斗。

10月 《现代日报十一周年纪念刊》发表彭泽民为之书写的贺词:

"为民主独立竞争,为平等自由奋斗。革命的侨胞联合起来,追随着这旌旗前进,使法西斯余孽肃清、独裁的权威消灭。"

11月

3日 何香凝、李济深等71位民主人士和方方等14位中共党员共同庆祝彭泽民70华诞(周岁)。

29日 为纪念邓演达殉难16周年,彭泽民在香港《华商报》上发表文章《择生先生殉难十六周年感言》。

是年秋 就国民党民主派成立中央指导机关等事,彭泽民与何香凝、柳亚子、李章达、陈其瑷、李济深等致书在上海的宋庆龄,深切盼望其"命驾南来,主持中央"。

是年 彭泽民继续在香港悬壶行医。

一九四八年(中华民国三十七年,七十二岁)

1月

2日 彭泽民参加在港民主党派及文化界人士于金陵大酒家举行的元旦团拜典礼,参加者108人。

2月

3日 彭泽民代表农工党同各民主党派发表不承认卖国条约的联合声明,反对马歇尔向美国国会提出的援华方案。

5月

1日 中国共产党中央委员会发布"五一"劳动节口号,当天新华社广播电台进行了广播,香港《华商报》同日也将之公布于众。

5日 彭泽民代表中国农工民主党与在香港的民主人士联合发表通电,响应中共"五一号召"。同日,致电中共中央毛泽东主席,一致响应中共"五一号召"。

6月

2日 彭泽民代表中国农工民主党同各民主党派领袖为争取世界

和平联名致电华莱士。

6日　彭泽民代表中国农工民主党同各民主党派负责人联名发表《反美扶日宣言》。

16日　农工党又单独在《华商报》上,发表《对时局宣言》,以示竭诚,认为这是建立各革命阶级的同盟,巩固和扩大爱国民主统一战线的必要步骤,是实现新中国的正确途径。

7月　彭泽民在《现代华侨》第一卷第七期上,发表《为华侨资本与国内工商业的出路而奋斗》的号召。

9月

21日　农工党在香港召开中央扩大会议,章伯钧作政治报告,彭泽民作工作报告。

10月

10日　彭泽民发表《国庆日回忆并展望》文章。

11月

5日　周恩来为中共中央起草致香港分局电,责成分局和钱之光在12月内将李济深、彭泽民等准备参加政协的几十名各方代表送来解放区,并对进入解放区的路线和安全措施进行了周密布置。

29日　在《邓演达殉难十七周年纪念特辑》上,彭泽民发表《邓择生同志十七周年纪念》文章。

12月

15日　彭泽民接受中国共产党的邀请,准备北上参与筹备新政协会议。

26日夜　彭泽民与李济深、朱蕴山等20多位同行者,登上前苏联油轮"阿尔丹"号,航行11个昼夜,到达东北解放区。

是年　彭泽民在《群众》周刊第四十六期上,发表《一个适应时地的正确纲领:读〈华南人民武装当前行动纲领〉之后》,表明支持和佩服的态度,希望它成为华南各民主党派的共同纲领,以团结广大人民,整齐步伐,向反动阵营进军,早日结束反动统治,奠立民主、和平、自由、独立、统一的中国。

一九四九年(中华民国三十八年,中华人民共和国,七十三岁)

1月

1月7日上午　彭泽民和李济深、茅盾夫妇、朱蕴山、章乃器、邓初民、洪深、翦伯赞、施复亮、梅龚彬、孙起孟、吴茂荪、李民欣等到达大连,中共中央派李富春、张闻天专程去迎接,下榻大和旅馆。

10日　彭泽民等到沈阳,与先期到达的沈钧儒、马叙伦等会合。

14日　毛泽东发表《关于时局的声明》,翌日,彭泽民即与章伯钧等代表中国农工民主党发表书面谈话,表示拥护。

17日　毛泽东复电中国农工民主党中央监察委员会主席彭泽民,对他抵达沈阳表示欢迎。

22日,彭泽民又与55名民主人士联名发表声明,联名发表了《我们对时局的意见》,庄严宣布"愿在中国共产党领导下,献其绵薄",并表示"革命必须贯彻到底"。这就为筹备召开新政协会议作了政治上和思想上的准备。

24日　章伯钧、彭泽民、丘哲联合发表《为南京政府制造和平阴谋的书面谈话》。

2月

1日　彭泽民与李济深、沈钧儒、马叙伦、郭沫若等56人致电毛泽东和朱德,庆祝北平和平解放和人民解放军的伟大胜利,进一步表示愿意追随中共,加紧团结,为实现最后的胜利和中国的建设奋斗到底。

4日　彭泽民与章伯钧等中国农工民主党负责人,为支持上海学生英勇抗暴,在《华商报》上发表宣言声援。

23日　彭泽民等35位民主人士乘坐"天津解放"号专列离开沈阳。

24日　彭泽民等到达天津。

25日　中午时分,彭泽民与李济深、沈钧儒等35人进入北平。

3月

5日　民盟总部由香港迁至北平,正式成立"中国民主同盟总部临时工作委员会",推定中常委章伯钧为总部临工委负责常委,同时宣布民盟香港总部即时结束。彭泽民任中国民主同盟总部临时工作委员会

委员。

19日　彭泽民与310名北平文化界人士一起,签名发表《声讨南京反动政府盗运文物宣言》。

25日　彭泽民和民主党派领导人前往西苑机场,迎接毛泽东等从河北平山县西柏坡移往北京的中共中央领导人。

4月

1日　南京政府派出由张治中为首席代表和谈代表团抵达北平,将与周恩来为首席代表的中共代表团方进行和平谈判。

14日　李维汉受周恩来之托,向在北平的部分民主人士报告第一次谈判的经过,以及南京代表团对《国内和平协定》草案的意见,并广泛征求民主人士的意见。沈钧儒、马叙伦、黄炎培、谭平山、彭泽民、蔡廷锴等人先后发言,大家均表同意。

23日　第三野战军一部解放了南京,国民党南京政府垮台,彭泽民欣喜异常,赋诗祝捷。

5月

31日　彭泽民同各民主党派负责人和民主人士致电毛主席、朱总司令,祝贺上海等城市解放。

6月

3日　彭泽民以中国农工民主党中央监察委员会主席身份,同各民主党派领袖联合声明抗议香港英帝挑衅。

6日　章伯钧、彭泽民致电农工党江西省委,指示:"在蒋匪区域之武装组织由负责同志向中国人民解放军接洽协助杀敌。"在解放工作完成以后,即遵照"全国各民主党派均经一致决定凡有武装部队统交人民解放军改编"的原则办理。

11日　彭泽民参加由毛泽东在香山双清别墅召集各民主党派负责人开会,研究新政协筹备情况。

15日　新政协筹备会正式成立。15日至19日举行第一次全体会议,筹备召开中国人民政治协商会议和成立中央人民政府。彭泽民等5人代表农工党参加筹备会,彭泽民参加"拟定参加会议之单位及其代表名额小组"筹备工作。

7月

1日，彭泽民代表中国农工民主党与其他8个党派代表人，联名给中共发了致敬电，祝贺中共28周年诞辰。

8日 政治协商会议召开前夕，彭泽民被推选为筹委会主任，筹建新中国首个华侨组织——北京归国华侨联谊会，即北京市侨联前身。

8月

17日 新政协筹备会就新政协代表名单，分别访问各单位负责人李济深、蔡廷锴、谭平山、陈琪瑗、沈钧儒、陈叔通、章伯钧、彭泽民、黄炎培、郭沫若、茅盾、马叙伦12人，征求他们的意见。

18日 新政协筹备会各单位首席代表在中南海勤政殿座谈，讨论参加新政协代表名单问题。彭泽民代表农工党对名单发表意见，中国共产党和政协筹备会高度重视这些意见。

9月

21日 中国人民政治协商会议第一届全体会议在北平隆重开幕，彭泽民为大会主席团常务成员、宣言起草委员会委员、中国农工民主党首席代表。

24日 彭泽民作为农工党首席代表，在大会发言。

30日 政协会议胜利闭幕。彭泽民当选为第一届全国政协委员、中华人民共和国中央人民政府委员，担任中央人民政府政法委员会副主任。

10月

1日 下午3时，在北京为中华人民共和国中央人民政府成立而举行开国大典仪式，直到晚上9点才结束，这是中华人民共和国成立的标志。彭泽民全程参与。

3日 农工党北京市党务整理委员会召开党员大会，庆祝中华人民共和国成立。彭泽民到会发表讲话，指出《共同纲领》不但是政府的施政原则，而且也是各民主党派的政治纲领。它不但总结了过去中国革命的经验，而且开辟了中国历史前进的道路。

9日 彭泽民出席中国人民政治协商会议全国委员会第一次会议，彭泽民当选为常务委员。

中旬　农工党中央机关由香港迁到北京市鼓楼辛寺胡同14号,即今辛安里66号。

25日　农工党四届二次中央执监委联席会议在北京开幕,彭泽民出席并讲话。

11月

6日　彭泽民和章伯钧以中国农工民主党中央名义致电斯大林元帅,祝贺苏联十月革命胜利32周年。

9日　农工党第四届第二次中央执监委联席会议闭幕。这次会议为召开第五次全国干部会议作了必要的准备,也标志着农工党在民主革命时期艰苦曲折历程的结束。

12日　周恩来邀请章伯钧、彭泽民、季方、郭则沉进行座谈,初步交换了意见。

△　下午,周恩来又邀请参加会议的中央执监委员和各地代表,在北京饭店作了一个重要的报告。周恩来的报告,提高了与会者的认识,统一了思想,使第五次全国干部会议得以顺利召开。

14日　中国农工民主党第五次全国干部会议在北京开幕。出席会议的有中央执监委员、候补执监委员、各地组织的代表和中央指定的人员章伯钧、彭泽民等99人。会议传达并学习了政协一届一次会议文件。

15日　民盟一届中央委员会第四次全体(扩大)会议在北京召开,会议通过了《政治报告》《盟务讨论总结报告》《地方盟务总结》《中国民主同盟盟章》等文件。毛泽东约集民盟与会人员谈话,勉励大家开展批评与自我批评,加强团结。会议增选彭泽民等为中央委员。

26日　第五次全国干部会议闭幕。通过了一系列决定,选举了中央执行委员会和中央监察委员会。会议推选章伯钧为执行委员会主席,彭泽民为监察委员会主席,黄琪翔为执监会议秘书长。

12月

17日　农工党举行五届一次中央执监委联席会议,决议废止中央常务委员会和中央政治会议,推选章伯钧、彭泽民等10人组成中央工作委员会,作为中央工作机构,由章伯钧、黄琪翔任正、副主任委员,领导全党的整党工作。

27日　民盟在北京举行一届五中全会,选举彭泽民等人为常委,彭泽民等为中央政治局委员。

一九五〇年(中华人民共和国,七十四岁)

1月

6日　民盟中常会第十二次会议,中常委彭泽民等人出席,会议一致表示诚挚接受与切实执行民盟一届六中全会所制定的全部决议案。通过人事调整案,秘书处主任章伯钧辞职照准。

21日　彭泽民发表谈话,热烈拥护收回北京市内美、法、荷兵营地产。

2月

27日　中央人民政府卫生部召开中医座谈会,中央人民政府委员彭泽民应邀出席指导。会上决议成立北京中医学会筹备委员会,通过以出席此次座谈会的中西医师为筹备委员。

3月

31日　彭泽民发表文章《拥护毛主席的号召,向中国共产党看齐》,落实中共中央3月25日发布的关于《加强中共党员和民主人士及广大非党群众的团结合作》的指示。

是月　双周座谈会由各民主党派、无党派民主人士联合发起,彭泽民是农工党四个发起人之一。

5月

14日　首都各界隆重集会,举行保卫世界和平签名运动大会,反对美帝国主义的侵略政策和战争政策,要求禁止原子武器。彭泽民代表农工党在会上发言,表示拥护开展保卫世界和平签名运动。

6月

14日　彭泽民出席政协第一届全国委员会第二次会议。

8月

1日　首都隆重举行"八一"建军节大会。彭泽民在会上发言,表示

要为保卫祖国、反对美帝国主义侵略、解放台湾、维护亚洲及世界和平而奋斗。

2日 中国红十字会协商改组会议在北京召开,通过了中国红十字会改组事宜。选举由27名成员组成的新理事会,新理事会举行第一次会议,选举李德全为正会长,彭泽民等4位为副会长。

8月中下旬 6、7月淮河流域发生严重洪灾。毛泽东特派彭泽民担任中央慰问团团长,率团赴豫皖灾区慰问。彭泽民于30日在河南西平县召开的慰问大会上讲话。

9月

6日 政务院总理周恩来任命彭泽民为中国红十字会总会副会长。

30日 周恩来代表中国政府就朝鲜问题发表严正声明。彭泽民代表农工党发表文章,响应周恩来的声明。

10月 北京市归国华侨联谊会正式挂牌成立,彭泽民先后担任第一、二届主席。

12月

4日 首都归国华侨联谊会召开700多人大会,由联谊会主席彭泽民主持,抗议英帝国主义者迫害马来亚华侨。

一九五一年(中华人民共和国,七十五岁)

1月

1日 彭泽民发表《新年献词》,表示:立下决心,从积极反美侵略的战斗中继续扩大和巩固中国人民革命的胜利。

2月

14日 彭泽民发表了《世界和平与正义的胜利》一文,庆祝中苏友好同盟互助条约签订一周年。

5月

1日 彭泽民全家应邀登上天安门城楼观赏烟火,毛泽东接见他们全家。

6月

30日 下午六时,中国共产党建党三十周年庆祝大会召开,彭泽民代表农工党献词。

7月

1日 彭泽民在《人民日报》上,正式发表《庆祝中国共产党三十周年纪念》。

23日,农工党同各民主党派联合发布《关于临时学习委员会工作的联合指示》,农工党制定了《中国农工民主党临时学习委员会组织办法》,由彭泽民等9人组成农工党临时学习委员会,彭泽民任主任。

是月 农工党中央成立了以彭泽民、黄琪翔为正、副主任委员的"抗美援朝捐献委员会",为捐献"中国农工民主党号"飞机一架开展了全党捐献活动。

8月

14日 彭泽民致电朝鲜民主主义人民共和国部长会议金日成主席,祝贺朝鲜解放六周年。23日,朝鲜民主主义人民共和国内阁首相金日成,复电表示感谢。

26日 农工党北京市第一次党员大会召开,农工党党员110人参会,选举产生了第一届委员会,选出委员9人,主任委员彭泽民、中共北京市委统战部部长崔月犁出席了大会。

10月

1日 在庆祝中华人民共和国开国两周年的纪念大会上,彭泽民发表《在毛主席和中国共产党领导下从胜利走向胜利》的讲话。

23日至11月1日 中国人民政治协商会议第一届全国委员会第三次会议在北京举行,彭泽民作《为完成抗美援朝增产节约而奋斗》的大会发言。

11月

1日 在庆祝十月革命三十四周年大会上,彭泽民发表《十月革命的世界意义》的讲话。

11月22日至12月3日 农工党在北京召开了第六次全国干部会议,彭泽民等82位代表出席会议。

12月

5日　农工党六届一中全会举行,推选章伯钧为中央委员会主席,彭泽民为副主席,决定成立中央执行局,选出章伯钧、彭泽民等15人为中央执行局委员。

22日　农工党中央执行局会议通过了《关于贯彻执行中国人民政治协商会议一届三次会议所决议的三项中心任务的决议》。北京市成立了以彭泽民为主任委员的节约检查委员会,制定了开展"三反"运动的实施计划。

一九五二年(中华人民共和国,七十六岁)

3月

15日　彭泽民到东北鸭绿江沿岸,调查侵朝美军在朝鲜和我国东北投掷细菌弹证据。

5月

5日　彭泽民出席中国保卫世界和平委员会、全国文联、中苏友协、全国科协、红十字总会等7个单位联合举行的纪念世界名人大会。

7月

1日至6日　彭泽民作为中国代表团的代表之一,参加了在东柏林举行的世界和平理事会特别会议。

中旬　彭泽民担任中央访问团团长,带队赴内蒙古自治区、绥远省和东北地区,历时79天,行程7 000多公里,代表毛主席和中央人民政府看望慰问各族群众。

11月

24日　彭泽民以中央政法委员会副主任身份,出席北京政法学院开学典礼大会并作讲话。

12月

17日　彭泽民以中国农工民主党中央委员会副主席身份发表谈话,坚决拥护周恩来外长对联合国第七届大会通过的《关于朝鲜问题决议案》的严正抗议和正义要求。

15日至21日　中国红十字全国工作会议在北京举行,彭泽民参加了会议,并当选为副会长。

是年　彭泽民参与倡议国家拨出巨款在广东、福建、云南等地创办一批华侨农场,以解决归国华侨的安置问题。

一九五三年(中华人民共和国,七十七岁)

1月

13日　彭泽民参加中央人民政府委员会第二十次会议,会议议题为筹备并召开全国人民代表大会及地方各级代表大会,彭泽民作了专门发言。

5月27日至6月8日　民盟在北京举行一届七中全会(扩大)会议,确定以积极参加国家文教建设为民盟当前的中心工作。会议通过章伯钧《盟务报告》,彭泽民被选为常务委员。

6月

19日　北京苏联红十字医院举行成立一周年庆祝会,彭泽民以中国红十字会总会副会长身份前往祝贺,并代表中国红十字会向苏联专家致敬意。

9月

12日　彭泽民出席中央人民政府委员会第二十四次会议,彭德怀报告志愿军抗美援朝工作。

16日至17日　彭泽民出席中央人民政府委员会第二十七次会议,会议通过了政法、文教两个工作报告。

10月　彭泽民参加欢迎宴请华侨归国观光团。

11月　彭泽民参与筹组的中华医学会中西医学术交流委员会举行了成立大会,被聘为首任主任委员。

年底　彭泽民被任命为"处理战犯条例起草委员会"主任,负责起草《处理战犯条例》。

一九五四年(中华人民共和国,七十八岁)

1月

12日,中国人民政治协商会议全国委员会文化教育组召开了一次中西医学术交流座谈会,彭泽民出席并作重要发言。

2月 政协全国常委会、抗美援朝总会常委会联合举行扩大会议,决定慰问中国人民解放军,并成立"全国人民慰问人民解放军代表团",董必武任总团长,彭泽民为副团长之一,兼直属总分团副团长,奔赴各地慰问中国人民解放军直属部队。

7月

17日 彭泽民出席政务院文教委员会和卫生部联合召开的中西医座谈会。

31日 彭泽民发表谈话,欢呼《中华人民共和国宪法(草案)》的公布。

是月 "日内瓦会议"于5月在瑞士第二大城市日内瓦召开。当日内瓦会议结束时,彭泽民发表了《祝贺印度支那问题达成协议》的书面谈话,祝贺日内瓦会议上反帝斗争取得的胜利。

9月

15日 第一届全国人民代表大会第一次会议在北京隆重开幕,彭泽民以华侨代表身份出席,被选为大会主席团成员。

下旬 会议期间,毛泽东主席接见彭泽民,商讨振兴中医问题。

28日 第一届全国人民代表大会在北京胜利闭幕,彭泽民当选为全国人大常务委员会委员。

12月

21日至25日 政协第二届全国委员会第一次全体会议在北京举行,彭泽民为主席团成员,并被选为政协常委。

一九五五年(中华人民共和国,七十九岁)

1月 中国人民政治协商会议第二届全国委员会第一次会议胜利闭

幕后,农工党中央副主席彭泽民发表《为继续巩固和发展人民民主统一战线而奋斗》谈话。

3月 彭泽民在孙中山先生逝世三十周年纪念会上发表讲话,回顾了孙中山的一生,赞扬了中国人民在中国共产党领导下取得的胜利,表示"永远跟着毛主席和中国共产党走,走向社会主义"!

4月底 彭泽民去广东考察参观,参观了广东省人民医院、四会县立中学,祭扫了黄花岗烈士墓、父亲彭鸣翰公墓和夫人邓冠梅墓。

5月 彭泽民与夫人翁会巧等拜谒南京麒麟门外沙子岗邓演达殉难处。同时,拜谒了廖仲恺墓。

7月

5日到30日 中华人民共和国第一届全国人民代表大会第二次会议在北京召开,彭泽民提议《提倡流通国药及增加国药生产案》(提案第186号)。

9月 彭泽民与毛泽东又谈起发展中医的问题,毛泽东对他的见解十分赞同。他把珍藏的中医理论家陈伯坛研究张仲景医论的专著交给中央卫生部刊行,供更多的人研究。

10月

20日 彭泽民在中南海参加最高国务会议时,突发心肌梗死晕倒,周总理中止报告,指示抢救后急送北京医院住院治疗。

11月

23日 中华医学会中西医学术交流委员会副主任孔伯华先生去世,彭泽民参与其治丧委员会,并于27日上午在北京嘉兴寺举行公祭。

12月

19日 由国务院卫生部直接领导的"中医研究院"正式成立,周恩来总理亲笔签署任命书,任命彭泽民为名誉院长。

一九五六年(中华人民共和国,八十岁)

1月31日至2月11日 农工党在北京举行六届二中全会。会议一致决议:此次会议不改选中央执行局委员,原任委员在章伯钧主席、彭泽民副主席的指导下,继续执行职务。其间,彭泽民出席政协第二届全国委员会第二次会议。

2月

21日　民盟在北京举行二届一中全会,彭泽民被选为常务委员。

6月

15日至30日　彭泽民出席第一届全国人大第三次会议。

17日　彭泽民参加中央人民政府华侨事务委员会会议,会上一致通过决议,成立中华全国归国华侨联合会(简称全国侨联)筹备委员会。会上推选了陈嘉庚为筹备委员会主任委员,方方、彭泽民等13人为副主任委员。

24日　彭泽民出席全国侨联筹委会举行的第一次会议。

10月

5日　经过近3个月的紧张筹备,是日上午9时,中华全国归国华侨联合会成立大会在北京中南海怀仁堂隆重召开,大会由陈嘉庚主持并向大会致了开幕词,彭泽民生病住院未能出席。

12日　中华全国归国华侨联合会成立大会闭幕,陈嘉庚当选为主席,方方、彭泽民等14人当选为副主席。

18日　彭泽民心脏病复发逝世,终年80岁。

参考文献

一、主体参考文献

[1] 中国农工民主党中央委员会.关于彭泽民逝世的相关通讯[N].前进报,1956-11-1.

[2] 刘南燕.中国农工民主党一干会议人物传略[M].北京:中国医学科技出版社,2006.

[3] 中国农工民主党中央研究室.中国农工民主党历史参考资料.第一辑至第五辑(合订本)[M].2008-12-28.

[4] 彭泽民.我在民主革命时期的活动经历[M].中国文史出版社:文史资料选辑(第160辑),2012.

[5] 王夫玉.第三党历史(第二版第二次印刷)[M].南京:东南大学出版社,2017.8.

二、重要参考文献

[6] 商会文牍.侨彭泽民等于招待筵宴敷陈演说缮呈鉴核文[J].中华全国商会联合会会报,1917,4(4):3-7.

[7] 彭泽民.读"霹雳埠华侨致电第五、第八路军"感言[J].抗战华侨,1938,1(6):5-6.

[8] 彭泽民.怎样动员华侨[J].抗战行动,1938,(创刊号):12.

[9] 彭泽民.邓演达的基本精神:为邓先生殉难十五周年纪念而作[J].中华论坛,1946.

[10] 彭泽民.彭泽民同志为祝新政协召开而发表的谈话[N].北平解放报,1949-6-20.

[11] 学校编辑室.北京中医进修学校教学概况[J].中医杂志,1951(1):42-49.

[12] 杂志编辑部.中华医学会成立中西医学术交流委员会[J].中医杂志,1953(12):1.

[13] 杂志编辑部.中国人民政协全国委员会文教组召开中西医学术交流座谈会[J].中医杂志,1954(2):1.

[14] 彭卓平.彭泽民与邓冠梅(手稿复印件).邓演达文献馆提供,1986-9-17.

[15] 杨天石."分共"会议上的于右任与彭泽民[N].团结报,1988-8-2.

[16] 冯彩章,程龙.彭泽民与毛泽东[J].党史博采,2000(12):32-37.

[17] 章定龙,彭润平.彭泽民:孙中山信徒 共产党挚友[J].炎黄春秋,2001(7):51-57.

[18] 彭湛东.回忆我的父亲彭泽民(之一)[J].前进论坛,2001(10):20-22.

[19] 彭湛东.回忆我的父亲彭泽民(之二)[J].前进论坛,2001(11):40-41.

[20] 彭湛东.回忆我的父亲彭泽民(之三)[J].前进论坛,2001(12):32-34.

[21] 彭润平.革命行医两昆仑:忆父亲彭泽民的行医生涯(上)[J].前进论坛,2002(11):31-33.

[22] 彭润平.革命行医两昆仑:忆父亲彭泽民的行医生涯(下)[J].前进论坛,2002(12):10-11.

[23] 彭润平.解放战争时期彭泽民与民主人士在香港的一些活动[J].前进论坛,2003(3):20-22.

[24] 彭湛东.抗战时期的彭泽民[J].前进论坛,2005(8):17-20.

[25] 彭湛东.平凡的革命老人:忆农工党党员、彭泽民夫人翁会巧(上)[J].前进论坛,2005(11):23-25.

[26] 彭湛东.平凡的革命老人:忆农工党党员、彭泽民夫人翁会巧(下)[J].前进论坛,2005(11):27-29.

[27] 彭湛东,彭润平.彭泽民与彭湃的相遇与友谊(上)[J].前进论坛,2006(1):38-40.

[28] 彭湛东,彭润平.彭泽民与彭湃的相遇与友谊(下)[J].前进论坛,2006(2):34-36.

[29] 彭湛东.相遇贵相知:忆彭泽民与叶挺的革命友谊[J].前进论坛,2007(4):38-40.

[30] 胡文生.农工党二干会议党纲修改征求中共意见始末[J].前进论坛,2007(7):38-39.

[31] 彭泽民.回忆"八一"起义[J].前进论坛,2007(8):38-40.

[32] 彭润平.继承革命先烈的遗志[J].前进论坛,2007(12):33-34.

[33] 陈国威.1924—1945年国民党海外部与侨务工作考论[J].华侨华人历史研究,2008(3):60-69.

[34] 于继增.揭秘八一南昌起义的台前幕后[J].党史博采(纪实),2008(8):13-17.

[35] 张意愿.参加过辛亥革命的农工党人(下)[J].前进论坛,2011(10):39-41.

[36] 彭润平.辛亥前后父亲彭泽民的革命活动[J].纵横,2011(10):24-28.

[37] 彭润平.父亲彭泽民参加南昌起义的往事[J].纵横,2012(9):29-35.

[38] 任贵祥.新中国建立后毛泽东与归国侨领及华人科学家交往述评[J].观察与思考,2014(4):65-70.

[39] 彭润平.追忆[J].前进论坛,2015(10):54.

[40] 杨艳芳.风雨同舟行 肝胆照汗青:浅述农工党彭泽民秘密离港北上参加第一届全国政治协商会议[J].前进论坛,2020(4):61-64.

[41] 毕鹏帅.彭泽民侨务实践研究(1924—1927)[D].华侨大学,2013-5.

三、其他参考文献

[42] 蒙光励,陈流章.何香凝年谱简编(上)[J].暨南学报(哲学社会科学),1987,9(2):

58-68.

[43] 蒙光励,陈流章.何香凝年谱简编(下)[J].暨南学报(哲学社会科学),1987,9(3):39-47.

[44] 张英南.试析南昌起义军的南下[J].历史教学,1987(8):2-5.

[45] 农萱.中国农工民主党[J].中央社会主义学院学报,1998(6):36-42.

[46] 叶学成.民主党派与香港[J].历史与人物,四川统一战线,1999(5):20-22.

[47] 郝在今.协商建国:1949年中国党派政治日志[J].协商论坛,2004(2):51-55.

[48] 陈植枫.八一南昌起义军在汕头[J].广东党史,2007(5):39-43.

[49] 胡文生.一张珍贵的老照片[J].前进论坛,2007(12):35.

[50] 余天武.农工党在武汉的抗日活动[J].前进论坛,2009(1):53-55.

[51] 雷洁琼.我参加新政治协商会议的回忆[J].民主,2009(9):25-27.

[52] 彭润平."博爱"题匾的来龙去脉[N].团结报,2011-10-27.

[53] 叶介甫.许甦魂:从华侨到革命战士[J].文史春秋,2011(10):47-54.

[54] 陈明红.彭泽民故居成爱国教育基地[N].西江日报,2012-12-23.

[55] 郭满.中共与华侨运动讲习所史事探析[J].中共党史研究,2018(10):75-82.

[56] 中国第二历史档案馆,海峡两岸出版交流中心.中国国民党历次全国代表大会暨中央全会文件汇编[M].北京:九州出版社,2013-6:301-455(第二册),1-161(第三册).

[57] 中国农工民主党中央.纪念彭泽民[M].北京:中国文史出版社,1987.10.

[58] 陈锡祺.孙中山年谱长编(上、下)[M].北京:中华书局,1991.8.

后 记

1998年12月,作者有幸加入了中国农工民主党,光荣地成为一名农工党党员。2010年10月,又被调到了农工党江苏省委,成为一名专职党务工作者。到农工党省委机关工作后,甚感补习我党历史之必要。在学习研读有关文献资料后,发现农工党在新中国成立以前的历史,存在不少疏漏、残缺、凌乱甚至矛盾等现象,缺乏严密的系统性。由此,作者意识到,应该为农工党的党史研究做点工作。

做点什么呢?揽全局、有深度、高质量地去编写有关农工党在新中国成立以前的历史,应该是一个有意义的选择。在后来的编写实践中,作者逐步形成了编写新中国成立以前"农工党民主革命史三部曲"十年研究计划:一部历史,即《第三党历史》;一部纪实,即《福建事变》;一部传记,即《上医彭泽民》。努力完成这个十年计划,以此扛起作为一名农工党专职党务工作者的一份历史责任。

三部曲之一,一部历史——《第三党历史》。2011年4月,开始动笔编写,2012年2月定稿,经中共中央统战部宣传办公室审读、国家新闻出版总署出版管理司批准(统宣审字〔2013〕第59号),被列入国家重大出版专项,于2013年8月由东南大学出版社公开出版发行。后经一年多时间的充实、修订与完善,2016年6月,本书第二版开始公开出版发行;2017年8月,该书第二版第二次印刷,以满足广大读者需求。

三部曲之二,一部纪实——《福建事变》。从修订《第三党历史》第二版时,便开始谋划编写《福建事变》,2016年8月,完成它的框架布局构思,2018年1月,完成了书稿,4月下旬出版社排出书样,经过7个月的充实、查核和修改,8月中旬终稿。经中共中央统战部宣传办公室审读,并致函中共中央宣传部出版局"同意出版"(统宣审字〔2019〕第206号),被列入国家重大出版专项。2021年2月,由东南大学出版社公开出版发行。

三部曲之三,一部传记——《上医彭泽民》。2018年4月25日,在拿到《福建事变》书样时,便开始构思彭泽民先生传记之框架结构,5月9日,开始搜集、录入、整理与编辑相关材料。为了全面获取编写《上医彭泽民》的一手资料文献,除了在"中国知网"等专业网站查找材料外,就是跑图书馆如金陵图书馆等翻阅历史文档、书籍。边搜集查找文献资料、边核实编写书稿文字,2020年4月23日,完成了《上医彭泽民》初稿,5月19日,完成了初稿各版块的合成稿。后经文学润色,于9月10日完成了三稿,提交给了东南大学出版社。

在编写《上医彭泽民》的过程中,不仅遇到了追踪搜集可利用的历史文献资料不多等问题与困难,而且在编写时间安排上也显得有些矛盾和紧张:2019年9月3日,为隆重纪念农工党成立90周年,经农工党中央研究室提议,全国政协副主席、农工党中央常务副主席何维同志批准,作者被指定参加《中国农工民主党九十年》编撰工作;其后,又被农工党中央列入《中国农工民主党历史》编撰名单,参与策划编写工作,该书是中共中央统战部主导的《中国参政党历史》系列丛书之一。幸有诸位领导、同事、家人和党内同仁的鼓励和帮助,特别是江苏东海县樊振(邓演达文献馆)与广东四会市杨艳芳(彭泽民故居)两位同志提供了不少图片资料,给作者以有力支持,发现的问题得到了圆满解决,存在的困难得到了及时克服,使得此书能较顺利地与读者见面。

在编写《上医彭泽民》的过程中,温故了彭泽民艰苦曲折、白首不渝的一生,形成了许多新认识和新体会:一、毛泽东在总结新民主主义革命胜利的历史经验时,提出"统一战线"是其"三大法宝"之一,无论是在国民革命联合战线中,还是在抗日民族统一战线中,抑或是在人民民主统一战线之中,彭泽民始终坚持推动与践行中共各时期的统一战线,例证了中共与各民主党派之间"肝胆相照,荣辱与共"血肉联系的形成过程,堪称民主人士实践统一战线之楷模;二、彭泽民虽然不是中国农工

民主党各个历史时期的舵手,但他始终起到了"压舱石"的历史作用,足以称得上农工党历史上的主要领导人;三、1946年5月下旬,彭泽民收到并落实了周恩来"梅园新村来信"之事实,表明此时的中华民族解放行动委员会已经自觉地接受了中国共产党的领导,早于民主党派普遍自愿接受中共领导的标志——"五一号召"整整两年;四、在凤毛麟角的能兼称"孙中山忠实信徒""中国共产党挚友"的民主人士中,彭泽民无疑名列前茅,功勋卓著;等等。

十年来,在编写农工党三部曲特别是《上医彭泽民》时,作者一直努力追求兼顾记人、叙事、评理与饰文、斟句、选词之讲究,恐因作者水平所限,很难实现所追求的目标。《上医彭泽民》等,若能在这方面有所表现的话,则要衷心感谢参考文献涉及的所有著者们,特别是彭泽民先生及其家人们,如果没有他们呈现给我们的宝贵文献资料,写作此书则是十分困难的事,要感谢樊振、杨艳芳等同志提供图片资料,还要感谢关心、帮助过作者的领导、同事、家人以及为三部曲问世付出辛勤工作的东南大学出版社总编张新建及其编辑们。

虽经再三斟酌,《上医彭泽民》所呈现给大家的,仍恐有欠妥、遗漏或错误之处,欢迎广大读者指正为谢!

王夫玉

2020年9月10日于南京